YTT利润管理实践

利润的12个定律

CREATING
MORE
PROFIT

史永翔◎著

机械工业出版社
China Machine Press

图书在版编目（CIP）数据

利润的12个定律/史永翔著．—北京：机械工业出版社，2020.11（2023.1重印）
（YTT利润管理实践）

ISBN 978-7-111-66825-1

I. 利… II. 史… III. 企业利润 IV. F275.4

中国版本图书馆CIP数据核字（2020）第204273号

　　本书的核心思想是，企业要想长久且健康地存活，需要正确理解自己的客户、产品和销售方式，在不同发展阶段，选择适合自己的会计利润、经济利润或现金利润作为战略目标。

　　本书从理论与实践双重维度，深度剖析一家公司在不同发展阶段该如何去做正确的经营性思考，如何从战略上设计公司的长期发展规划和目标，从哪些角度管理可以让公司的日常运行和工作更轻松。作者邀请了15家企业，从12个利润创造视角，分享利润创造过程。这15家企业在其所属行业处于冠军位置，它们靠严谨的利润思维，实现了商业上的成功。

利润的12个定律

出版发行：机械工业出版社（北京市西城区百万庄大街22号　邮政编码：100037）			
责任编辑：杨振英		责任校对：李秋荣	
印　　刷：北京虎彩文化传播有限公司			
开　　本：170mm×230mm　1/16		版　　次：2023年1月第1版第6次印刷	
		印　　张：18.25	
书　　号：ISBN 978-7-111-66825-1		定　　价：69.00元	

客服电话：（010）88361066　68326294

版权所有·侵权必究
封底无防伪标均为盗版

　　本书献给我的父亲史美华，非常感谢他从小对我在生存艺术上的磨炼，培养了我直面现实的勇气与创造性地解决问题的能力。

前　言

利润的实践

2007年，在我出版的第一本书中，我提出了"利润学"的概念。在这10余年的时间里，我一直在丰富和完善"利润学"体系，将它作为一门独立的学科进行研究，完善其中的逻辑，并在这个过程中和众多企业家一起据理实践。

虽然早就热切地盼望通过一个作品来见证"利润学"的成功，但担心其中可能有不完美的地方，我心中始终有迟疑，不愿动笔。本书中理论的实践始于2008年，至今已经12年了，本书的面世给我带来了一份释然。诚然，"利润学"作为一门实用学科需要时间来印证和完善，而本书正是将它的理论进行实践与归纳的成果。

从理论到实践，"利润学"不仅丰富了企业"会计利润"的思维，还延展到经济利润、现金利润思维上，这些都为企业提升效益提供了更加明确的指导。当年，我在自己掌管的企业中以此理论指导经营，受益颇多，随后创立了"YTT利润实战系列课程"来传播这套方法。此后，我又将这些理论和方法运用到企业管理咨询中，并通过企业实践指导，历经12年总结出了提升企业利润的12个定律。

这12个定律是我在企业咨询过程中逐步完善和总结出来的，其中包含了数千家企业践行的成就。这12个定律的形成及运用与企业成长有着密不可分的关系，在此我把学员企业的成长过程划分为四个阶段。

第一阶段，进行客户定位。在辅导企业落地"YTT利润管理体系"的过程中，我们发现，因为企业没有掌握需求定律，所以客户需求量不高，客户数量没有形成规模，自然无法形成利基市场；企业的市场行为总是受到竞争对手的干扰，因为企业没有找到能为客户带来价值的增长点。这些问题引出了有关客户的三个定律：客户需求定律、客户成交定律和客户偏好定律。从某种意义上说，创业成功与否就在于能不能抓住这三个定律。我们可以用客户需求定律解决规模问题，用客户成交定律解决实现问题，用客户偏好定律解决价值问题。这三个定律既关系到企业的生存，也关系到企业的发展。当企业家有意识地去关注这三个定律时，企业的盈利情况一定会得到改善。

第二阶段，明确客户与产品的关系。在推动企业进一步发展时，中小企业产品力不足的问题就暴露出来了。事实上，大多数企业创业成功靠的是信息和关系，这个时候想要进一步有所发展就会发现缺产品、缺技术、缺特色。因此，企业必须回归到产品，回归到为客户创造价值上来，不能单纯地靠营销宣传，过度依赖渠道。为了摆脱产品力不足的困扰，企业必须在客户与产品之间建立起紧密的关系，把握与产品有关的三个定律，即产品功能定律、产品差异定律、产品复购定律。

当我们将有关客户的三个定律与有关产品的三个定律建立起关系模型时，会发现九条产品盈利的策略路径（见图0-1）。该模型开创性地帮助中小企业找到了产品实现盈利的通道，我们在数千家企业咨询中推行使用了这套模型,也证明其十分有效。

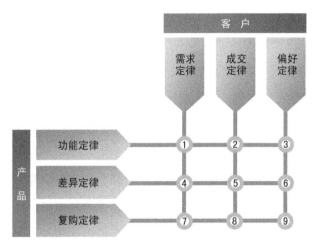

图 0-1 有关客户与产品的定律关系模型

第三阶段,企业要想规模化经营,就必须加入组织化能力。在实践过程中,我们发现大多数企业缺少有效的管理,无法通过组织化能力来实现经营的规模化扩张,最后只能做成一家小公司。我们在有效运用组织化能力的实践中引申出组织化的三个定律:组织成本定律、组织速度定律、组织复制定律。有关组织的三个定律需要配合有关客户和产品的九条盈利策略路径来使用才能取得更好的效果。这三个定律一定是建立在企业的客户与产品关系的基础上的,离开客户和产品单讲组织好比无水之源、无根之木,也很容易让组织患上"大企业病",最后被庞大的组织架构拖垮。

第四阶段,企业要实现可持续经营,必须做到既快又好,更要稳。这是我们近几年辅导企业从千万元规模增长到百亿元规模的总结。为此,我还专门研究了企业实现规模化后如何持续发展的问题。连续 6 年,我带领 YTT 企业家走访美国、日本、德国、以色列、北欧等地区的学院和世界知名企业,通过学术交流、企业参访的形式,与国外的专家、学者、企业家一起交流和讨论。

我深刻地认识到，中国的市场经济和企业的发展历程都比较短，提供的利润实践经验也十分有限。这几年与世界级专家交流和对全球知名企业走访的经历，非常好地帮助我总结出了企业实现战略化持续发展的三个定律：高增长定律、高效率定律和高壁垒定律。在成熟市场中，企业之间拼的仍然是高效率、更好的投入产出比，这是在全球后工业化时代企业赖以生存的基础。在诸如互联网、电子商务等新兴行业中，企业需要践行高增长定律。此外，企业要想保持持续的成功就必须建立起高壁垒。

从严格意义上来说，本书不是一本理论图书，而是一本咨询实践的工具书。书中的12个定律源于实践，经过归纳整理后又将重新回归到实践中。感谢书中介绍的企业提供的案例，这些都是真实而成功的践行经历。限于篇幅，有很多企业的案例未能添加进来。

非常庆幸的是，我选择了企业管理培训的职业道路，这让我有机会与时代弄潮儿一起践行、一起学习、一起总结，并与很多企业家建立了深厚的友谊，同时也见证了他们在个人、家庭、企业等各个方面的发展和成功。

感谢愿意将案例分享给大家的企业家（按姓氏笔画排序）：帅莉、白宝鲲、李承国、吴欢、张媛、张煜松、陈贵斌、陈思然、陈德慧、季海洋、金健、姜洁、贾卓、陶芳东、蒋永青。感谢本书的编辑石美华女士，感谢我的助理李秉芹女士的协助，感谢我的YTT工作团队，感谢北京大学汇丰商学院平台。东奔西走的工作离不开家人的支持，我要感谢他们。今年，我升级当了爷爷，这使我的人生又到了一个新的阶段。小孙女的来临，给我的人生带来了新的欢愉。感恩生命中遇到的一切。谢谢大家。

2020年8月于苏州

目　　录

前言　利润的实践

引言　/ 1

第1章　做对三件事，赚钱更容易　/ 6

1.1　公司盈利的三个要素　/ 6

1.2　阻碍企业高增长的四个陷阱　/ 11

　　案例1　为什么你的企业"长不大"　/ 12

　　案例2　企业到底应该关注交易还是关注客户　/ 14

　　案例3　做好服务这件小事　/ 17

　　案例4　OYO酒店高速扩张的道路走到尽头了吗　/ 18

　　案例5　产品越做越多，为什么规模却越来越小　/ 20

1.3　客户、产品和组织的关系　/ 24

　　案例6　产销不协同，如何用客户导向来平衡　/ 25

　　　　案例 7　如何激励老员工开发新客户　/ 25

　　　　案例 8　家里有矿，心里也慌　/ 27

　　　　案例 9　火锅不赚钱？那是因为组织方式没做对　/ 31

　1.4　客户导向法则和利润的 12 个定律　/ 32

第 2 章　利润定律一：客户需求定律　/ 35

　　　　对话 1　凡菲墙贴：国内首推"墙贴"概念，学习期间营业额增长 5 倍　/ 35

　　　　案例 10　小家电和小茶包，哪个生意更好　/ 43

　2.1　学会辨别客户真正的需求　/ 45

　　　　案例 11　有勇气就一定能成功吗　/ 49

　　　　案例 12　健康管理公司该如何设计收费项目　/ 50

　　　　案例 13　"锁得住"客户的疗养院　/ 60

　　　　案例 14　把企业做大，把生意做窄　/ 61

　2.2　客户需求三要素　/ 62

　　　　案例 15　健身机构是否一定要有健身教练　/ 63

　2.3　拿什么驱动客户需求　/ 64

第 3 章　利润定律二：客户成交定律　/ 71

　　　　对话 2　深圳网旭科技：赋能 10 年，中国软件崛起的隐形冠军　/ 71

　3.1　把需求转化为市场的三个必备条件　/ 75

　　　　案例 16　Levi's 牛仔裤的定制　/ 75

　3.2　必须提升顾客差异性　/ 76

　3.3　顾客必须更加成熟　/ 77

　　　　案例 17　为什么人们对自己的装修不满意　/ 77

　3.4　系统技术的支持　/ 78

第4章 利润定律三：客户偏好定律 / 82

对话 3　南京协澳：3 年扭亏，制造类本土研发企业的"脱困升级"之路　/ 82

案例 18　站在客户的角度去营销　/ 88

案例 19　销售力是靠感性还是靠理性　/ 90

4.1 影响客户偏好的五个因素　/ 91

案例 20　尊重客户才是最大的自尊　/ 92

案例 21　如何把握成交的"关键要素"　/ 93

案例 22　选低价还是选品牌　/ 95

4.2 如何预测客户偏好的变化　/ 96

案例 23　如何应对客户偏好的变化　/ 96

案例 24　"机动"服务打造满意度　/ 98

4.3 如何让客户为偏好买单　/ 100

对话 4　美源金属：重技术不重资产的国际制造供应商，如何实现人均创利 100 万元　/ 100

4.4 分清是客户偏好还是市场偏好　/ 104

案例 25　你的客户最关心什么　/ 104

第5章 利润定律四：产品功能定律 / 108

5.1 企业如何形成自己的产品力　/ 108

5.2 客户决定产品：产品的功能性需求　/ 109

案例 26　无印良品是如何开发产品的　/ 111

5.3 客户痛点满足：产品与客户的关系　/ 113

对话 5　佛山迈莱特照明：留德 10 年坚持高品质，精耕 DIY 灯具坚持"小而美"　/ 113

5.4　你更适合哪种销售方式　/ 118

　　案例 27　盈利不是单纯地销售　/ 123

　　案例 28　便利小店的大学问　/ 126

第 6 章　利润定律五：产品差异定律　/ 128

　　对话 6　Para Ella 永生花：一朵花热销 10 万件，3 年销售额增长 2.5 倍　/ 128

6.1　打通"最后一公里"的服务　/ 136

　　案例 29　5 元钱带来的高盈利　/ 136

6.2　打破认知，找到新的利润来源　/ 138

　　对话 7　深圳鑫冠明科技：10 年投资 5 年实干，成为 LED 灯珠佼佼者　/ 138

　　案例 30　来自客户爆款的反思　/ 143

　　案例 31　做企业如何平衡情怀和收益　/ 144

　　案例 32　企业家要做指挥家，而不是演奏家　/ 145

第 7 章　利润定律六：产品复购定律　/ 148

　　对话 8　武汉金谷国际酒店："天道酬善"，赚人又赚心的行业领军企业　/ 148

7.1　让产品自己说话　/ 153

　　案例 33　马化腾：让产品自己说话　/ 153

7.2　如何快速提升销售能力　/ 157

　　案例 34　韩都衣舍：电商应该这样做　/ 158

第8章 利润定律七：组织成本定律 / 165

对话9 北京布朗兄弟：医美行业的亚洲之光 / 166

8.1 从成本到价值：不在于如何想，而在于如何设计 / 171

8.2 企业的三种销售组织能力建设 / 172

案例35 企业做不大，到底是能力有限还是设计有缺陷 / 172

案例36 可口可乐的启示 / 174

案例37 如何围绕客户组建组织 / 176

案例38 如何更有效地组建战斗性销售组织 / 180

第9章 利润定律八：组织速度定律 / 183

9.1 组织能力三要素之一：速度 / 183

对话10 天津名航美耀首饰：饰品行业的未来冠军路 / 184

9.2 如何打造企业组织力 / 190

对话11 西安老板电器：从服务型到驱动型，打造一流组织力 / 190

案例39 三株口服液：组织能力弱，终于引祸端 / 195

第10章 利润定律九：组织复制定律 / 198

对话12 苏州宏茂：1个爆款，2年时间，从3000万元暴增到3亿元 / 198

10.1 如何提升战斗小组的执行力 / 203

10.2 从单店到扩张，如何提升营业额 / 204

案例40 规模扩大10倍，利润原地踏步怎么办 / 205

案例41 小小理发店，扩张大道理 / 206

第11章　利润定律十：企业高增长定律　/ 208

　　　　　对话13　广州时易中：6年成长20倍，真正盈利的跨境电商　/ 208

11.1　如何实现高速规模性成长　/ 213

　　案例42　小米的"遥控器生意经"　/ 215

　　案例43　7-11的盈利模式解读　/ 218

11.2　保证收入持续增长的三力原则　/ 221

　　案例44　管理权为谁而用　/ 224

　　案例45　一张跟踪单，解决大问题　/ 225

11.3　互联网经营高增长的四个要素　/ 228

第12章　利润定律十一：企业高效率定律　/ 232

　　　　　对话14　坚朗五金：中国建筑五金行业上市公司第一品牌　/ 232

12.1　三大效率管理工具　/ 240

12.2　实现高效率的三条路径　/ 242

　　案例46　宜家教你如何高效管理供应商　/ 243

12.3　提升效率的八个秘方　/ 245

第13章　利润定律十二：企业高壁垒定律　/ 247

　　　　　对话15　北京青青淑女天地：中国杭派服饰领先品牌，舒时尚的

　　　　　　　　　践行者　/ 247

13.1　高壁垒"圈"出高利润　/ 254

　　案例47　利他：培养客户视角　/ 256

13.2　企业经营的三个业务层面　/ 260

　　案例48　未来看不清，换一行就容易干吗　/ 261

案例 49　惠普打印机业务的自我保护　/ 262

13.3　三种销售运营模式的匹配　/ 264

案例 50　卖彩电，感觉和功能哪个更重要　/ 265

结束语　/ 267

参考文献　/ 271

引　言

无论你正打算创业，还是正在管理企业经营，你都选择了一条永远奋进的路。你的存在，将使企业更加辉煌；你的努力，也预示着企业会成长得更好。正因为如此，我写下了这样一句话：管理者的心力就是企业的威力。

做企业，市场竞争是残酷的，利益的追逐是现实的，但我们常常只顾着竞争而忘记了客户。

我们一直没有思考或是忽略了一些问题：客户需要什么？他们真正迫切需要的是什么？我们发现，中国大多数的中小民营企业一直得不到很好的智慧支持。它们没有实力和魄力去为很好的智慧产品与管理辅导一掷千金，但它们又非常欠缺整体管理思维，注重市场拉动型发展，不注重盈利推动；注重外部机会，不注重能力发展。实现对大多数的中小民营企业能力成长的支持，帮助它们获得利润的持续增长，是YTT利润管理体系建立的初衷！

YTT利润管理的实践思维，即昨天（yesterday）、今天（today）和明天（tomorrow）。核心在于用结果去牵引行动的基础。过去是指资产的形成，现在是指现金，未来是指现金的流向。它表示"昨天"留给我们的是回忆与能力，"今天"代表的是我们在现实中的奋斗和决断，"明天"给予我们的是梦想的牵引和计划。因此，当我们在当下不断努力向前的时候，不要忘记看看过去，更要放眼于未来。

中国的中小企业更应该关注成长，关注利润的持续获得，这也是企业经营最核心的问题。现阶段，财务技术层面的盈利衡量、管理方式不能很好地适用于中小企业的这个核心问题，以至于大量中小企业有销售额没有利润，有利润没有业务，这是我们迫切需要帮助大家解决的！

创业的人很多，但是成功的人很少，盈利模式没走通是许多创业者失败的原因。为什么有的企业能做到产品质量差不多、售价比别人的低，还能保持稳定发展？这得益于它们采用了客户、产品、销售方式的"三要素组合"的盈利模式。

"经济基础不好，上层建筑就是空中楼阁。"盈利模式没走通，也就意味着无论是新创业者还是企业发展经营者，不花时间去深度思考，一味埋头拉车，结果就是越勤奋企业越走下坡路。我们会发现，周边大部分老板在战术上显得特别勤奋，没时间充电学习、跑步健身、陪伴家人，他们往往把时间花在了拜访客户、商业谈判、研发新品上，好像让自己忙碌起来人生才是充实的，在未来的商业竞争中才有底气。

在这里，我建议大家抽空停下来好好想一想，你是不是在试图用"战术上的勤奋"来掩盖自己"战略上的懒惰"，身为企业管理者，你解决企业经营问题的重要按钮在哪里。如果不能想清楚为什么忙以及该忙什么，你就会经常陷入具体的公司事务中，还会把下属的工作抢过来自己做。即便是这样，也不能让业绩变得更好，让公司运转得更顺畅。

我写本书的目的是要跟大家分享，在一家公司从无到有的过程中该如何去做正确的经营性思考,如何从战略上设计公司的长期发展规划和目标,从哪些角度管理可以让公司的日常运行和工作更轻松。两军对垒,策略先行。做企业需要设计好"经营主线",好比开车上高速,如果没有事先设计好线路,即便是开着实时语音导航,也难免走弯路、错路。

说到这里,有人可能对我的观点表示不赞同。商业机会转瞬即逝,"想好了再做",黄花菜都凉了,还谈什么创业做大事。也有喜欢叫板的人说,老师您之前不是有个观点是,商业活动是实用科学,重在实践;您还鼓励创业者先做起来,等做了一段时间后,再归纳自身的实践经验,去学习商业类课程。的确,我是给过一些创业者这样的建议,但前提是项目进行了充分的调研,有实施的可行性。

众所周知,创业本身是一个系统工程,对创业者的综合素质、知识储备、应变能力、意志力乃至资金实力的要求很高。如果没有任何准备就投身创业和经营之中,一上来真的会让你应接不暇。但如果过于沉迷于向书本取经、问道,又会陷入复杂的"大企业战略模式"而晕头转向。

想要经营好一家企业,我们会遇到各种各样需要解决的问题,需要做出正确的决策才能推进企业的发展。但为什么有些企业能快速长大,而大多数企业却不能获得很好的发展呢?原因在于我们在做决策的时候,思维上的短板限制了企业取得更进一步的发展。企业做不好,是因为管理者的思维角度和方法不对。

无论你正在做什么,迷茫时会有形形色色的人来对你当前的做法指手画脚,"你这样肯定不行""这条路根本没人成功过""迟早有一天你会后悔"……说这些话的人大多是还没有取得过成功的人,我们应该多去听听那些已经成功的人是怎么说的,看看他们真正有效思考问题的方法是什么,而不是听取所谓的"众说纷纭"。

拥有了成功者的思维后,又该如何让企业快速上道、实现爆炸式成长呢？这需要创业者或经营者克服恐惧心理，敢于往上走。每当这个时候，我们最需要战胜的人是自己，也就是要敢于走出自己的"舒适圈"。做企业和跑步一样，不是越勤奋就能跑得越快，训练的方法很重要。我们做企业一定不是怎么舒服怎么做，而是要去思考如何真正地把企业做好，这就需要我们改变惯性思维。看完本书，你会理解规模化和高增长是存在的，并了解促成高增长的关键要素有哪些，以及这些要素之间是如何相互作用的。

因为职业的关系，我经常接触民营企业老板。他们天天忙着赚钱，因此很多行为都围绕"钱"而展开，见客户、谈订单，经常为了公司业绩和销量熬夜加班，有时候也陷入修正产品的属性中无法自拔，这是件很糟糕的事情。可能连老板自己也没想清楚，他到底是要做企业家还是设计师。

有人问，不能既做企业家又做设计师吗？这个问题的答案不是绝对的，但大多数人无法两者兼顾。要做设计师又想自己当老板，那可以开个工作室，权当为了理想而经营。如果要当企业家，经营的模式就不能这么简单直接。做企业经营是一个过程，赚钱是一个结果，我们不能因为"钱"而忘记了更重要的东西。什么更重要？那就是比赚钱更高的维度。

有种互联网说法叫作"拉高维度，用高维打低维"，这是有道理的。通俗点说就是从更长远的格局和视角去看今天的产品聚焦和打法。曾有位企业家对我说，他和我在一起的时候感觉压力特别大。原因是他经常咨询我一些经营上具体的困扰和方法，我给予的却是远超现在他能想象的让企业经营更持久的理念。这也解释了为什么我永远不会为了赚钱而逞一时之快，理性思考永远占据上风。这里并不是说低维思维一定不好，这还得看具体的市场和环境，但没有高维度的经营理念做动力，低维产业也肯定是无法做长久的。

我也看过一些传统的创业卖货的案例，大多数卖消费产品的企业感觉自己不会有商业大爆发的机会，但实际上，我同样看到了另外一批人：

有一些创始人，有感于很难找到用料单纯又好喝的茶饮，于是开了一家符合自己要求的茶饮店，提供原料天然又好喝的茶饮，生意火爆。

有一些创始人，忍受不了继续让顾客喝鸡精调味料做出的速成汤，于是研发出了让顾客随时随地可以喝到的便携的营养汤，月流水数百万元。

有一些创始人，忍受不了让顾客吃到变质发霉、长黑斑的零食，于是用心选料和生产，做出了自己设计的零食，一年销售额达数千万元。

这些之前大家眼里的低维度小生意，经过慢慢地生长和变革创新后成为高维度的好生意。那些心存抱怨和裹足不前的人，却仍在一边叹息一边仰望，这其中的关键差距到底是什么呢？我认为是出发点，即你做产品、做企业经营的初心是不是正向的。如果你只想赚钱，却不想认真做出让客户能更好使用的产品，即便是找到了客户流量，用对了销售方式，也只可能火爆一时，最终必将惨淡收场。因此，新的生意机会一定不是以单一赚钱为中心去思考问题的。

本书的开始我强调了一个观点：企业经营一定是客户、产品、销售方式三个要素之间互相组合才能获得更好的盈利。同理，对于正准备创业或者已经创业成功的企业家来说，无论何时，企业的盈利模式不是一味地追新、推翻和重构，而是根据企业不同的成长阶段，做好三个要素之间的组合和设计。

第 1 章

做对三件事，赚钱更容易

创业充满了诱惑，尤其是互联网又为创业者提供了一个很好的契机。但问题的关键在于，真正创业成功并赚到钱的人并不多。商业是一门复杂的学问，如果创业者没有各方面的资源和商业关系支持，那么后期经营的持续性会很差。

创业者要注意的是，做"老板"是很多人的梦想，但不是每个人都适合创业。有兴趣、有特长、能吃苦，这些都不足以成为你去创业的起因。只有把创业当作事业来看待，你才会从心力、商业关系、商业资源、商业常识等方面做好充足的准备。

1.1 公司盈利的三个要素

假如你是一名准创业者，选取的产品是"拯救"了无数不会做饭的年轻人的自动炒菜锅。你应该如何开始组织公司盈利的三个要素，即客户、产品和销售方式呢？

我问了很多身边的企业家学员这个问题，其中不乏资产上亿元的企业家，收集到了各种各样的创业建议。

| 创业讨论 |

第一位学员的创业建议是，首先我们要找到客户，即明确哪些客户会使用自动炒菜锅。这个产品的目标客户群体应该是25～35岁的月收入在2万元以上的白领阶层，因为他们空余时间相对较少，而且有一定的经济能力，会更容易接受便捷省时的产品。其次在产品方面，我们要对核心功能做一些创新。比如，可以增加提供家常菜谱的功能，提示用户需要准备的原材料，然后就能用这个产品做出相应的菜品。最后，关于销售区域，店铺可以开在高档小区或写字楼的门口，装修走温馨的家庭风格，打造"用户自家的自助餐厅"理念。推广宣传的时候，我们买好菜，安装好自动炒菜锅，用户只需要进店来品尝自己喜欢吃的菜就可以了。这样还可以加强与用户的互动并提升用户的体验。当然，在店面的装修上除了营造温馨氛围外，还要走高端路线。除此之外，我们还可以通过商场、电商平台（比如京东和天猫）做直销，把自动炒菜锅打造成一个送礼佳品，让用户买来送给朋友或家人。这位学员的创业思路如图1-1所示。

图1-1　面向白领阶层的创业思路

第二位学员持有不同的意见。他认为打造送礼佳品这个方式行不通，因为同类产品太多了，无法体现差异性和独特性。第二位学员的创业想法是，可以把客户定位为单身人士，根据他们的实际生活需求把自动炒菜锅定义为"单身人士的真爱"，然后在婚恋网、技术论坛等地推广，把自动炒菜锅做成一款爆款产品。当然这款产品的定价不能过高，要让一般人也能消费得起。

第三位学员认为应该对自动炒菜锅的客户做具体细分，因为这个产品从孩子到老人全部可以使用。但一开始不能把客户"一网打尽"，只需主打两类群体：第一类客户是青年人，以单身人士和家里没有老人帮忙带孩子的双职工家庭为主；第二类客户是那些注重营养健康的人群。选定客户群体后对其进行产品概念的植入，即做到产品深入人心。比如，对于单身人士和双职工等需求明显的人群，我们把产品定义为"家庭的小保姆"；对于需求不那么明显的人群，可以将产品定义为"家庭的营养师"。

有了客户的区分和需求调研，接下来是确定产品的销售推广渠道。先来说第一类单身人士和带孩子的双职工，他们中有一部分人是租户，这个人数比例在北上广等发达地区可能会更大。既然是租户，就会经常更换住的地方，而他们租房子的正规入口就是房产中介。房产中介本身也是自动炒菜锅的隐形大客户，它们中的大部分年轻的工作人员也是第一类客户中的一员。这类员工既是客户又是渠道，创业者可以通过他们精准地找到相似的客户群体。因此推广商可以通过跟各家房产中介面谈的方式，给予它们一定的打折返利，通过房产中介的体验去拓展销售。但是这个渠道的产品价格定位比较低，因为普通家庭的"小保姆"概念搭配的产品价值塑造比较低，所以产品在功能的开发上能满足日常的刚性需求，让产品使用起来自动便捷就好了。推广的使用场景可以是客户把产品买回家后，把之前冰箱里买好的菜放进锅里实现自动炒菜，既省时快速，又能有自己亲手做菜的体验，还比点外卖更健康。

第二类是注重营养健康的人群。这类客户主要是收入较高的中高端人群，针对这类客户要突出产品可以满足健康需求,产品的价值塑造也会更高一些。对这部分人群的推广首先可以确定在B端客户身上,比如医院。医院病房的病人早中晚都要用餐,而且医院给病人准备的餐食要满足病人的营养需求,因此这个渠道的产品价值推广和性能塑造要更高级,而且厂家还可以通过医院推荐给C端的病人,让他们买回家继续使用。具体如图1-2所示。

图1-2 自动炒菜锅的客户区分及推广渠道

第四位学员是做电商生意的,他的想法和其他人不同。他希望通过网络平台进行产品直销。他根据场景将用户分为五类。第一类人群是单身青年,这类人群大多在大城市工作,身边缺少家的温暖,这款产品正好可以给他们营造出一种家的氛围。第二类人群是家里缺少儿女照顾的独居老人。第三类人群是在大城市租房子的打工家庭,夫妻两人一直租住别人的房子,也缺乏"家"的归属感。第四类人群是刚有孩子的家庭,这类父母大多因为工作忙碌没有时间照顾孩子,同时又向往温暖的家庭生活和健康的生活方式。第五类人群是程序员。该学员主张针对这五类不同的客户人群,通过场景化的产品构建方式,以互联网的销售形式让用户来感触产品,从而打动目标客户群体产生购买行为(见图1-3)。

对于推广方式的选择,一是可以通过新媒体短视频的方式去传播,提高产品美誉度;二是通过生鲜外卖平台去宣传,主打健康主题,为客户提供合理搭配的菜品的免费配送服务。最重要的是,针对每类人群进行场景化的营销和设置,比如呼吁程序员不要再吃外卖了,用自动炒菜锅做出的菜也可以有"妈妈的味道"。

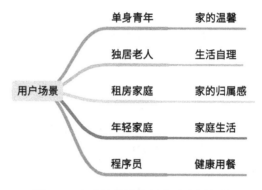

图 1-3　自动炒菜锅的用户及应用场景

第五位学员的思路是做 B 端客户营销。第一类 B 端客户选择的是连锁快餐店,企业可以打造研发出"汤王"之类的产品,满足快餐店制作各种汤品的定制需求。第二类 B 端客户选择的是街边早餐店,满足客户对各类早餐粥食的制作方便需求。第三类 B 端客户选择的是写字楼餐厅,满足上班族的快速用餐需求(见图 1-4)。

图 1-4　自动炒菜锅的 B 端客户

第六位学员的思路是先进行数据分析,然后看看目标客户人群和产品的购买场景,针对这些做好支出预算,并制订出不同场景下的产品销售方案。如果方案周期过长,一定要先实现销售收入的话,可以先选择针对在饮食方面有方便需求的人群、不愿意花时间做饭的人群,以及热爱运动的人群等。尤其是对热爱运动的人群来说,他们不一定有时间为自己或家人做饭,但又很注重食物和营养的搭配,因此可以先针对这类人做相应的视频文案推广,从而实现销售收入。

| 创业探讨 |

听了这么多企业家学员的想法，我自己的思维也开阔了许多。对于创业初期的人来说，关键是从客户、产品两个方面去寻找企业利润的来源，而不是先去想如何增加利润。因此，在新项目初创期，我们需要从以下几个方面去思考（见图1-5）。

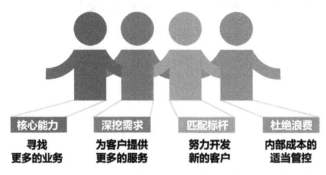

图1-5　如何度过新项目初创期

第一个方面，围绕现有的核心能力，除了现有服务的行业外，企业要争取服务更多的行业，去寻找更多的业务。

第二个方面，针对现有的客户，思考如何深入挖掘客户需求，为客户提供更多的服务，以及如何增加客户购买服务或产品的频次。

第三个方面，努力开发新的客户，特别是要瞄准行业中的标杆企业。即使达不到标杆企业的高度，企业也要想办法不断提升能力，以便在未来实现追赶。

第四个方面，无论是对创业新手来说，还是对企业家来说，在企业中最容易管控的是内部成本，要杜绝各种浪费，把更多的资源投入能产生价值的地方。

1.2　阻碍企业高增长的四个陷阱

对于处于创业期的企业来说，最重要的使命是做好产品。产品本身在一定程度上代表了企业创始人的初心，也决定了企业未来能发展到什么阶段。可以说从一开始，产品就被打上了企业家的创业精神和企业文化属性的双重标签。

产品最核心的两个方面体现在它所面向的客户群体和所创造的价值上，但经常有人误解其中的意思。很早之前，我们在学习各个管理大师的思想精髓时，都被教导要"以客户为导向"。有的企业家接受过很多次类似的培训，但在实际经营时仍经常摸不着头脑，误认为"以客户为导向"就是要接受客户要求的低价、流行。

【案例1】

为什么你的企业"长不大"

江苏有一家经营切管机和分切机设备的工厂，公司老板A总带着财务来找我咨询。下面是我俩的对话。

A总：史老师，去年忙了一年，感觉一直在赚钱，年末算账却发现没赚钱，不知道这是为什么？

史永翔：去年做了哪些产品呢？

A总：主要有两种：一种是我们的分切机，另一种是新产品玻璃纤维切割设备。

史永翔：客单价如何？

A总：分切机单价不高，一台7万元左右。玻璃纤维切割设备的单价高，一台在40万元以上，它主要用在汽车底盘、石油管道等方面。我们公司不供应材料，只是帮客户将材料切成一条一条或一片一片的，技术含量不高，欠缺市场竞争力。

史永翔：客户情况呢？

A总：我们大概有70多家客户，主要分布在中东和美洲。国内客户还不到 10 家，虽然客户少，但这些客户都是大企业，回款有保证。

还有，我感觉公司的产品线太窄了，我打算上新产品印刷薄膜纸，但这个产品的市场目前存在的问题多：欠款多、利润薄、服务烦琐，现在也没想好到底要不要做。

可以看到，A 总身上凸显了国内大多数中小民营企业家的特点——喜欢靠自己的外贸能力来支撑公司赚钱的业务。这本无可厚非，但问题是，A 总公司产品的技术性不强，成本也没有优势，产品力缺失。我们可以看到，这家公司尽管早就过了初创期，但一直没有走出初创公司的局限：

- 缺钱
- 缺技术
- 缺乏成本优势

这三个局限看似独立，实则互相关联：技术研发需要砸钱投入，创新工艺以降低成本也离不开时间和资金的推动，否则企业很难获得价格竞争优势。A 总喜欢上新产品，喜欢做外贸，喜欢眼睛盯着流行产品换来换去，导致公司难以形成主营业务的产品力。

我给 A 总的建议如下。首先，要改变盲目做企业的做法。做企业要做得明明白白，亏在哪里、赚在哪里要很清楚；不能像打散弹枪，闭着眼乱扫射是没办法打中目标的。其次，要养成理性思考的习惯。这种习惯的养成需要极为强烈的数字观念，凡事不能讲大概，要有一说一。再次，要有目标感和计划性。瞄准哪里，打哪个市场要提前部署，不能有生意就干一把，这样只会忙到头也没赚多少钱。最后，要经常"走出去"。如果要做印刷品，就亲自去现场看看客户的使用场景，去发现怎么做产品才能既解决当前价格低的困扰，又可以提高成套产品的价格，还能帮助客户节约成本。我请他参考那些经营包装设备的公司，把技术或者工艺嫁接过来，让产品回归到客户的应用场景中去。

同样，我们从中可以发现一些中国中小民营企业家身上常犯的四个错误。

1.2.1 过度产品导向

为了撰写本书，我专门访谈了 20 多位民营企业家，他们企业的规模从 2500 万元到 52 亿元不等。访谈发现，其中靠产品能力和技术能力创业成功的企业约占 75%。尽管是小范围访谈，但不难看出大家在创业初期更加注重依靠自身的产品能力和相关专业技术优势。对于创业初期的企业来说，这一点能帮助企业更快地在市场竞争中站稳脚跟，但也可能会成为企业在后期经营中过度依赖产品和技术的主要原因之一。

一直以来，传统企业以过度的产品导向为主。那么，为什么会出现这种现象呢？这是由于传统企业的高增长能力受到了两个因素的限制。

第一个限制因素是只做一种产品。传统企业老板往往因为公司只会做一种产品，就想当然地认为只要这一种产品开发好了，客户自然也会来。有一位做视频宣传的广告公司学员自己有这方面的专业技能，在个人创办工作室的时候还应付得过来，但当他想要进一步拓展客户和扩大工作室规模的时候，明显感觉到步履维艰。这就是典型的依赖技术创业却又无法把核心技术能力放大，是创始人欠缺把产品转化为市场的能力导致的。

【案例2】

企业到底应该关注交易还是关注客户

芳纶公司是一家做跨境电商的企业，主营业务是纺织品（包括 DIY 纺织品）的生产和销售，它的客户群体大致可以分为以下四类。

（1）专业买家，比如美国、意大利、法国做纺织品专业手工定制的公司，它们是专业客户。

（2）超市客户，也是大客户，包括沃尔玛、日本大创、德国 LIDL、KIK

超市等。这些客户会设置一个专门的区域来展示这类产品，而且通常它们的购买量较大，但不会采购特别时尚的产品。

（3）国外一些小型批发商。它们多是一些小的经营户，这些客户的订单量比较小。

（4）专门做DIY的客户。这些客户有各种各样的DIY饰品用来出售。

我和芳纶公司C总的访谈对话如下。

史永翔：公司经营了多久？

C总：做了8年多了。

史永翔：营业额是多少？

C总：年营业额4000万元左右，近两年基本没有变动，也没有大的增长。

史永翔：产品品类有多少？

C总：有2000多种吧。

史永翔：每次推出新品的速度怎么样？

C总：平均每个月2～5款。

史永翔：品类增加是客户对你的要求吗？

C总：有2/3是客户要求的，有1/3是自己主动开发设计的。

至此，我基本上知道这家企业的销售额一直没有高增长的原因了。根据C总的描述，企业划分的客户只是交易客户（也就是B端客户），并不是终端客户。在互联网时代，企业绝对不能将成交只限制在交易客户身上，而应该用终端客户的需求来拉升交易客户的成交量和成交额。虽然这家企业做的是B2B生意，产品卖给国外采购商，但国外采购商的终端客户却是C端消费者。这家企业虽然面向的是交易客户，但是必须要学会去和C端客户沟通，然后用C端客户的需求来拉动产品的销售，从而反向对B端客户（交易客户）形成压力，使之可以在市场上卖出更好的产品价格，有更大的产品需求量。

这里需要提醒大家注意的是，渠道客户商是不可能从主观上随意增加产品采购量的，采购量仍然取决于C端客户，而不是中间的B端客户。这家外贸公司之所以需要这些B端的交易客户，是因为它们可以降低企业的交易成本。从某种意义上来说，这些B端客户只是企业降低成本的方式而已。

那么对于这家外贸纺织品企业来说，应该如何做出改变，才能突破产品思维的限制，实现规模高增长呢？我给这位C总的建议是：

第一，要关注终端客户，发现他们真正的需求。

第二，要通过真正的需求来改进产品。再次强调一下，产品的创新点不是来自B端交易客户，而是来自C端客户不断拉升的需求。

第三，要始终掌握市场的主动权。企业如果把握不住C端客户，就会沦落成为B端客户控制的木偶，确保B端客户自己始终形成对企业产品价格和销售渠道的控制。

这里面最重要的问题是，外贸纺织品企业用产品思维限制住了自己。在这样的错位需求对接过程中，我们不难发现企业和C端客户沟通的语言是不相通的，这也不难解释为什么企业产品的创新点和驱动点得不到很好的市场推进效果了。对于C总来说，"客户"需要重新界定，否则一味地把交易客户当成终端客户，只能被交易客户牢牢牵着鼻子走，陷入产品和价格的交易泥潭中而无法自拔。

我们也可以从这个案例中发现，企业经营者经常会犯三种错误：

一是错把交易客户当成终端客户。企业梦寐以求的高增长，最终是要靠终端客户的需求和拉动才能完成的。

二是只对客户进行简单的区分。比如对客户的需求分析只分解到了不同的行业，也就是用行业需求来代替终端客户的需求。这就告诉我们要尽可能地把客户需求再细分，划分得越细越好。这样做的好处是，可以帮助企业发现客户没有表达出来的隐性需求，然后从中去创新并满足它。这种做法无疑可以提升企业的产品创新力，最终帮助企业形成独有的市场竞争力。

三是不能区分重要顾客。任何一位经营者都必须要清楚，20%的客户为企业贡献了80%的营业额，这个定律是真实存在且经过实践验证的，所以企业的每一分钱都要努力地用到刀刃上。区分重要客户、做好客户的细分，可以帮助企业发现新的机会和新的需求，同时在这个过程中，企业可以针对市场变化来调整产品和组织，从而帮助企业发现真正的盈利点和规模增长点。

传统企业高增长能力的第二个限制因素是创始人的眼光。有时候产品的功能做得面面俱到，设计形式花样百出，但创始人由于受到自己眼界的限制，一心只想把精力和财力耗费在打造产品独特性上，反而会延误公司发展的最好时机。

人们经常感叹，贫穷限制了自己的想象，这句话有一定的道理。因为眼界"过于贫穷"的创始人更容易受限在自己的产品里，看不到产品和客户、市场之间的连接点，只能像赌徒一般把翻身交给命运。

【案例3】

做好服务这件小事

D总经营的是一家在线旅行服务公司，为客户提供机票、酒店、签证、旅游、租车等多种产品的在线预订服务。有一次D总和我聊天说起了他的苦恼。

D总：史老师，之前我们分了两个团队来分别负责机票预订和酒店预订业务。同样的管理方法，为什么机票业务越做越好，酒店业务却一直不见起色？

史永翔：这两个业务之间客户是相通的吗？

永翔说——
用前端拉后端才能让企业有真正的着力点和竞争力。企业可以没有终端产品，但不能没有终端客户的经营思维。■

D总：大概50%的客户是稳定且相通的，这两个部门为所有客户提供的服务质量也是相同的。您看是不是业务不同所导致的价格不同？

在聊天的过程中我得知，这家企业经常会面对同一个客户的两个需求，分别用两个不同的产品团队来提供服务，这会使客户的体验非常糟糕，也大大拉长了为客户服务的周期。很多时候不是我们做得不好，而是过度的产品导向蒙蔽了管理者的眼睛。于是我告诉D总：眼里不能只有订单，没有客户。

在日常的经营过程中，管理者可以要求各部门把月度经营汇报做得更加细致一些（细化到每一个客户身上），这样才容易判断出那些质量好的同类型的客户有什么特点。把客户共性的特点找出来做定位，对服务就有了优先级的区分。要知道，服务行业的问题始终不是价格问题，最终还是客户（乘机人和住宿人）的体验更为重要。我们经常说找到客户痛点，如果管理者没有有意识、有方向地去想方设法在客户体验和服务上做提升，一味地过度产品导向，受限于自身企业产品的边界，结果必然会离客户越来越远，更不要说想实现持续地盈利。

1.2.2　过度规模导向

【案例4】

OYO酒店高速扩张的道路走到尽头了吗

OYO在2013年诞生时还只是印度一家普通的酒店运营商。在酒店业愈发激烈的市场竞争下，不甘落后的OYO也和竞争对手一样，选择了聚合扩张驱动战略。它并购了大量类似家庭经营类型的小酒店和那些没有品牌光环加持的合法酒店（OYO的高性价比客房来源如图1-6所示）。这些酒店有个共同的特征，那就是难以突破区域市场红海，客户群相对稳定，这也意味着客房的入住率同样是趋于稳定的，基本没有大的提升的可能。

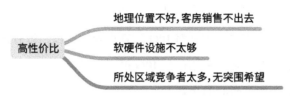

图1-6　OYO的高性价比客房来源

OYO的运营模式是凭借出色的性价比，赋予旗下酒店品牌和声望来获得更多的市场份额。用加盟店低于市场价格的客房和低折扣，换取入住率的迅猛提升，来达到酒店总营业额的显著提高，围绕这个目的，OYO成功了。低价让更多的加盟店失去了原有的利润空间，尽管入住率上升了，却不足以弥补降价带来的盈利损失，此时OYO无疑需要更多的投资来支撑其庞大的市场战略性扩张。

幸运的是，随着近几年给OYO投资的企业和机构越来越多，OYO的规模扩张势头一发不可收拾。在过去的4年里，OYO俨然成了印度初创企业中最闪耀的新星：仅用了2年，OYO的估值涨了足足10倍。截至2020年1月，它在世界范围内拥有4.3万家酒店，超过100万个客房。与OYO规模高增长的进程形成强烈反差的，是让投资者迟迟等不来的盈利时间表。2019年财报显示，OYO面临着巨额亏损，当年总收入9.51亿美元，但总亏损高达3.35亿美元。

回顾OYO的营业额扩张历史，这家挂着高科技公司头衔的房地产企业，已经涉足了太多垂直领域，比如联合办公、长租公寓、学生公寓、婚庆服务等。投资者往往会被这些多元垂直业务搞得无比困惑，到底哪一个才是OYO扭转亏损的救命稻草？在人们纷纷猜测OYO会不会像当前很多知名大企业一样进入战略收缩期从而做出调整时，OYO显然不打算做什么取舍性的工作。他们一直坚称，所有的垂直业务正在快速增长，他们的未来值得投资。

很显然，OYO 的未来必定要 IPO 化才能支撑其当前 100 亿美元的庞大估值。上市会为企业带来更多的资金注入，但上市是否能带来主营业务的盈利值得考量。如果企业的高层管理者对 IPO 没有正确的认识，没有从方方面面做好充分的准备，那么令企业兴奋不已的 IPO 很可能成为一个能带来短暂繁荣的肥皂泡，只能让企业绽放瞬时的华彩。

归根结底，投资者大多喜欢增长的故事，但他们同样也很重视增长的质量。如果企业没有很好的资产盈利性，根本无法支撑高速扩张所需要的昂贵成本，这正是许多企业在过度追求规模化不久就陷入亏损或者破产清算的重要原因之一。

1.2.3　困于竞争对手

有些中小企业在所经营的行业努力了好多年，但一直没有高增长。在我看来，企业不是没有机会和能力达到高增长，而是经营者在两个方面陷入了经营的陷阱（第二个陷阱在下一小节介绍）。

第一个陷阱，困于竞争对手。这是小企业的典型通病。企业所有的行为重点是看竞争对手怎么做，然后去模仿去跟随。如此下来，企业看似短期内有销售额，但长此以往经营者会变得思维懒惰，企业在模仿和抄袭的微薄红利下会更加无所适从。

【案例 5】

产品越做越多，为什么规模却越来越小

有一家传统纺织品制造企业，到今年已经经营了 12 个年头。在一次公益活动中，我结识了经营这家企业的一对夫妻搭档。

不久前，我意外地接到了来自老板 Z 总的电话，原来他的企业遇到了困难，可能无法继续经营下去了，想请我帮忙给拿个主意。我听到这里大吃一惊，印

象中他和妻子二人把企业打理得井井有条。Z总非常喜欢钻研，且敢于技术创新、产品创新，而Z总的妻子在管理业务和客户关系上是一把好手。此外，这对夫妻每年还会和我一起去山区做公益，为山区的学校捐了好几千册崭新的图书。

在拨通了这对夫妻的电话后，我了解到了这家企业的症结所在。

Z总：史老师，这两年我们企业的产品种类不多，而且也做了相应的产品结构布局，但真正创造销售额的产品却很少，全是一些零零散散的订单，您看问题出在哪里呢？

Z总的妻子：原来我在企业是负责客户和业务这一块的，创业前几年企业的产品就那么两三款，反而赚到了钱。随着近两年我回归家庭，没想到企业的销售额直线下滑，业务团队的能力和组建上出现了很大的问题。

Z总：四年前业绩出现了下滑，当时分析可能是产品创新不够、业务能力欠缺导致的，我和管理团队想了很多方法也没有扭转局面，感觉做这一行太辛苦了，还不如换个跑道试试。

Z总的妻子：史老师，我们最大的问题是企业问题太多，不知道力气该往哪里使。您看，产品同质化严重，产品力不强，客户流失严重，业务团队流失率大且分工不明，业务模式老套，电商经营毫无起色……

听完这对夫妻的倾诉，相信大家和我一样感受到了他们内心对企业管理深深的恐惧。Z总是产品经理出身，在产品的研发和创新方面颇有心得，但在客户维护和业务推广方面却始终是心有余而力不足。在妻子回归家庭期间，Z总迫于竞争对手和市场的压力，上架了好几款流行性的产品，接到了些许零散客户的订单，本以为可以靠这些来弥补自身能力的不足，没想到反而错过了市场机会，白白流失了更多的老客户订单。

抄袭和模仿竞争对手，往往会让经营者陷入创新思维懒惰，以及对产品创新可能带来损失的恐惧之中，导致企业始终只能以市场上的边角剩料为食，不但无法开拓红利的蓝海，而且可能深陷竞争的红海无法自拔。当经营者没有办法找到一条适合自己走的路，靠跟随和模仿竞争对手来做企业时，那么他就始终无法摆脱把企业越做越小的命运。

对于经营者来说，判断力、意志力尤为重要，而不是技术。我提醒这对夫妻，人们不是看清楚了再做决策，而是因为看不清楚才去做决策的。这家企业供应商开发慢、产品开发不出来的问题，实际上是经营者的开发思路出现了问题导致的。做企业不能跟产品，而应该做产品，但是如果产品种类过多，慢慢做成了贸易公司模式，多决策实际上就是没有决策，这是实实在在的过犹不及。

1.2.4　组织方式的限制

企业在高增长过程中的第二个经营陷阱是受困于现有的销售方式和组织方式。我们在这里所强调的组织，是一种经营的模式，它包括组织架构、现有的职能部门和内部的人员。

企业的经营模式又受到以下两个因素的影响。

第一个因素，老臣的能力。

企业在高增长的过程中，存在许多现实的问题一直没有得到解决，这其中最熬人的当属企业的内部管理了。有些企业家在处理"人的问题"时感觉很难，这会让企业经营越久越变成了"小老人"和"小胖子"。

什么是"小老人"呢？就是企业不大，但老态龙钟，老臣已经没有创业的激情。经营企业最重要的是要有一种干劲儿，当这种干劲儿缺少的时候，企业自上而下所有人就懈怠了。

另外一种现象是"小胖子"，当企业发展到一定的规模时，人浮于事的现象会越来越严重。这是经营者没有决心和方法淘汰庸人所导致的。从严格意义上来说，人员是企业的一种人力资源，企业是集体利益的结合体。无论是员工、干部、合伙人还是股东，大家都要在企业里实现交易，收获利益。因此在这个时候，企业需要对组织做一个有利于各种利益实现的交易设计，而不是把企业的未来依托在几个干部和老臣身上。

第二个因素，老板的角色。

在我的利润管理课堂上，经常发现有些领导真可谓是日理万机，电话不断。这种现象表明，在管理过程中，随着职位不断上升，管理驾驭的层次增多，领导者在心态和关注的重点方面没有随之转变。

举一个生活中的例子。相信大多数人会有这样的经历，从家里出门，开车去某个地方，开到快一半路程时突然发现手机或者其他重要的物品没有带，于是赶紧返回家去取。之前我也经历过几次类似的情况，并没有觉得有什么大不了的。后来有一次我去美国，和当地的朋友出门参加聚会，出发不久朋友发现自己的手机忘带了，我赶紧对朋友说："那咱们回去取吧。"朋友笑笑，安慰我说："没关系，等会儿路上我找一个路边的电话亭打个电话给对方，说明一下就好了，以免联系不上。不用担心，没什么大不了的。"同样是忘记带手机，我和这位朋友的做法截然不同。后来，我意识到这不仅仅是一个习惯的问题，其中还蕴含了一个非常重要的观念：学会取舍。这就像是在企业经营中，领导者的管理层次越高，越要学会对一些管理动作放手。与其老板自己亲自打理所有的事情，还不如放手给适合的人才去管理。

企业规模做不大，经营许久也得不到高增长的机会，很多时候和老板自己舍不得放手，只顾着奋斗在一线做经营拼业绩，把所有的客户牢牢抓在自己手上有很大的关系。

永翔说——
看清楚企业的问题了才能有的放矢去管理，在不清楚的情况下仍然凭感觉做决策，这对企业经营来说是非常危险的。■

1.3 客户、产品和组织的关系

关于客户、产品和组织三者之间的关系,有些企业家一上来喜欢先单讲产品,再讲客户和组织,还有一些企业家认为在这三者之中,组织是其中连接的关键要素。在我看来,持有这些说法的企业家其企业经营逻辑出现了偏差,没有把企业经营的本质放在正确的位置上。

我所倡导的 YTT 利润管理实践思想,是由客户来决定企业的产品,在产品制作的过程中,其产品定位和客户需求的契合度越高,与客户沟通的成本便越低。

由客户决定企业的产品,由客户决定企业的组织方式(见图 1-7),是企业突破高增长误区的关键。

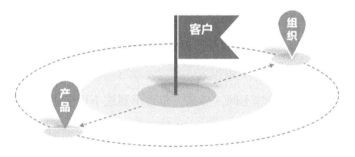

图 1-7 产品、客户和组织的关系

1.3.1 客户

从严格意义上来讲,企业的发展一定建立在满足客户的需求上。经营者要站在客户的角度和市场的角度来改变组织,而不是基于现有的组织来做事情。企业发展的迭代和高增长,是建立在它能够满足客户的需求这个假设基础之上的。因此在企业发展过程中,与客户联系越紧密的事情,组织更应该迅速地做出响应。

【案例6】

产销不协同，如何用客户导向来平衡

H公司是一家经营胶合板生意的公司。目前，H公司面临的主要问题是产和销是分开的，各自为政。各个部门都以自己的利益为原则去做事，最后导致公司的库存、资金压力逐年加大，总体经营业绩下滑很严重。

为了改善这个问题，H公司老板想到的对策是，重新调整组织架构，把公司的生产线分成两条，分别用来生产不同的产品。让业务部门分别为独立设置的生产线去做销售，卖不同生产线上的产品。

如果你是H公司的老板，你认为这样做可以帮助公司走出困境吗？

所有企业的经营可以概括成两个问题：到底是围绕着客户卖所有的产品，还是根据不同的产品设置业务线？如何平衡这两种经营呢？

上述H公司遇到的难题是产销不协同，这时老板选择用调整组织的方式来解决，对应的解答关联度不高。对于H公司来说，最重要的是产销协同的问题。产销平衡可以通过生产计划、考核，让生产以销售量为基础来安排进程。老板完全可以按照下面这些方法来解决：库存的责任转移，压力转向销售，让生产更加前导化……而不是分割生产线和销售人员，因为H公司的产品品类实际上并不多。

为了帮助大家更好地理解这个案例，再用一个餐饮企业的例子来说明。

【案例7】

如何激励老员工开发新客户

J企业是一家为餐厅做配料的供应商。J企业的问题是老业务员懂技术，知道如何搭配才能更好地为产品做推广，但是不情愿去开拓新客户。J企业老板心里着急，想了很多方法去激励，甚至连股权激励也用上了，却仍然看不到效果。

后来 J 企业的老板向我咨询，我给他的解决方案是，不要分产品、分生产线去销售，而是分地区销售。尝试让每一个老业务员作为某个地区的市场销售专员，调高底薪、减少提成。另外招聘一批新的业务员，让新业务员进入市场一线去找客户。每当新业务员找到了新客户，因为不懂专业技术，公司就派遣老业务员出马去帮助新业务做客户辅导。

打通新老业务员销售搭配的关键在于，新业务员是否愿意将自己开拓的新的客户订单分享出来，请老业务员去辅导。一旦这个关键点打通了，这样做的好处就显而易见：新业务员按照地区分，销售半径小，客户密集度高，成交的效率高，企业整体的经营成本会更低；老业务员按照专业分，有专门做西餐厅的、有专门做中餐厅的、有专门做饮品类的等。这样新老业务的配合才会更好，业务扩展也更快。

当我们看到了市场和客户的需求时，一定要通过组织去推进产品和客户的连接。大多数伟大企业的组织通常会在 5 年、10 年和 15 年三个阶段经历三次大的变革，这是因为如果不能够跨越这三个阶段的变革，未来企业很难保持持续性的发展。这其中，变革的关键在于对组织的调整。做组织调整的目的是创建有竞争力的产品，满足新市场和新客户的需求。变革的着手点在组织身上，着眼点在客户身上，发力点在产品身上。

我们也看到有些企业隔三岔五就会调整一次组织结构，这种做法本身没有对错，但问题在于它们是基于何种能力或者基于何种角度来做变革的，这才是组织调整的核心问题。我们纵观所有成功企业的发展，都是在于它们能够打破原有的组织局限、创新组织改革。

打造组织效能的关键问题是解决它的平衡能力。每个企业在组织调整的过程中，要在现有能力和未来能力之间找到一个增长的平衡点，这个平衡点既取决于企业家的眼光，又取决于企业家的眼界，以及在恰当的时候能不能实现"跳一跳"的关键。YTT 的利润管理理念是在客户需求的基础上打造企业的盈利模式,并且在辅导这些企业家学员实践的过程中,我们不断强化和践行"通过组织变革来满足市场的新需求,提升产品的竞争力"。

1.3.2 产品

产品到底好不好、要不要做,取决于客户和市场,而不取决于竞争对手如何做,也不取决于自己是否喜欢。比如,我们经常可以看到身边有些服装企业一直做不大,这其中很大一部分原因是企业家本身是设计师出身,设计师有个爱好就是永远只做自己喜欢的东西。因此这样的企业从某种意义上来说只能称为工作室,而不能够称为企业。那么这些工作室的产品线就会因为设计师的个人喜好而收得很窄,在一个区域市场中的细分类目下这些工作室也许活得很好,但必然会影响它未来的规模化和高增长。我们要根据客户和市场的定位来设计我们的产品,从而提高客户的复购率,提高客户对产品的忠诚度,并且也可以让客户为他们喜欢的产品付出高的溢价。这一点说起来很容易,但是企业家很难走出来,导致他们的眼睛看不到客户,也看不到真实的客户需求。

值得关注的是,客户的需求像一个黑匣子,它既是产品力打造的关键,又是组织力联结的枢纽。但经营者很容易受到社会大众杂乱信息的干扰,错误地把大众需求当成客户需求,又或者经营者受制于自己的眼界,看不到更深层次、更广意义上的客户需求,错把所有客户的要求当成真正的客户需求。

那么如何发现真正的客户需求,并为之定义相匹配的产品呢?

【案例8】

家里有矿,心里也慌

K公司是一家矿产集团公司,它的老板曾经找我咨询关于产品的抉择问题。这家集团公司主要做矿产品加工,属于传统行业,业务利润率比较低。老板告诉我,3年前公司的销售收入还接近1亿元,可是到去年年末的时候差不多只有 5000 万元。

K 公司面临的主要问题是，产品附加值低。为了提高产品附加值，老板和公司管理层想出来两个办法。

一个办法是按照现有的 30 多种产品，找到其中一种产品做纵深拓展，把产业链延长；另一个办法是重新研发一种新产品，打通集团公司之前想做的塑料市场生意。

老板在这两种思路上犯了难，到底哪一种办法可以帮 K 公司走出当前的困境呢？

一般来说，矿产类公司的经营有两种选择：一种选择是卖原料。如果选择这条路，毫无疑问公司的利润空间就小，那么它卖原料的体量就要大，并且原料的交货速度也要快，绝对不能实行到岸交货，这样企业的存货和应收账款才有时间去抵消。当然了，对于这类公司来说，最好的选择是没有存货，也没有应收账款，而是卖期货。这种经营方式比较简单，取决于企业原料的好与坏。

第二种选择是做矿石的深加工项目。对公司来说非常重要的是，只要是做深加工，就会有存货。从聊天中我得知，K 公司经营的硅灰石产品如果做硅灰粉，价格会更高，细度也会更好，这就是利用精细化帮助公司实现规模化。

现在看来，K 公司要么往深度走，要么去卖原材料，做产品的分级，但因为层级筛选的工具太多，做产品的分级和筛选将会是一件十分痛苦的事情。因此我建议 K 公司的老板一定要学会对下游进行开发利用，不要只做单一卖产品的生意，而是要告诉客户如何应用这些产品。

我建议 K 公司建立一个团队去做产品的技术应用和辅导应用。矿石出产以后，经过一层一层的筛选，K 公司必须设计好每一层产品的分类，告诉客户产品以后要用在哪里、怎么用。只有这样 K 公司才能找到大客户，才会有更大营业额提升的可能，否则只能痛苦地守在原地。

做企业最痛苦的一个选择是先产品还是先客户。

如果企业选择的是先产品、后客户，举个例子来说，用一款产品去应对更多的客户，这种情况带来的风险是，企业始终会受到来自客户的压力。好比我们专门为客户提供茶杯，有一天客户突然说，"我们想要加一个茶壶"，那我们做不做呢？如果答应了，客户又提出新要求说，"我还要一个托盘"，我们要不要继续做呢？这个时候，对于企业来说最痛苦的是经营开发能力不强。经营开发能力强的企业，才能走通这种价值管理模式。

如果企业选择的是先客户、后产品的模式，那么企业的产品盈利分析和客户盈利分析要做到极致，而且要在接单之前完成对客户订单价值的判断，否则接单和不接单都会很迷茫。这既要求企业要做好价值管理，又要做好成本管理。

我们经常会感觉到，所有的客户好像都在说"价格再低点、产品再多点××就好了"，这个时候客户表达不出来自己的终极需求，经营者自然就意会不到，于是渐渐把关注点更倾向于放在产品端，而不是客户端了。

企业应以客户需求为导向，从客户众多的需求中抓住最根本、最核心的需求，并围绕该需求来设计产品、提供服务，进而形成自身的市场定位和核心竞争力。但客户的需求有时候很模糊，并不是那么一目了然，那么如何区分客户的显性需求和隐性需求，并做出相应的调整呢？

举个例子，当年福特汽车在做客户调查的时候，欧洲的绅士还喜欢坐在高大的马车上，享受哒哒哒的马蹄声响彻大街的感觉。福特汽车如果只是一心迎合贵族的需求，想必会绞尽脑汁地去发明一辆跑起来更快、更稳的马车。但是客户的终极需求不是跑得更快的马，也不是能遮风挡雨的车篷，而是一辆可以让自己能更加快捷地到达目的地的车辆，于是福特的蒸汽汽车应时代的需求而生。

在新时代中，互联网和人工智能的发展日新月异，将来我们的交通工具又会是什么呢？我想可能就是无人驾驶汽车吧。因为开车不是人类的终极需求，更快捷地到达目的地才是我们真正的隐性需求。让我们展开想象畅想一下，未来人类所拥有的汽车可能不仅仅只是一辆车子，而是一座可以移动的房子。我觉得，这才符合人类的终极需求。因为人们在这座可移动的房子里可以和家人交流，还可以用它来开办公会议，移动的属性又能够满足我们到达某一个目的地的需要。无人驾驶更智能，不需要自己去费力开车，司机也将纷纷转行。从这个角度来看，未来社会中产品的属性和形态都将发生改变。

再举个例子，目前流行滴滴打车，但滴滴公司却没有一辆汽车，目前它是全球最大的移动出行平台。即便如此，滴滴打车也只是挖掘和利用了社会的闲置资源，并没有解决用户的终极需求。用户的终极需求是更便捷、更简单，运输方式也不是单向的，而是联结在一起的，比方说每一个家庭和办公场所之间的联结，这就构成了更大范围内的一个生态运输网络，这才是用户真正需要的。

无论是哪一种产品和生产方式，在用户终极需求的思维导向下，当出现一种新的经济发展模式和资源整合模式时，必然会让人们的生活发生翻天覆地的变化。那么，任何一种产品都要不断地去挖掘客户现有的需求以及未来的终极需求，这就是基于客户来认知自己和认知产品。

1.3.3 组织

离开客户、离开产品讲组织都是不对的。企业做得越久，越容易被组织所"绑架"。这种"绑架"是对企业家思维的"绑架"。为什么这么说呢？因为在企业里，事情是要借助人和组织的力量去实现的，人和组织在做事的过程中会带来大量的损耗，并带来管理上的各种困难。当损耗和管理的难度太大时，经营者就被这些问题给困住了。

"被思维绑架"主要体现在两个方面：一方面是老板的见识，即眼界的认知；另一方面是受情绪控制，容易情绪化。

【案例9】

火锅不赚钱？那是因为组织方式没做对

M公司是广州的一家餐饮管理公司，它的经营者是一位"80后"年轻人，公司主要经营麻辣火锅。M公司从2003年成立至今已近20年了，迄今每年的销售收入还在5000万元左右。

有一次在我的课堂上，M公司的"80后"老板来向我咨询，倾诉他当前面临的几个管理上的困扰。

第一，因为M公司属于餐饮行业，不像传统行业那样搞定大公司的采购就行。M公司的客户是形形色色的，员工和客户沟通起来有一定的困难，产品卖得也不是很好。M公司老板想利用微信平台进行宣传。他计划给每个店的店长配一个手机，让店长把所有的熟客加到群里，从而在线上跟客户建立直接沟通的桥梁，并将客户的意见收集在一起。这样去做活动或者做产品开发、宣传，可以更及时、更有效。

第二，M公司的火锅店有一种特色产品——麻辣田鸡火锅。选择做这个产品的初衷是，不希望抓住当地所有的客户，只需要抓住那些爱吃辣的客户，就足够在创业初期养活几家小店了。但是这几年随着竞争对手的模仿，M公司店面的利润开始大幅度下降。现在，老板正考虑是否要去其他城市开连锁店。

对任何一个组织来说，要想成为大企业，其中的关键是组织一定是开放的，且一定是以客户为导向的。不难看出，M公司以往的做法中有三个方面让组织规模难以扩大。

第一，M公司老板一直在讲怎么把产品推销出去，根本没有去想如何让客户接受门店更好的服务。对比之下，海底捞就成功地打造了一种亲情文化，让客户感受到被尊重，客户到这里来消费是快乐的。M公司老板却在讲要给客户推产品，根本没想清楚组织高增长的着力点在哪里。

第二，M公司的店面在组织运行方面的流程做得很复杂。流程越复杂，组织就越庞大，而利润却不见得有起色。我向M公司老板建议，先相信员工。先做到呵护并信任员工，他就会发现组织其实可以很简单。餐饮业是一个低门槛经营行业，门槛越低，组织的问题就越需要靠管理、靠信任来解决。

第三，店面发展模式单一且保守，如果让员工去做创业家，就可以让公司发生裂变。M公司可以设计合伙人的组织模式，让优秀的员工干满几年就可以分享单店的利润，还可以升职做店长和区域合伙人。给员工设计一个竞争的舞台，这比到其他地区开店面更适合，也更有效。

对于M公司来说，所谓的特色产品实际就是单一的产品经营，这对于火锅店来说是很容易盈利的。因为产品越简单，组织成本越低。这个时候，M公司老板管理好公司内部的组织裂变，着力打造客户文化，再加上不断开发的新产品，企业未来的高增长很快就有可能实现。

1.4 客户导向法则和利润的12个定律

以客户需求为导向，需要经营者在不断变化的市场竞争环境中，通过调整产品和提高组织服务能力来展现自己企业的价值。

我们知道，以往的空调经营模式是卖进每一个家庭里。有这样一家空调生产商，它原来的生意很好，但有一段时间它的产品却卖不动。这家空调企业投入了大量的业务员去商场和社区做促销，情况也没有明显的好转。后来，这位空调商突然想到，既然增加人手不能带来销量，那能不能换产品或者换顾客

> 永翔说——
> 组织的效能是一门艺术，产品的效用是一种能力，客户的效益是一种眼光。■

呢？于是空调商尝试将原来对准家庭主妇的销售思维，转换为现在对准房地产开发商的思维。想到了之后他立刻行动，跟房地产开发商达成了合作，请他们在盖房子的时候就把空调给装上，这个办法一下子让空调厂家的销售额得到了极大的提升。由此我们可以想到卖厨具的企业、做精装修的企业，在社区店的经营越来越难的情况下，它们同样可以跟房地产开发商达成相关的合作。

客户的需求是可以引导的，我们需要做的是善于抓住需求方式的改变，把产品当成客户的拉力，把组织当成客户的推力，这就是我们所提倡的客户价值导向。我们把YTT的持续性盈利思维总结成12个定律，从客户、产品、组织和企业高增长四个方面给予更多企业以实践的指导，让复杂高深的企业管理的方方面面变得更简单、更易懂、更具可操作性。

把管理做复杂是很简单的事情，但把管理做简单却需要一定的智慧。YTT的利润管理实践一向认同简单管理的精髓是效率，而效率以结果为导向。在这里，我向大家提供企业经营的12个利润定律，从而让企业的每一个阶段、每一项决策变得简单、高效。

定律一：客户需求定律——客户是不是真的需要你的产品？

定律二：客户成交定律——颠覆性产品首先来自客户的体验。

定律三：客户偏好定律——要做到比顾客更懂顾客。

定律四：产品功能定律——如何把产品卖点和客户的痛点相结合？

定律五：产品差异定律——如何发现产品的附加值？

定律六：产品复购定律——跟客户建立关系，最有效率地使用营销费用。

定律七：组织成本定律——做企业是有代价的，要找到投入和收益之间的平衡。

定律八：组织速度定律——如何打造高效协同的组织力？

定律九：组织复制定律——把价值与实现价值相结合，推进持续盈利的行为。

定律十：企业高增长定律——保证收入持续增长的三个原则和四大要素。

定律十一：企业高效率定律——高增长的前提是高效率。

定律十二：企业高壁垒定律——企业究竟如何建立护城河？

这 12 个利润定律能帮助企业经营者完善自身的知识结构，找到企业的利润点，以及经营与产品更好的契合点。当你试图努力思考怎么把事情做得更好时，不妨先想一想方向对不对。如果能在这 12 个方面做对并为之转变，相信你对企业的未来会有更美好的期待。

第 2 章

利润定律一：客户需求定律

【对话1】

凡菲墙贴

国内首推"墙贴"概念，学习期间营业额增长 5 倍

采访嘉宾：陈德慧，凡菲（浙江）电子商务有限公司（以下简称凡菲）董事长

行业标签：家居家饰、跨境电商

主营业务：墙贴、玻璃贴膜、地面快装贴、家具膜、桌布

创业时间：2004 年

YTT 辅导成果：7 年学习时间，2 年顾问辅导时间，营业额增长 5 倍

（以下内容来自陈德慧自述，经授权后编辑）

创业契机

史永翔：陈总是在什么契机下开始创业的呢？

陈德慧：1999年我刚从上海海运学院本科毕业，被上海当地一家国企招揽，做起了船舶贸易和管理工作。

2003年9月，28岁香港大学MBA毕业后，我从国企辞职了。之所以后来创业做外贸，完全是形势所逼——因为感觉自己除了英语好，也没什么更大的优势了。想到之前我在国企工作时是做船舶贸易的，在和老外的交流方面受过一些较专业化的训练，于是我在2004年2月创立了一家外贸公司。当时我用仅剩的2万元钱，加上从亲戚朋友那儿借来的10万元，借着外贸进出口权开放的契机创立了公司。

史永翔：一开始就做墙贴产品吗？

陈德慧：我们刚开始选的产品是一款PVC塑料包书皮。那个时候，我们和其他普通创业者一样，不知道怎么干，挺迷茫。我在国企工作的时候就知道阿里巴巴，于是在阿里巴巴国际站注册了一个免费的账号，用来发布产品。说是包书皮的生意，但那时候的真实情况是到处乱找产品去卖，从包书皮到空调，从进口红酒到装饰材料、木工机器，看到什么就卖什么，没有任何思维和逻辑。

在初创期，最大的战略（最好不说战略）是让企业赚钱活下去。这好比在战斗中必须要打胜仗，这样战士们才有信心跟着将帅继续走下去，因为大家喜欢跟着打胜仗的领导。在这个阶段切忌去过度地思考和规划所谓的未来，最重要的是在一次又一次混乱的战斗中取胜！这才是务实的做法。

开张的"第一笔生意"

史永翔：还记得第一笔订单是怎么促成的吗？

永翔说——

人生中很关键的问题是，要掌握自己的命运。所有的决策，不管对错，都是自己做出来的。■

陈德慧：最初我们有一家供应商进了一批"三聚氰胺木纹纸"产品，在当时它做出口生意，同时我也去下游的工厂拍一些复合地板的照片上传到网络上。

我还记得第一位客户，他是一位印度比较高阶层的年轻商人。他有意向下订单，于是来中国咨询，我陪他去临安、杭州等地找供应商。最终，这位印度客户的订单让我赚了 5 万元，虽然金额不多，但让初创企业的我一下子感觉有了信心，也正是这份信心支撑自己走过了这段艰难的时期。

找到最适合的产品：墙贴

陈德慧：2005 年下半年，在对比了近 20 多种商品后，我们终于确定了公司的主营产品——墙贴，即自粘壁纸。

不久之后，真正的机会来了。2006 年，产品在阿里巴巴国际站全面上线一个月后，有位西班牙的客户下了价值十几万美元的墙贴订单，而且这位客户此后连续下单，再加上当时产品本身的利润率非常高，也就是从那个时候，生意开始真正顺风顺水起来。后来凡菲有了第一批员工，成功招聘了 4 个业务员。自从招了业务员进来，公司的订单也多了起来。

从墙贴起步到现在的"四个面"产品（见图 2-1），细细回想起来，自己真的是从懵懵懂懂中走过来的。

企业的两次高增长

史永翔：企业是在什么时间获得高增长的？

永翔说——

企业家对自己的创业过往喜欢用两句话总结：第一句话，我运气好；第二句话，懵懵懂懂就成功了。但并不是这么回事，他们都是因为在某一个阶段做了一些很关键的商业举动，这些举动是符合商业发展规律的。如果没有最开始两年的坚持和扩张，也不可能有后面的机会。■

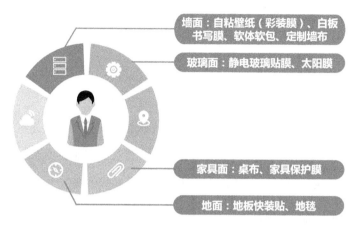

图 2-1　凡菲"四个面"产品（墙面、玻璃面、家具面、地面）

陈德慧：第一波增长，应该是在 2007 年的外贸机会下，做凡菲第一代的自粘壁纸生意。

现在回想起来，当时货品出柜真的是没那么猛过。我从来没见过那么猛，货品都是十几个柜、几十个柜出的。刚好那个时候欧美的客户全部是做 DIY 的，在大局势下疯狂地买光所有工厂的货源，甚至连国内的竞争对手也全是满负荷运作，每个人、每个厂家都很忙。我们每次去广交会，都是从早上忙到晚上，一直看订单。跟着这个大趋势，公司发展起来了，这才算真正步入墙贴的行业经营里。

2009 年之后，随着业务规模的不断扩大，我在温州买了新厂房，但随之而来的是应收账款越来越多，员工也越来越多，组织效率却一直提不上来，公司在 2010 年逐渐走入了低谷。

第二波高增长来自 2013 年，凡菲转型做了电商，这时候我们抓住了行业销售渠道的变化，但卖的产品一直没有变。在这段时间，我在朋友的介绍下认识了您，从此凡菲遇到了 YTT。认识您以后，我才觉得企业真正进入了利润期，也正是那个时候，您建议我把外贸转向内贸。凡菲在经历了 2 年的低谷和转型沉淀后，终于在内贸市场上吃到了甜头，连续 3 年取得了复合增长率高达 60% 的业务增长。YTT 实践给凡菲带来的变化，如图 2-2 所示。

图 2-2 YTT 实践给凡菲带来的变化

如何做一家好企业

陈德慧：做企业的人，特别是一些刚创业的人，只是抓了产品或者组织，甚至可以说创业了但是没有找到机会点。

第一，客户跟产品之间的贯穿。企业有可能是产品为先，也有可能是客户为先，但是这两者一定要先串起来，最后才是做组织的架构，甚至资源的配比问题。之所以有这个建议，是因为自己在 2008 年公司高速增长的时候，犯了很多错误。找到一个产品，觉得挺好，一拍脑袋就去干，结果亏了很多钱。失败过

永翔说——

正如陈德慧先生所说，如果不构建客户和产品的关系，企业不可能成长。当时企业没有深挖下去，抓一票丢一票，发现市场不好了就不做了，但市场机会还在那里，只是产品和客户的关系发生了变化。这个时候，如果没有逻辑去贯穿两者之间良性的运转，就会导致业务大幅下滑。■

后，我才真正理解了 YTT 所讲的商业模式，也就是客户、产品和它们之间的关系是真正的商业逻辑。有了这次深刻的反省，我知道了如果选择创业，肯定是先打通客户和产品这两个关节，然后串出来逻辑，再去找资源匹配。但是不管是以产品为起点还是以市场作为起点，都是一个循环、动态、相互验证的过程。

陈德慧： 业绩不好的时候，客户不买我们的产品，我们就自然而然地认为这家客户不行了。然后，我们又没有形成客户的更新迭代，而是不断在组织上发力。到最后失败了，我们给自己找个理由说市场不好，竞争太激烈，然后开始更换赛道。直到想通了之前您和我讲过的"做聚焦战略"的建议，才突然发现自己的思维短板。

对于创业者来说，如果从目前情况来看，找产品相对来说容易切入。找到产品以后，拿着这个产品不断地问客户、问市场可能是一个比较快速的方法。但是大部分创业者有个缺点，就是拿到产品以后不愿意去验证，直接跳过市场，先把组织建起来，然后就开始花钱，这是对市场缺乏一种真正的认知。回想一下，当时凡菲做天猫店、亚马逊店为什么会成功？首先是因为产品与市场是经过时间检验的，它已经完成了产品和客户两方面的匹配，然后借助了渠道的风口（指电商）才获得了成功。凡菲的发展路径，如图 2-3 所示。

图 2-3 凡菲的发展路径

创业体会

史永翔： 对创业的人会有哪些建议和忠告？

陈德慧： 第一，保持一颗折腾的心，包括永不放弃的这种精神。这是一种认知的问题，有人认为折腾不好，但我觉得"折腾"是创业人应该有的一种心态。如果没有折腾，就不会有这么多新的东西出来，也不会有乐趣。我觉得这也是我的一个优点，否则我找不到创业的乐趣，长时间没看到自己有变化或者没成长心里会难受。

第二，在创业的过程中，要不断设定目标。说起创业目标，当时我就在想，自己是从国企出来的，又读过MBA，以后一定要做一家好公司，大家都西装革履。但在企业经历了2018～2020年的内化期，并跟YTT接触以后，我逐渐形成了另一个观点：要让自己从生意人开始向企业家去转变升级。我更要从做一个行业或者做一项事业的角度来看待我所经营的公司。

第三，享受创业的乐趣，在过程中不断发现自己的盲区。举例来讲，以前我觉得自己是适合做管理的人，认为管理就是和人打交道，很容易。可是当真的脚踏实地带领团队的时候，我才意识到创业的苟且和艰难。之后在YTT的辅导下，我才慢慢有种通透和顿悟的感觉，当然没有之前的经历和折腾也是领悟不到的。因此创业的乐趣在于可以一直发现自己的短板，以及需要努力学习更多。

随着大数据概念的普及和推广，越来越多的创业者崇拜依靠一些新媒体平台来快速获取客户，解决做生意完成交易最基本的前提——寻找客户源，并

永翔说——

当下有企业家认为在抖音这类网络平台上卖产品很好，但是归根结底要考虑是不是和你的产品相匹配。有时候，做企业并不需要赶时髦。■

且相信通过后台设置一些界定的标准，比如年龄、性别、区域、使用的手机品牌和价位、位于什么商圈等关键词，就能找对客户，从而实现公司和项目的快速成长。

比如在今日头条上，软件会根据你的使用和浏览情况，利用人工智能的算法，推荐给你习惯阅读的内容和信息，这会让人感觉它特别了解自己，从而更喜欢用它来获取信息。类似今日头条这种软件本身就在用一种很好的客户思维方式，即根据客户的喜好为客户定制所需要的产品。

沉迷于娱乐的人喜欢做两件事情，第一件事情是看新闻，根据自己的喜好去看。这是我们老百姓的心态，看看别人在干什么，发生了什么事，结果怎么样。我身边大多数做事不成功的年轻人通常最大的乐趣就是议论他人，把时间耗费在与自己无关的事情上。第二件事情是八卦他人，从路人到熟人，从流量明星到商业大佬，从他人的一言一行中来妄加猜测他们是什么样的人。这些事情看起来无聊，听起来荒谬，但却是当下年轻人习以为常的生活状态。

因为职业的原因，我经常接触一些创业的年轻人。出于尊重和学习的目的，有时候我会接受一些年轻人的邀请，和他们一起聊聊商业和管理。我发现大多数人跟上面所说的一样，每天嘴里讲着宏大的环境和想法，活在对未来商业美好期待的虚幻中。这种思维之所以不值得提倡，是因为在夸夸其谈的背后，你的想法和将来实施的做法不一定是"客户要的"，不一定跟客户的需求有关系。无论是创业还是经营，千万不要忘记一件最重要的事，那就是我们需要对结果进行衡量，即思考我们做的事情有没有价值。

说到价值，为了有更好的结果和收益，有些人在创业之初喜欢到处取经。这种行为本来无可厚非，但市面上的课程实在是鱼龙混杂。有老师喜欢讲宏观，讲市场需求是存在的，有多少人有这个需求，创业一定会有多少营业额，听完之后我们好像有收获但收获却不能落地，该不会做的还是不会做。

拿自动炒菜锅的例子来说，市场需求明明也很大，如果有人给你投资1000万元，或者是你手上只有10万元去创业，你又该怎么做？这是一个很现实的问题。

那么当市场出现后，如何知道和创业者有没有关系呢？产品又要卖给哪些人呢？我们先通过一个案例来加以说明。

【案例10】

小家电和小茶包，哪个生意更好

之前有位我国台湾地区的企业家A先生，他是做保温杯生意的。A先生在创业之初是和日本一家公司合作的，品牌和技术源于日方公司。创业之初真可谓一帆风顺，很快他的保温杯产品业绩做到了上海第一，继而A先生的公司开始进军小家电市场，直到接手整个上海地区的小家电生意。

有一次，A先生送给我一台泡茶机。在泡茶机中放入茶叶和茶袋，它就能自动将茶泡好。特别之处是，这个小家电产品能把水温控制得很好，不冷不热，茶可以直接喝。他送给我的时候，我也感觉很新奇，还介绍了好几位朋友购买这款泡茶机。

后来A先生的生意遇到了难题：泡茶机在小家电市场上的销量不好，卖不动，于是他请我去做咨询。

仔细分析后，我提出了一个建议，泡茶机这款产品不适合面向大众，它不是普通老百姓日常使用的产品，更适合特定的客户群体，比如服务行业，类似按摩店、高端的餐厅、会所等机构。

永翔说——

人生的选择是不断做减法的过程。经营企业和经营人生一样，需要学会适时做减法，面对市场的诱惑及时止步。■

有意思的是，当时我的建议并没有被 A 先生重视，另一位企业家 B 先生却因此大赚了一笔。

B 先生是企业家商学院的学员，当时我受邀在商学院分享企业管理经验，在课堂上用各行各业的实践案例来辅助教学，其中就用了这位我国台湾企业家 A 先生的故事。说者无意，听者有心，B 先生立刻从我的分享中发现了商机，开始了新一轮创业。

B 先生的做法是，卖茶包（见图 2-4）。他从台湾学友 A 先生那里采购泡茶机，租给按摩店、洗脚店等服务机构。B 先生的策略是，泡茶机只租不卖，客户要买也可以，但单价很高，而他所提供的茶包的价格很低。这样这些服务机构几乎都是租机器、买茶包。在茶包的提供上，B 先生又区分红茶、绿茶、普洱茶三种不同价位和品质的标准包。在短短一段时间内，B 先生就实现了 2 亿元的营业额，获得了 6000 万元的净利润。

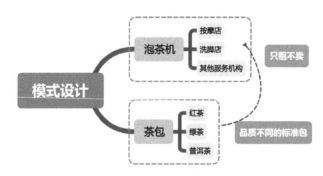

图 2-4　卖茶包的生意设计

看到这里，相信你也禁不住为 B 先生的商业头脑赞叹不已。当时泡茶机在整个大众市场上卖不动，是因为没有解决"人的路径"问题，而做茶包生意的 B 先生解决了这个问题。

由此可以看出，好产品要实现向好生意的转变，需要经营者避免从"三个单方向"看问题：第一个是单看宏大的市场，第二个是单看与客户无关的需求，第三个是不知道自己的能力和长处在哪儿，找不到适合自己的路径。而在相同的市场里，企业和企业之间的差异在于是否能找到适合自己企业价值的路径。

2.1　学会辨别客户真正的需求

创业最好的方式不是单凭一己之力做大企业规模，而是要在已有客户需求和现成消费冲动都齐备的情况下展开。

在未来，资产一定是贬值的。因为我们可以发现，身边共享的东西越来越多了，共享单车、共享汽车、共享住房等新需求层出不穷。另外，现在的年轻人不愿意在家做饭，因为外面可供选择的餐厅太多了。又或者餐厅里有时候看起来消费者人数并不多，但外卖的单子却堆得厚厚的。这些现象代表着一个时代的改变，代表着人们思维观念的更新。这也给我们提了一个醒儿，那就是要关注服务业的兴起。

记得多年前，我还在制造行业的时候，曾经告诉自己和周围的企业家，做企业要学会把产品服务化，服务产品化。产品服务化，就是用服务的方式把产品传递给客户，直达客户的价值点。这好比一位重要客户点了一盘我们店里没有的菜品，身为餐厅经理，你不可能直接告诉客户店里没有这道菜，也不需要重新安排员工去买材料来做，但是要想办法解决客户这"最后一公里的需求"。那么服务产品化又该怎么理解呢？它的关键是，一定要让服务标准化。只有标准化才能规模化，目前在这一点上做得比较好的例子是海底捞。做成另一个海底捞并不难，难的是我们能不能克服自己理解水平上的偏差，因为大多数公司或项目只要规模一大起来，就会有更多的产品形式出现，组织也开始变得越来越复杂，后续的公司业绩不但提升不上去，反而慢慢地开始走下坡路。因此服务产品化的理念，大家一定要深入地去学习和理解。具体如图 2-5 所示。

图 2-5 服务行业的盈利

无论是创业还是经营企业，你都要关注服务化和产品化的相互转变。但我们经常会遇到一些问题，那么产品化和服务化的分歧点在哪儿呢？通俗点儿说，服务化是创造价值，产品化是控制成本。正是这两者之间的分歧给企业经营的管理者造成了困扰，当我们找到了客户所需要的服务，但是后续不能把服务变成产品，就解决不了复制的问题，也就达不成更高的企业规模。这时候虽然找到了客户需求，但实际上并不能深入挖掘下去，做任何的生意只能是蜻蜓点水，浮于表面。这涉及一个问题：你所挖掘的客户需求是真的吗？

2.1.1 需求的真伪

很多生意看上去市场很大、客户基数也很多，但企业却长期存在着一个困扰：客户明明有需求，但企业为什么没有订单？

要解决这个问题，我们需要先理解一下做生意的几个阶段。为了更加形象地说明，我们用一个土豆的形象来比喻（见图 2-6）。

第一个阶段：生存。这好比早年欧洲各国遭遇了连年的战争、贫穷、人口过多及土地贫瘠的情况，人们为了生存下来，发现了土豆这种植物，并依靠它从饥荒中被解救出来，解决了最初的生存问题。

第二个阶段：成长。在 1650 年前后，土豆种植在英国得到了很大的发展。特别是在爱尔兰，它的土壤和气候非常适合种植土豆，因此土豆很快成了当地人的主要食物和主要农作物。然后，成也土豆，败也土豆。由于物种单一化，1845年"土豆晚疫病"爆发，引发了爱尔兰大饥荒，近百万人饿死，150万人逃往美洲。做生意，要特别警惕单一化。

图2-6　做生意的三大关键阶段

第三个阶段：爆发式发展。1765年，俄国粮食歉收，农民经常挨饿，为了解决食物紧张问题，当时的沙皇决定拨款到爱尔兰等地采购土豆种植。由于土豆喜欢冷凉而湿润的气候，而正好俄国的大部分地区气候寒冷，种其他作物产量低且不稳定，却适合土豆的种植。因此，土豆在俄国发展得很快，在很短的时间内就在全国普及了。如今，俄罗斯更是土豆消费大国，人们几乎每顿饭都离不开土豆。

通过上述三个阶段我们可以发现一件很有趣的事：在每一个社会节点，总会有一个事件的发生来推动社会向前发展。同理，产品服务化也是商业社会发展过程中的一个积累。企业要实现最终的爆发式发展，就是由"最后一公里"的客户需求所决定的。如果不能解决这个问题，那么客户跟企业只能维持在产品关系层面，即依靠产品功能和价格来维系客户关系。如果解决了"最后一公里"的客户需求，企业才算建立了与客户之间的服务关系，也就能从客户身上挖掘更多的需求，走上持续经营合作的道路。

当我们通过生意的每一个重要节点时，首先，问问自己：目前有多少客户？这些客户能维持多久？客户的质量如何？因为客户决定了企业未来的成长。其次，企业的成长离不开规模化。在规模化发展的过程中，也许你会发现身边的服务型公司的规模比较小，可能会错以为大公司做产品，小公司才做服务。千万不要被你看到的所谓现实的景象所迷惑，企业经营能不能再上一层楼，关键还是看能不能把服务做到更大。

我们不妨仔细想想，大街上随处可见的餐厅，很少有国内品牌能像肯德基和麦当劳一样，可以在全国范围内把门店开到这么大规模。为什么肯德基和麦当劳能做到？一个很重要的原因是，它们解决了可复制的问题。实现组织的可复制性和产品的可复制性，恰恰是中国企业家所不关注的，也就是说我们非常不善于把产品运营复制并持续下去。

再比如 ZARA、优衣库等服装品牌，它们从来不以设计师为主，而是永远以客户为主。它们的典型特征是让产品更加好卖和简单复制。经营者会本能地误认为最新的东西就是好的，其实不然，东西好卖是要建立在对客户的深刻理解之上的。一旦你的产品打造成了一个经典款，就可以每一年反复制造，而不是不断地推陈出新。因此，我们迫切需要解决一个可复制的问题。

我们可以看到，产品不变，客户变了，其本质上是对客户再次深入理解的过程。为什么可口可乐能做到将一款产品卖给全世界所有人？它的经营理念是只有做大了，产品才是问题，因为每个产品的背后都是能力问题。对于刚开始创业的人来说，做大最好的方式是不断找新客户，将一款产品卖给所有客户，这个模式很容易形成全方位复制，也更容易获得高增长。

无论是把一种产品卖给全世界，还是卖更多的产品给固定的老客户，这两种模式之中没有哪一种更好，最重要的是我们自己要找到适合自己发展的模式，然后向这个方向不断地改善，这一点尤其重要。

为了大家更好地理解和自我进步，本书为大家提供了一个简单的表格模板（见表 2-1）。

表 2-1　自我学习检测分析表

案例观点	自己观点	同公司 他人观点	外界观点	老师点评	差异归纳	总结要点

我给企业家授课的时候，要求每个人要专注地听课、专注地理解、专注于自我成长，并及时用这张表格把这些记录下来。为什么会用到这个工具？因为我们每个人在前进的路上，往往会碰到问题、遇到不满、遭遇指责，于是大多数人停了下来。在此，我希望更多的企业家，尤其是创业者，关注每一次的自我成长和自我肯定。只有关注自己的成长，你才有足够的勇气往前走，对未来充满信心。

也许在使用这个工具的时候，你会发现自己和周围其他伙伴的理解有所不同，和本书的思路差异也很大，这时就是跨界学习、跨思维学习的最好时机，而跨界学习是取得成功的捷径。如果你和本书的观点不一致，建议你先深入思考一下书中为什么这么讲，是不是自己的思维还不够深入。尝试多锻炼自己的倾听力和理解力。

2.1.2　需求的冲动

在有些企业中有一种现象是，一旦客户对产品有意见，经营者的第一个想法就是改变产品，把产品改得更加符合客户的要求。

【案例 11】

有勇气就一定能成功吗

多年前深圳有一家做手机的企业，当时赶上国内手机市场当之无愧的霸主诺基亚公司的衰落，该企业的老板在跟我见面的时候，正好说起了这件事。

当时，我问这位企业家：你敢不敢也做一款手机，取代诺基亚？

他当时怔怔地看着我，想了半天艰难地说：我没有这个勇气。

相信这话对于某些正准备大展身手的创业者来说，显得有些可笑，没有勇气怎么能干成大事？但如果你经历过创业的艰辛、管理经营的困苦、企业发展壮大的艰苦，就能理解这位企业家当时说出"不敢"需要多大的勇气以及多么地深思熟虑。

在传统的营销观念里，企业的任务是根据不同的客户去定义不同的产品，也就是讲究客户和产品的一一对应关系，如果做企业真的这么简单就好了。为什么成功的是乔布斯的苹果公司，而不是你和我呢？因为我们没有回归到企业经营的终极思维上来，即用产品来满足客户的终极需求，这既是创业成功的关键，也是企业突破发展瓶颈的关键。

什么是客户的终极需求？我们通过一个案例来理解它。

【案例12】

健康管理公司该如何设计收费项目

随着越来越多的人注重养生和健康，每当讲到健康这个概念时，我们脑海里会第一时间浮现出和它画等号的一个词语：医院。当我们生病或者感觉到不适的时候，通常会火急火燎地赶往医院，但大医院里常常人满为患，容易遇上排队花了半天时间，看病只用了几分钟的情况。

如果你有一位家庭医生或健康顾问，则可解决这个难题。赶上了这个时机，很多的创业者会认为很多家庭对健康管理市场有较大的需求。

如果你是创业者，要把居民家庭的健康管理变成收费项目，怎样设计才能盈利呢？

| 创业讨论 |

创业者 A 的方案

第一个收费项目是开展预约挂号服务，专门帮居民挂号，尤其是挂那些平时不容易预约到的专家医师的号。随后根据预约挂号医生的难度，提高每次挂号的金额。

第二个收费项目是陪诊服务。这项服务专门针对有急诊需求的小孩或者老人，因为他们一般不知道在哪里交钱，在哪个房间做检查，去哪个科室看医生……如果是工作日，患者的父母或子女需要请假陪诊，会耽误一天的工作。有了陪诊服务，工作人员就可以很好地照顾老人和孩子，并在就诊后把他们安全地送回家。这个收费可以按天计算，比如 100～300 元 / 天。

第三个收费项目建立在前两项服务的基础上，在机构和患者家庭已经达成一定的信任和充分交流下，机构针对不同患者家庭或人群，开展终身健康档案管理服务。这项服务主要对客户的健康负责，机构会收集和保存客户的每一项就诊记录，并把它们做成相应的图表定期发给客户，机构还可以定期帮客户做免费的健康检查。(创业者 A 的方案如图 2-7 所示。)

图 2-7　健康机构的创业项目

在项目的定价管理方面，如果是针对普通健康人群，收费会比较低，年费在 500 元左右。如果是针对有慢性疾病的人群，机构会提供相应的服务，比如每天帮高血压和高血糖患者检测血压、测量血糖以及提供每日饮食提醒服务。这个服务类别的收费会相应地升高，年费可设置在 3000 元左右。第三类是针对有特殊需求的人群，比如针对减肥的人群，机构会为他们提供专业的教练、设计专门的餐饮食谱，以及配套的用餐搭配推荐。这类项目收费会更高，年费可设置在 5000～10 000 元。

/ 创 / 业 / 疑 / 问 /

第一个疑问，健康顾问公司对客户资源的获取会很难。比如针对慢性病患者、减肥需求人群以及普通患者的挂号服务,这些人往往会用自身的资源去挂号。同时,方案中的陪诊服务的客户的引流也是个大问题。

第二个疑问,如果机构不是和医院之间有合作,很容易被人误解为"黄牛"组织,那么好好的经营将变成一个比较有争议的模式。

第三个疑问,机构的真正优势到底在哪里,或者说机构有没有竞争对手无法取代的服务或产品?

针对以上三点,相信这家健康管理机构的服务项目在落实的过程中,需要一段时间的磨合。另外,机构还需要解决整个健康行业中人们的意识和观念问题。

创业者 B 的方案

创业者 B 针对三类人群设计了三套方案(见图 2-8)。

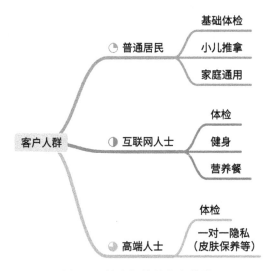

图 2-8 健康机构的客户分类

第一种方案:针对普通居民设计了价格比较亲民的家庭保健卡,年费是 1980 元,用低价去吸引客户。这个项目不同于一般的保健卡,它包含了三种特色产品:第一种是基础体检,如果客户想做一些有针对性的体检,再额外收费;第二种是一年一次免费的小儿推拿机会;第三种特色产品是这张卡可以在家庭成员之间通用,按次数来计算。这个方案包含的项目次数是有一定限制的，超出限制的额外服务则需要额外交费。

第二种方案：针对的人群是互联网人士。考虑到互联网从业人群加班时间特别多，更容易产生疲劳的感觉，我们针对这类人群做定制化健康服务，价格相对比普通家庭要贵一些，年费收取3980元。互联网人士享受的服务也是三种：第一种还是以体检为主，但项目设置比普通家庭居民的要好一些、贵一些，体检项目也更深入。第二种也是健身，但会特别加入因为长期加班导致的颈椎或其他身体部位疼痛的相关检查，并在此基础上附加提供营养套餐服务。第三种是针对那些身材肥胖、营养搭配不好的互联网人群提供有针对性的上门送营养餐服务。

第三种方案：人群定位比较高端，年费5万元，而这仅仅是入门费。这个项目是针对年龄在35～50岁的精英人士提供的一种服务，主打尊贵的体验和一对一的隐私服务。服务的提供方式一是体检，二是针对女性的皮肤保养、隐私部位的治疗等，以及男士的头发和皮质的保养等。

/创/业/疑/问/

对于创业者B的方案，有三个方面的疑问（见图2-9）。

图2-9　健康机构的创业思考

其一，健康管理公司能不能跟健身挂钩？因为在目前看来，健身这个领域已经做得比较成熟了，如果硬要去跨界，包括后面要加入的理疗项目、颈部护理等保健项目，会不会很难做到？

其二，健康公司这个理念，是不是应该从家庭疾病、体检方向去开发服务？因为只有这样，才能更容易和客户直观地对接，然后再来延伸其他的服务和价值。

其三，创业者可能忽略了一个非常重要的问题，那就是健身的人和关注健康的人有可能并不是同一类人，这实际上是要求创业者界定谁是真正的客户。此外，这位创业者在设计产品的时候，并不关注怎么获得客户。而且当客户真正到来时，公司提供的服务又发生了极大的错位，方案还只停留在想法阶段，比如1980元的年费如何缴纳？这个方案如果设计的是家庭卡消费，公司倒闭得可能会更快。

创业者 C 的方案

在开始创业前，创业者 C 先思考了关于健康管理到底如何去定义，实际上就是在思考客户真正的健康管理需求在哪里。要厘清这个需求，首先要知道客户哪里不健康。

现在市面上大多机构提供的体检只是浮于表面的简单检查，并不能告诉客户他们到底哪里不健康。从这个点出发，作为客户中的一员，实际上我们也特别想知道自己的身体到底有没有问题，以及哪里有问题。针对这一点探知的意愿，作为客户的我们也愿意付费去了解。由此，我们延伸出了健康管理公司提供的第一项服务——诊断咨询收费，告诉客户他到底有哪些健康问题。

首先，针对这一项服务，我们的客户定位是高端人群，咨询费为3万元/人。客户来消费时，机构会很明确地告诉他，他的身体到底存在什么问题，随后给客户相应的专业治疗方案建议和治疗机构引导。

我们认为客户需求的痛点在于引导，包括健康概念的引导和专业治疗方案、治疗机构的引导。

其次，对于那些真正关注自己的健康，或者很在意自己的健康管理的人，机构应该给他们提供更多的增值服务，由此我们可以组织一些与个人健康相匹配的活动。比如针对女性人群，机构可以组织一些相匹配的健康活动，或者组织客户到国外参与疗养机构的检查，或者专门提供一对一的咨询服务等。对于增值服务，可以设置年费 10 万元 / 人起步，根据不同的活动项目来区分收费。

最后，目前社会大众对运动的参与度很高，由此我们想到运动过度也会产生问题，因此也可以把这一方面纳入健康管理中作为服务项目的一部分，为客户提供专门的运动专业治疗和辅导，告诉客户如何不受伤，并把运动情况和身体状况很好地结合起来。这个服务项目的收费设想是年费 4000 元 / 人。

/ 创 / 业 / 疑 / 问 /

第一点，客户群体的目标定位很清晰，但客户的范围还是有点散，主要是因为医疗大健康的范围太广了。

第二点，获客引流的成本高。既然获客成本高，身为健康管理机构又该如何去获客呢？首先，不要做大而泛，一定要做窄而精。用一款产品把客户打通，尤其是慢性病客户。因为对于慢性病患者来说，从财务指标上看，把一个产品卖给更多的患者，客户黏性才最好。

创业者 D 的方案

作为健康管理机构的创业者，我们首先定位的客户是患者，从患者病程上来区分，主要定位在慢性病患者的健康管理方面。

首先，排在第一位的客户群体是那些容易引发死亡的慢性病患者家庭。因为在这些家庭中，患者一旦发病会比较严重，而且有可能瘫痪在床，这对于整个家庭来说负担很大，会长期消耗整个家庭的经济和人力资源，这也是客户对健康管理最大的痛点需求。对于这类家庭来说，首先要有一定的经济承担能力，因此机构的客户定位是中产以上家庭。

关于收费，它分为三个部分（见图 2-10）：第一是检。如果不对患者进行充分的检查就没办法诊断病情，这要求机构必须有整套的检查设备。有些市面上卖的家庭中经常使用的检查设备，我们也可以提供给患者去购买，价格在 300～3000 元不等，根据不同的病情为患者家庭提供相应的购买建议。另外这也是一种很好的采集患者数据的方式。

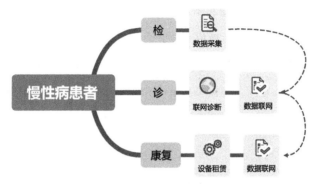

图2-10 健康机构的创业定位

第二是诊。通过第一步数据的采集，利用互联网直接将其发给相应的患者医师进行诊断。患者在家里使用设备的每一次数据会直接连接到互联网大数据中，医生可以随时根据变化及时提醒患者掌握病情变化。

第三是康复。对于一些昂贵的设备，机构可以实现租赁式收费，通过年费的方式把设备免费提供给患者家庭使用。比如，心梗和脑梗患者可以通过设备的检测及时控制和减少发病的次数。这类患者有个特点，就是随时有可能发病倒在路上，而这类疾病的抢救时效又非常短，患者必须在几个小时内被送到医院才有可能挽回生命。那么如何让患者的家人和医院知道这类患者是不是正在发病呢？我们可以提供一种可穿戴设备，比如一个手环，当病人发病意外倒下了，会自动触发设备报警提醒家人和医院，这时健康管理的优势就凸显出来了。我们可以通过和医院签约，直接针对报警信息做出快速反应，联通医院直接抵达事发地点抢救病人，节省抢救关键期。这项服务的价格可以设置在1万~3万元，如果能挽回亲人的生命，相信大多数家庭都不会拒绝。

/创/业/疑/问/

第一，如何解决客户的引流问题？一般年薪50万元以上的精英人士会有自己体检安排的计划,如何获取精英客户的信息是关键。

第二,可穿戴设备的概念很好,这种做法形成了家庭和医院相连接的闭环思维,收费的设置和人群的定位也十分契合。

创业者 E 的方案

首先,在宏观大环境方面,用大数据来管理健康数据。客户定位为高端人士家庭。我们选择用数据来筛选一般年薪超过 50 万元的高收入家庭。对于这类人群,应该选择那些对健康有意识地进行关注的自主经营者或公司总经理等职位比较高的人士的家庭,且年龄在 40 岁以上。

其次,客户引流成功后,给他们进行专业的体检,并出具相应的报告。这一个环节我们定位为挖掘客户的需求,也就是根据体检报告把病理挖出来,这样才好接着往下提供服务。

最后,作为健康管理公司,在建立大数据的基础上,根据前面各项专业的机器测评和数据分析,为客户拟定个性化的健康管理方案。我们所提供的是个性化、一对一或者针对一个家庭的产品设计。还有一个非常好的主意是开发在我国香港、台湾地区及欧美发达地区已经较为成熟的一项服务产品——基因检测。因为每个人的基因中可能存在一定的潜在的患病风险,我们通过检测和分析报告,把大家没有意识到的潜在危险挖掘出来,让客户感受到高科技的诊断和震撼,并引导他们对自己未来可能患病的潜在的风险进行预测和防范。

针对上述前期的服务检测,接下来要提供相应的个性化服务方案。第一,在饮食方面,结合互联网平台,针对不同的需求,给客户提供专业的营养餐配送服务。第二,在医疗和器械方面,根据老年人常见的慢性病,给客户配备专业的医疗器械或者基础的专业医师指导。第三,在运动方面,考虑针对中年人以就近原则帮客户联系专业的运动场所健身。第四,为客户提供一项细节服务——牙齿。随着人们对牙齿健康的重视程度的增加,有些家庭会选择定期到牙齿健康机构或口腔医院进行检查,于是我们可以把这项小而细的业务专门拎出来,开展相应的服务。

/ 创 / 业 / 疑 / 问 /

第一，这位创业者的方案中对人群的定位不够清晰，没有细化到具体的客户群体。

第二，针对客户所提供的产品不够明确，没有理解客户到底是要健康，还是只要一个检查结果。

第三，创业方案听起来有点高端，但有过分包装之嫌。甚至在所提供的方案中，保险公司、体检中心完全可以来做这些业务，为什么它们还要把数据给你们呢？这是这个创业方案中最大的难点。刚迈出第一步就有可能失败了，后面想得再精巧也于事无补。

了解了五位创业者的想法和方案，我也有自己的几点建议和大家分享一下。《黄帝内经》中有句话是："上医治未病，中医治欲病，下医治已病。"它表达了这样一个意思：医术最高明的医生并不是擅长治病的人，而是能够预防疾病的人。这背后有一个扁鹊答魏文王的故事，值得我们每个人深思。

魏文王问名医扁鹊说："你们家兄弟三人，都精于医术，到底哪一位最好呢？"

扁鹊答说："长兄最好，中兄次之，我最差。"

文王再问："那么为什么你最出名呢？"

扁鹊答道："我长兄治病，是治病于病情发作之前。由于一般人不知道他事先能铲除病因，名气就无法传出去，只有我们家里的人才知道。我中兄治病，是治病于病情初起之时。在普通人看来他只能治类似轻微的小病，因此他的名气只及于本乡里。而我治病，是治病于病情严重之时。普通人看到我在患者经脉上穿针管放血、在皮肤上开刀等，就以为我的医术更高明，名气因此响遍全国。"

其实，这就是"上医治未病"。"上医不治已病治未病"说明古人早就对疾病"预防为主"的重要性有深刻的认识。这同样警示我们，无论是做企业也好，做人也好，首先要从思想观念上去改变。对于健康管理机构来说，首先要引导大众拥有科学的健康观念，这一点我深有体会。自从重视自身的健康管理之后我经常跑步，从最开始的几公里到完成六大满贯，无论是在精神上还是身体上都受益颇多。其次是现代人对生活品质的追求越来越高了，企业经营者要想跟其他人建立关系，起码要有简单的服务或产品，或者利用一些工具来成为别人跟我们建立联系的纽带。最后是在上述案例中有人提到了提供绿色通道这件事情，我个人也认为这是一个很好的主意。

在创业讨论中，创业者 A 提供的服务构建更合理，服务方案以及收费设置都比较靠谱。比如 100～300 元/天的价格设置，这使机构更容易和客户建立信任感，也更容易成交。

在创业者 B 所定位的年卡项目中，针对互联网人群及 30～50 岁的精英人士的服务方案，在设计的时候没有考虑到投入产出比，如果企业的固定支出支撑不了经营的需求，最后只能关门。

创业者 C 的想法有点过于高端了，客户的特殊需求可能会有市场，但是它的服务成本太高，也就是固定费用投入过大，而且成交起来很困难。这个创业方案最终可能会让机构背上沉重的负担，却没有稳定的收入来源。

创业者 D 则过度关注疾病管理了。要想让生意实现成交，让病人和病人家属第一时间找到这家机构很重要。还有一个问题是，他所提到的自动报警设备是他亲身经历过的一个成功的案例，但创业不能把一个点的成功作为一种模式的成功。意思是，这种技术可能是未来的发展趋势，但短期内很难马上实现和应用到生活场景中。身体已经出现病痛的患者，无论对病人自身还是病人家属来说，更多情况下还是会选择相信医院。

创业者 E 只说根据数据有市场需求，但是没有把自身的能力和服务进行有效对接，没有任何有效的准备工作方案。

在我的利润管理课堂上，企业家纷纷为这个健康管理项目出谋划策，最终他们意识到这个项目很难做。市场需求肯定是有的，但做经营的人首先要有充分的理解和判断，看看这到底是一种强需求还是弱需求，是否容易成交。因为客户更愿意为强需求而付费，反而做弹性需求的生意会比较难。那么对于这家健康管理机构来说，客户的强需求到底在哪里？这一点是需要创业者好好想清楚的。

【案例 13】
"锁得住"客户的疗养院

企业家 G 在上海开办了一家疗养院，自开业之初就没怎么赚到钱。后来他来上我的课，私下向我请教。

史永翔：什么样的人，家人会愿意把他们送进疗养院？

企业家 G：应该是老年人比较多，尤其是阿尔茨海默病的轻度和中度患者。

史永翔：是呀！这些老年人通常不会安分地待在家里，外出也更容易出事，会给家属造成困扰。但是并不是每个家庭都有能力找护工或者单独留人陪伴老人，这就是患者家庭的强需求。疗养院应该更注重于这类客户，并且给这些老年人安排专业人员，陪同他们看书、打牌等。更重要的是要有个安全的院子，不能让人随便进出。这样疗养院就可以拍着胸脯告诉客户：你们放心地把爸爸妈妈送到这里，绝对不会丢。先把这件事情做好再看看结果。

结果，企业家 G 按照我的主意去重新设计经营，客户络绎不绝，生意也更好了。

在这个疗养院的案例中，我给这位企业家 G 的设计方案是把服务转换成客户的强需求。企业家不能只陷在自己已有的产品里，而是要学会判断客户需求真正实现的各种可能性。

再比如，前面健康项目中创业者 C 的方案中提到给客户提供更多的增值服务，组织高端客户到国外参与疗养机构的检查等。这种想法很好，但可惜的是创业者 C 没有深入去设计如何才能做到。

【案例 14】

把企业做大，把生意做窄

有一位学医的深圳朋友，从海外留学回来，刚开始创业时也是经营一家健康管理机构。之前他也是陷入各种产品和服务的方案选择中，很纠结，也很艰难。

后来我们聚在一起聊天，我帮他出了个主意，让他只为高端客户提供服务。具体的做法是，基于他的海外医院资源，按照不同的国家、医院特色、医资力量等整理好相关资料，专门为经济条件允许、身患重病且在国内无法治疗的患者提供国外医疗就诊和手术介绍服务。

比如有客户想去日本就医，但不知道哪家医院好，机构会收取一定费用帮客户对接医院资源，把前往日本医院的一切相关就诊服务帮客户对接好，客户只需要带着钱就可以在机构的安排下前去就诊。

自从采取了这个措施后，朋友的健康管理业务做得越来越红火了。

大多数企业的产品做不好，生意做不成，是由于企业把产品宽度拉得太大，客户定位太全面。把生意做透，需要企业家把客户的需求进行归类，让企业的产品对客户产生高黏性和强吸引力。

对于创业者来说，更要注意对所提供服务的满意度进行管理，收费设置方式不能太复杂。刚开始创业的人一定不能把收费项目设计得太复杂，以便降低和客户沟通的难度，先把初期费用收进来，再考虑客户愿不愿意叠加付费。

永翔说——

判断一门生意能不能做成，关键是学会辨认需求的真伪。"要不要"只是引发需求，"为产品买单"才是真正的需求。■

2.2 客户需求三要素

从前面对健康管理项目的讨论中，我们总结出了客户需求的三大要素：界定、细分和偏好（见图2-11）。

图2-11 客户需求三要素

新趋势：客户界定

新趋势是指对需求的强弱进行判断。这里有两个问题可以帮助我们来进行判断。

- 新客户的市场到底在哪里？
- 它是不是能够形成一个市场？

还拿健康管理项目来举例，如果这个项目要在一个城市落实，首先，经营者能弄清楚这个城市到底有多少客户吗？在企业初创阶段能找到多少客户？创业期所找到的客户足够形成一定的市场规模吗？但凡有一个问题处理不好，就有可能以失败而告终。

其次，更为关键的是如何让客户信任健康项目方案，并且愿意为它买单。假如经营者的计划是通过医生介绍客户，那么能找到多少医生呢？每个医生能介绍多少客户呢？医生为什么愿意为这家机构介绍客户呢？如果这些问题不解决，相当于没有找到客户的心理按钮，无法突破这"临门一脚"的束缚。

最后，客户在健康机构诊断过后，以后病情复发如何解决？不能只考虑单次的成交而忽略长期的客户满意度。能不能养成客户消费习惯，有没有客户满意度，这些是我们在经营过程中需要自己去审视的。

新客户：客户细分

健康管理项目的客户，就算是针对重病或者急性重疾客户也需要细分，否则经营者会面临明明有客户、有需求，但很难抓住客户的局面。比如，以地区进行细分，以病人所在家庭的资产是否能接受方案报价来细分，以再次犯病的可能性细分，等等。另外，在细分客户之前还需要清楚市场到底有多大的容量。

举个客户细分的例子。童装市场的需求很大，各类品牌也不少，但为什么童装企业还常常感觉经营很吃力呢？这是因为这些经营童装生意的企业，大多是以童装产品本身来进行细分，而不是以客户来细分。如何以客户进行细分？比如首先考虑童装是卖给谁的？这个问题不难回答，那就是卖给孩子的父母，尤其是卖给孩子的妈妈们。既然如此，那卖给妈妈们最好的渠道是女装店啊！一件童装的价格如果在500元以上，可能大多数普通家庭的妈妈会犹豫。但如果是在女装市场，即便是上千元一件的衣服，多数妈妈们也是毫不犹豫地买下。打开了这个思路，从客户进行渠道细分，相信生意不会差。

新习惯：客户偏好

客户需求的第三个重要的要素是新习惯，也就是你的生意能满足客户哪些方面的需要。

在客户的满意度方面，非常典型的是客户对产品价值的认同，并且这种认同是客户自己所能确认和感受到的。

【案例15】

健身机构是否一定要有健身教练

北京的A健身公司向我咨询：如何获得更多的业务和客户增长？和A公

司充分沟通后，我把它原来的方案做了改进和完善，没想到取得了非常好的效果。

我帮 A 公司设计的经营模式很简单：在市区租一套房子，大概 120 平方米，房间内安置一些室内健身设备和器件。客户要来健身，先办会员卡。另外，场所内提供另一项服务，那就是针对健身教练的交流课。交流课的时间要设计好，最好是根据会员健身的时间来搭配设计。这样既解决了健身教练交流的问题，又能为机构节省聘请健身教练的费用。

这样一个简单的模式，让 A 公司在短短两三年的时间里，快速扩张到 100 多家分支机构。

从案例 15 中我们可以发现，做生意要善于把客户的弹性需求放大。这样一个简单的健身模式，既帮助客户解决了在家里锻炼不方便的问题，又帮助健身机构解决了人员的成本问题。

在这里我们要注意的是，作为创业者，不要试图去培养客户的需求，因为培养的过程是痛苦和漫长的，而且沟通成本很高。

2.3　拿什么驱动客户需求

◊ 经营课堂

假如你是一家装修公司的老板，公司不做公装，只做家装。你会怎么做？

| 经营讨论 |

创业者 H 的方案

经营者可以主要抓设计团队，然后把施工业务外包给有专业资质和能够标准化

永翔说——
满足顾客的偏好，这种偏好越明确，就越简单、越有效。■

的公司来做。

/ 创 / 业 / 疑 / 问 /

把项目外包给施工单位,外包的标准会失控。在外包的过程中,非常重要的一点是经营者要有能够控制标准的手段和方法。外包不好管理,外包的苦恼往往是一开始双方讲好了价格和交期,但到了规定的时间对方却无法按事先的要求做出来。

遇到这种问题,最好的解决办法是企业事先设立标准的程序文件,然后对外包商的每一个进度进行管控。从物料发出去开始,按照进度的要求,企业对外包商进行培训和监管,并对整个外包过程进行管控。要想让外包工厂按要求出货,企业需要为每一项标准设置时间节点,这样的前提是先制定企业的整体质量标准,并取得外包商的认同。

此外,企业也要派出自己的外发团队,对制定的体系标准进行学习,这样才能对外包工厂的操作进行管控。

创业者I的方案

创业者I的方案分为四个步骤(见图2-12)。第一,定位人群和区域。先从一个范围的市场做起,比如江浙区域。第二,提供设计方案。研究定位的人群类别大概有什么偏好,比如是日式的风格还是欧美的风格等。设计出几个风格的方案,供客户选择并控制客户的期望值。第三,提供材料样板。把供应商主要的装修材料样板提供给客户选择,等客户确定好之后,和供应商开始合作。第四,就是施工的标准化问题了。除了要对施工方进行培训,我们还有一个流程是绘制流程图给业主,让业主清楚会有哪几个时间节点。在这些关键的时间节点上,我们还会邀请业主到现场,一直到最后结项,从而把整个过程呈现给业主,让他们充分参与。再利用现代的一些科技手段,比如安装摄像头,让业主随时可以查看工程进度。

图 2-12　装修公司的创业思路

/创/业/疑/问/

这个方案不是很具体，一直在强调给客户提供材料样板，却迟迟没有定价的意思表示。做生意最要紧的是，产品到底如何卖给客户？在项目设计中，"玻璃心"要不得。加摄像头监控尽管感觉上是可行的，但要明确告诉客户这项服务是收费的。

这里要再次提醒大家的是，在企业经营过程中，经常会发现有一堆问题需要解决，但解决所有问题的根源还是在销售端。比如餐厅经营，餐厅开得越久，菜品会越来越多，厨房也会越来越忙。解决的方法很直接，那就是提高厨房的效率，收缩客户菜单上的菜品。道理虽然很浅显，但大部分经营者不愿意收缩菜品，因为他们担心一旦收缩了菜品会失去一部分客户，心里承受不了。也正是这种"玻璃心"心态，让很多原本经营很好的企业陷入了产品越来越多、品类越来越多，公司规模却越来越小的境地。这告诉我们，企业要回归到简洁、快速反应的经营方向上来。

这个家装公司的案例是我的一位企业家朋友亲身经历的，当时他带着上面两个设想来咨询我的时候，我也是这样和他一起面对面分析的，并且给了他很好的创业建议。我的建议是，只设计六种风格的模板，只针对白领阶层和新婚家庭的用户，对于客户的需求往既定的风格上引导，再根据不同的户型稍做调整。对于施工方，我建议他为每一种风格选定一个施工方，比如施工方 A 只做中式设计风格、施工方 B 做北欧风格等。这样做的好处是，施工方只做一种产品，能大大降低出错的概率。

只有更简洁才更容易标准化，只有标准化才更可控，而可控的前提是把客户进行精准分类。当时我建议他只做新婚家庭的业务，目的是让客户更精准。然后，我建议为这类客户服务的销售顾问也尽量选那些结过婚的，这样可以更快地和客户拉近关系。同时，提出"帮你把冰冷的房子变成温馨的家"类似的口号，把房子当成客户爱的载体去设计。之后对接的设计师最好也是结过婚的，从设计师的婚房参考，结合他们自己的爱情故事，为客户介绍心仪的装修风格，让客户感觉到"尽管房子还没有住进去，但已经对设计参考充满了浓浓的爱意"。这一点是参考市面上知名产品的做法：人们为什么对所购买的名牌产品爱不释手，其中大部分原因是在还没有得到它之前，内心就已经有了崇拜和喜爱的感觉。由此可见，定制的最大的问题是先要学会塑造价值，然后才是想办法让客户接受它。

◊ 创业课堂

小天才电话手表的成功大家有目共睹。如果你是一位企业经营者，你会去做儿童电话手表这款产品吗？你认为这款产品的未来会是怎样的？

| 创业讨论 |

创业者 J 的方案

如果儿童电话手表成为一家公司单一的主打产品，那么公司以后的发展前景不容乐观。原因是儿童电话手表的技术壁垒不高，如果要做，最后肯定避免不了价格战，可能会把整个公司拖累了。

永翔说——

把人变成自动化，自动化的第一个标准是标准化，而达到标准化的前提是简洁化。■

创业者 K 的方案

这个产品是有未来的，原因有以下两个。

第一，它已经做成了一个领域。从其他品牌的电话手表广告中可以看到，这款产品已经把安全、及时联络、交友互动等诉求点完全表达出来了。当然，交友互动不一定是强需求，但是它已经是一个领域了。另外，从经营的角度来讲，它的成本可能只有 80 元，但售价能够做到 800 元甚至上千元。只要有利润空间，就有价值去延伸，企业可以通过产品的更新换代去获取更多的商业利润。

第二，如果只是做手机，产品的更新换代会很快，但电话手表的用户是儿童，需求是永远存在的。尤其是随着儿童数量的逐年增加，这个群体的需求也会越来越大。

创业者 L 的方案

创业者 L 认为儿童电话手表这个产品是有未来的。一是因为这个产品能够满足客户的需求，因为家长对孩子安全的需求依然存在。二是因为它的可利用空间很大。这意味着生产这款产品的企业能够拿出一部分研发费用，开发一个更新的产品。但目前儿童电话手表在市场上还是有延续性的。

创业者 M 的方案

创业者 M 对儿童电话手表产品的未来并不看好，最大的一个原因是它的客户需求并不是强需求。比如它的定位功能，其他便宜的产品也可以通过其他方式来替代。

另外在可利用的空间上，家长普遍反映 1~2 年级的学生用得最多，但 3 年级过后会慢慢地被淘汰，利用空间不大。

最后，儿童电话手表是为了解决什么问题？其中最关键的是它解决了家长对儿童安全的需求，这是一个强需求。基于强需求，儿童电话手表是一种解决儿童外出安全问题的产品，这种需求是长期存在的，市场也很宽广。但从安全的角度看，这类产品的层次中既然有 800 元的电话手表，就会有机构研发出只卖 200 元的产品。围绕安全这个角度去开拓，是不是可以研发类似 App 的软件，比如当用户遇到紧急情况，只需要点一下，附近就会有志愿者或滴滴司机等可信赖的人群来帮忙。如果往这个方向再做深度思考，这款产品可能会有很好的未来。

| 创业探讨 |

在讨论这个案例时，作为经营者可以从以下三个层次进行考虑（见图 2-13）。

图 2-13　产品经营的三个层面

第一个层次：强需求和弱需求。

第二个层次：竞争和替代的关系。

第三个层次：未来和发展的问题。

首先，对于需求的强弱思考我们已经达成了共识，那就是强需求更容易实现交易，而弱需求则需要大量的市场教育和等待用户自我意识的觉醒。

但与此同时我们也会发现，强需求有两个非常重要的特征，那就是帮助人们追求快乐或逃避痛苦。从需求角度来看，哪一个特征的驱动性更强？在强需求的驱动性上，逃避痛苦要比追求快乐的驱动性来得更快。强需求需要恰当的时机和区分人群对象，属于功能性需求，比如生病了就要吃药；而弱需求则讲品牌、讲价值，经营者首先要做的是选择对象，比如做保健产品生意要先找到对保健关注的人群才行。

永翔说——

经营企业的本质是经营你的客户，而不是经营产品。■

拿儿童电话手表来说，它的驱动性是帮助家长解决实时和孩子对话的痛点，这是第一个方面。

第二个方面，关于竞争性。有些人一辈子害怕竞争，但我们要看到的是，竞争性的市场本身有一个非常大的好处，那就是客户已经被市场教育过了。因此经营者首先要考虑的是"如何去应对竞争"，而不是"有没有竞争"的问题。

第三个方面，关于不可替代性。随着科技的发展，更多的物品具备了可替代性，怎么做才能不被替代？假如你也是做儿童电话手表的厂家，怎么做才能让公司继续经营下去？首先要明确一点，"继续做下去"和"发展"是两个问题。企业在规划产品的时候就应该想到这两个问题，这关系到企业第二波要做什么事儿。比如，企业解决了生存问题，有了一定的规模，接下来应该想到的是如何将客户沉淀下来，即如何将客户和企业长期绑定在一起。企业还能不能依靠儿童电话手表这个纽带，为客户做增值业务的拓展？是不是可以形成社群？有没有可能和学校课程结合起来？能不能在家长身上做一些产品延伸……

之前有人说儿童电话手表过时了，家长不愿意给孩子用了，这种思维最大的局限在于，没有回到客户的终极需求上去。只有围绕着客户做产品，才可以发现更多的想象空间，这就是儿童电话手表的案例给我们的启发。

第3章

利润定律二：客户成交定律

【对话2】

深圳网旭科技

赋能10年，中国软件崛起的隐形冠军

采访嘉宾：吴欢，深圳市网旭科技有限公司（以下简称深圳网旭科技）董事长
行业标签：互联网、软件开发
主营业务：右糖、傲软投屏、蜜蜂剪辑、轻闪PDF、傲软抠图、GitMind脑图
创业时间：2008年
YTT辅导成果：从国外市场转战国内市场，一年内销售额增长60%

（以下内容来自吴欢自述，经授权后编辑）

创业契机

史永翔：吴总是在什么情况下开始创业的？

吴欢：创业是一种选择，做好所有的准备之后，你自己就很清楚了，然后去做你想做的，而不是为了创业而去创业。

我走上创业这条道路不是一蹴而就的，是因为前期做足了准备。创业之前，如果你连自己的一份工作都做不好的话，就去创业，肯定会失败的。

我的第一个创业项目是做一个农产品交易网，就是把偏远地区的农产品卖到沿海地区，通过电商的方式来实现交易。那个时候不管是技术还是物流都不够成熟，不到三个月这个项目就夭折了。失败的原因是团队不够成熟。大家只凭着一个空洞的想法去做事，但又把理想描绘得很大，一上来就要做物流、做网站、做配送，营业收入很少，但是每个月的支出很大，导致无论是技术实力也好，还是团队的沉淀也好，都无法支撑这个大摊子。

但这个项目衍生出了另外一个契机，那就是我们自己也开发了一些小软件，我们可以把这些小软件或者别人开发好的软件卖到海外去。尽管这是一个很小的生意，非常不起眼，但在农产品交易网创业项目失败后，它反而成了我另一个事业的新起点。

借助当时苹果公司的 iPod 产品大卖，我们凭借代理一款音乐软件让团队存活了下来。两年后软件卖得越来越好，于是 2010 年公司正式成立了（见图 3-1）。

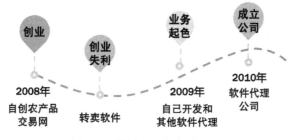

图 3-1　软件公司的起步历程

跨过流量的那道坎儿

史永翔：公司在创业过程中遇到的最大的困难是什么？

吴欢：公司成立5年后，业绩表现一直都是不瘟不火的。其间公司在2012年还遭受了一次沉重的打击。

对于互联网公司来说，获取高流量是快速将产品市场化的捷径。一般来说，产品在互联网的流量增加得越快，用户购买的机会也越大。因为那时我们做了自己的网站，但主要还是靠谷歌引流。当时公司有几百个网站域名，用来做产品的搜索排名，但内容大多是差不多的，也没有做品牌的意识。后来随着谷歌在排名算法上做了调整，这些重复的内容以及域名和关键词类似的网站全部被切掉了，这种做法直接导致了公司在那个时间段内整个用户的流量出现了断崖式下滑。好在我们的团队在遭受打击之后，积极地调整了过来。并且公司于2013年引进了设计师，把整个网站的品牌搭建了起来。从那之后，公司的用户流量开始逐步往上涨了。

YTT的利润实践

史永翔：吴总是在什么契机下走进YTT课堂的？

吴欢：2017年，我去参加戈壁挑战赛的时候遇到了您，就在那时和您建立了联系。在遇到您之后，我们公司步入了非常重大的战略转折点。

我们提高销量的方式是想办法把软件卖给更多的客户。从2010年成立到2016年，公司主要做软件开发和销售，产品卖向欧美及日本等发达国家，一直没有在国内市场做软件销售。那个时期，公司给国内提供的软件是免费的。用户只需关注我们的公众号，就可以免费使用软件。在遇到您之后，您立刻引导我思考三个问题：

- 国内客户使用软件为什么要免费？
- 公司为什么要给这些客户提供免费的软件？
- 这些免费客户给公司带来的好处是什么？

对这三个问题做了充分思考之后，我们决定把整个国内的免费策略改为收费策略。策略调整之后，公司的营业额在2017～2019年一直飞速上涨，国内的销售额已经占了整体销售额的 50% 以上（见图 3-2）。这次思维的转变对我们的帮助非常大。

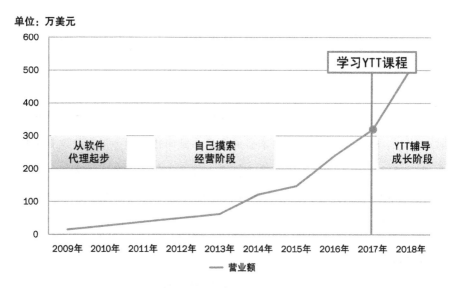

图 3-2　YTT 实践给公司带来的变化

从 2016 年到现在，公司的规模增长了 4～5 倍，员工人数也一直在增加。如果没有前期的增长积累和之前所做的业务调整，公司后期的成长是不可能实现的。

史永翔：深圳网旭科技的成功是因为哪些地方做对了？

吴欢：因为我们主要面向零售市场。to C 适用长板理论，to B 适用短板理论。你做 to C 的生意，只要有一招比别人厉害，就能打败对手。假如你的产品力比别人差一点，但是销售能力强，你就能将产品卖出去，并且比别人卖得好。对于深圳网旭科技来说，用长板打别人的短板，就能活下来。之后，再不断地补短板，公司就可以做 2B 的生意了，也就可以面向更多的市场了。

举个例子，公司在成立早期，只有一个研发人员，开发不出更多的产品。这时我们比较强的是运营能力，因为我一直在搭建运营团队，通过网络去销售产品。公司没有自己研发的产品可卖，就卖别人的软件，拿别的产品线来弥补，先把销售能力给培养起来。当 2015 年我们已经积累到一定规模的时候，公司就有资金去做研发了。

对于我们创业者来讲，在既没有资金也没有大的公司背书投资的情况下，一定要从一个小的尺度切进去，然后在不断发展的过程中去弥补短板。

3.1 把需求转化为市场的三个必备条件

如何把客户需求转换成市场，并把这个市场做透做好呢？下面通过一个案例来帮助大家充分理解这个问题。

【案例 16】

Levi's 牛仔裤的定制

1994 年，Levi's 公司首次实施定做牛仔裤项目，以帮助那些在传统的牛仔裤购买过程中深受困扰的女性（她们需要试穿 15~20 条牛仔裤才能找到一条合适的）。公司发现，这些女性愿意为一条合适的牛仔裤花费额外的费用，并愿意多等待几个星期。到 1997 年，牛仔裤定做业务已经占到 Levi's 女式牛仔裤专卖店里销售额的 25%。

1998 年，Levi's 把定做牛仔裤的业务进一步扩大。新业务建立在定做牛仔裤的基础之上，同时包括男式牛仔裤。在销售助理的帮助下，顾客可以选择牛仔裤的颜色、样式甚至名称。这些方面的选择连同顾客的腰围、臀围及裤线的长短，一起输入与 Levi's 工厂里的缝纫机相连的网络终端。牛仔裤在两三个星期后到达销售中心时，上面附有说明各项特征的条形码。如果要再做一条同样尺寸的牛仔裤，只要扫描一下条形码就可以了。

Levi's 的项目为许多顾客增加了选择的机会。成衣店里有大约 130 条现成的裤子适合所有的腰围和裤线要求。有了定做业务后，这个数字一度增加到了 430 种，之后更进一步增加到了 750 种。所有的零售商都注意到了 Levi's 的项目，等着看它是否具有长期的可行性。可以设想将来，商店将不再出卖成衣（从制造商那里订购的批量生产的衣服），而是作为"着装咨询员"展示最新的款式和潮流。

那么，Levi's 的牛仔裤能够定制成功，需要的三个前提条件是什么？

如图 3-3 所示，第一个条件是有刚需。经营者需要考虑到底有多少客户需求，即客户的刚需有多少，项目有没有利润可赚。第二个条件是有市场。经营者需要考虑产品有没有顾客购买。第三个条件是有相匹配的供应链。我们要训练自己从事情的本源去思考问题，学会做选择，而不是盲目地努力。

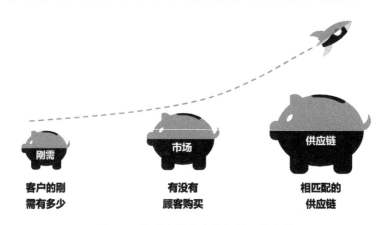

图 3-3　把需求转化为市场的三个条件

3.2　必须提升顾客差异性

对于定制化项目来说，顾客的差异性必须提升，需求必须充分。就像之前我们所说的健康管理项目，最好的让客户感到满意的方式不是扩充客户的需求，而是要尽快实现交付，越快、越简单越好。

产品的差异性功能越增加，客户的需求就越复杂，这需要企业家对客户进行重新分类，否则不管一家企业有多少种产品，结果还是不能落地。这种情况表现为公司的业务团队不懂得和客户沟通，或者沟通效果并不好：业务员不清楚哪些客户是应该继续做产品推荐的，哪些是可以做延伸服务的，哪些只需要维护好关系就行了……这些现象反映了企业组织能力的不足。

初创企业一定不是抢占先机最重要，因为在企业经营初期往往市场还没有形成，或者客户群体还没有划分清楚，而应该是脚踏实地，抓住做企业的本质特征，回到价值交付上来。

3.3 顾客必须更加成熟

对于初创企业来说，顾客群体必须是成熟的。前文所讲的健康管理公司的所有收费项目都是基于顾客对结果是有预期的这一点之上的。

【案例17】
为什么人们对自己的装修不满意

有一次在课堂上，我向学员问起装修房子的体验，有位学员向我抱怨。在她家，基本上由她来操持这些事。让她感触最多的是，在没装修之前，内心很激动，会做出各种设想，比如要装修成什么风格的，地板要什么花纹的，壁纸是什么颜色的，家具是什么材质和款式的，等等。

这样思考的结果是，每一种装修材料都需要夫妻二人去建材市场上进行比较，达到设想条件的才能用。久而久之，夫妻二人觉得太麻烦了，最后就选了那些差不多符合要求的产品来装修。装修之前踌躇满志，过程之中疲惫不堪，最后装修出来的效果也就没那么令人满意了。

这个案例告诉我们，如果顾客期望值太高，又不善于对期望值加以管理，将会导致需求不明确，最后落得令人失望的结局。当顾客需求本身还不够成熟的时候，顾客最终对产品是没有满意度的。

拿房屋装修来说，效果图是为了对顾客的期望值进行定性管理，并与客户达成共识。因此事先的共识决定了顾客的满意度，而这种满意度来自顾客自身的成熟度。一个不成熟的顾客会提出无界限的需求，只有成熟的顾客才懂得期望与服务之间的界限在哪里。在这里要提醒大家的是，大多初创的项目或公司都喜欢用"免费"来吸引顾客，但大家有没有想过，给顾客提供的免费服务越多，顾客索要的越多。

"免费"的顾客是企业的一个危险因素，因为他们习惯了无偿索取，没有养成付费的习惯，这会给企业造成很高的成本负担。因此，我们在选择客户时，不应该选择贴得近的，而是要选择"我需要的"。

3.4 系统技术的支持

企业要想顺利度过初创期成长为大公司，对客户需求的理解判断和归类是前提，此后更需要知道的是实施的关键点在哪儿。这要求企业应具备一定的系统技术支撑，包括如何实施和主导，可以通过什么方法找到相应的方式和资源。

还是以健康管理项目为例，当提到设立收费标准时，有些经营者就如临大敌，感觉到困难重重，但这一点正是关系到整个项目是否成功的关键要素。同

永翔说——
凡是涉及服务的项目，一定要管理好顾客的期望值，并对这种管理进行定性的衡量。■

样，对牛仔裤定制来说，它的关键要素仍然是对客户需求的精准判断，把这方面做好了，后面就是资源和时间的问题了。在对需求的判断上，经营者要能够"跳起来看"和"勇敢向前"。经营企业发现了问题一定不能停下来缝缝补补，而是要用发展的眼光来解决问题。

◊ 经营小课堂

如果你是一名创业者，你认为在小区里开发一个给婴儿洗澡的项目和开发一个可以系在身上的便携旅行杯的项目，哪一个更容易获得成功？在讨论的过程中，创业者需要考虑三个问题：第一个问题，客户的需求是不是强需求；第二个问题，有需求是不是就能抓得到；第三个问题，这个需求到底有多大。

以下八个方面可以引导大家做出更加细致的思考。

1. 谁是你的客户？请列出企业的主要客户群。

注：真正认识客户意味着能把他们划分为不同群体，从而可以更准确地分析他们的行动。客户的划分可以依据年龄、地域、行业、建立客户关系的时间长短、购买的理由、购买频率、购买标准以及其他统计特征。

2. 明确顾客的偏好，指出行业的客户偏好。请列举出在你的行业中，过去 2 年内最受欢迎的三种产品或服务。

（1）客户为什么喜欢这些产品或服务？

（2）这些产品或服务具有较高价值的原因是什么？

（3）这些产品或服务便宜吗？它们可以减少麻烦吗？它们能够保证安全吗？

注：你的客户购买你的产品或服务，同时也购买许多其他市场的产品或服务。选取一个你的客户经常光顾的、与你无关联的市场或行业，再来回答上面的问题。在那个市场或行业，你的客户表现了什么偏好？要注意发现沉默的需求。

3. 换位思考：尝试回答下列问题。

（1）假设你是你的 5 个最重要的客户中的某一家公司的总裁，你的总体目标是什么？

（2）什么是你最关心的事情？

（3）为了帮助你达到自己的目标，供应商应该怎么做？目前的供应商是否符合你的期望？如果不符合，原因是什么？

4.客户偏好的变化。请列举企业所在行业3年以来的变化，以及未来2年内可以预见的变化。

5.谁应该是你的客户？创造性客户的选择是创新者成功的关键要素。

（1）目前的重要客户有哪些？（列举5个）

（2）未来，如果扩展客户范围的话，可能的客户有哪些？（列举5个）

（3）未来可能的客户的偏好是什么？

（4）如何提供他们感兴趣的产品或服务？

（5）谁最有可能是你的潜在客户？

6.客户交流记录单内容：

（1）重要客户的名称。

（2）上个月与他们交流花费的时间。

（3）交流内容。

（4）交流之中的特别事项。

7.怎样才能为客户增加价值？明确客户的偏好，让客户为他的偏好愿意多付钱。

（1）竞争者满足了客户哪些偏好？

（2）有哪些客户偏好，你能够比竞争者更好地满足？

（3）有哪些客户偏好，你可以比竞争者以更低的成本去满足？

（4）你的客户能为满足自己的偏好付出多大的溢价？

（5）为了给客户提供最大的价值，你还能满足客户的哪些其他偏好？

8.如何让客户首先选择你？

（1）找到客户的偏好。

（2）给自己打分（1~10分）。

（3）给竞争对手打分（1~10分）。

注：客户偏好一方面是感性的，包括态度、氛围、感觉等；另一方面是理性的，包括价格、功能等。比如在早餐店卖包子，从感性上来说，店主把店铺里外收拾得干干净净，客户的视觉感官好，会产生购买意愿。而相对于理性方面的价格因素，有的人会特别在意，有的人则不会。这时我们会发现，客户的偏好不同，和早餐店的客户细分有着密切的关系。一般老年人更在意比价，侧重于理性消费；年轻的上班族则侧重于凭感觉消费。

第 4 章

利润定律三：客户偏好定律

【对话 3】

南京协澳

3 年扭亏，制造类本土研发企业的"脱困升级"之路

采访嘉宾：张焜松，南京协澳智能控制系统有限公司（以下简称南京协澳）总经理
行业标签：电气机械制造业
主营业务：电气系统控制元件
创业时间：2001 年 10 月
YTT 辅导成果：3 年时间扭亏为盈，净利润增长 2 倍
（以下内容来自张焜松自述，经授权后编辑）

创业契机

史永翔：张总的创业契机是怎样的？

张熝松：我大学毕业后在企业里做技术人员，赶上了一个好契机。当时我们国家开始开发变电站综合自动化系统，也就是所谓的"物联网"。我所在的国企当时由国家工程院院士领衔搞开发，于是我就参与了自动化领域的自主开发。这次经历让我真正了解了整个电力系统的运作和一个完整的互联关系是什么样子的。

当时在做工程的过程中，我发现行业中的自动化系统刚刚开始起步，在工程实施过程中需要有接口元件，于是我萌发了去为自动化应用做系统之间链接的产品的念头，让系统应用起来更流畅，而且这种需求也是一种强需求。后来我在做接口元件的过程中，还解决了集团客户安装不方便的痛点。

史永翔：第一笔订单是什么时候接到的？

张熝松：真正开始有收入是在创业后的第二年，产品是我们自己研发的工程上用的接口元件，那时的第一笔营业收入只有几千元钱。当时有很多人不理解，说你怎么不做核心控制器而是去做配件。我就说，我也没想那么多，刚开始就是为了赚钱活下来。

企业起步阶段：规模扩张

张熝松：公司正式运营后，我有了一个很朴素的想法：公司要有一条生产线，证明这是一家正式的公司。于是，我采购了一条生产线自己干。前期公司能顺利起步，还是得益于我原来的工作。当时国内有四大继电保护厂家，其中三大厂家都用我跟随的工程院院士开发的技术。我离职的时候，原先在一起做产品的三大厂家也都认可我的技术，于是我就拿到了其中两大厂家的订单。

2005年，公司完成了资本的原始积累，开始扩大规模。在这段时间里，我把精力都放在了产品开发上。我们的产品有一个特点，那就是客户一旦使用过，复购率是100%，因为这个市场是我们自主开发的。产品规模化以后，2006年公司实现了1000万元的营业额，这时我们采买了固定资产，也投资了地产，但问题也随之而来了。随着市场越来越大，我不知道如何再去满足客户的需求了。正好那个时候，我看到了您的书，我就把公司从做配套产品的公司慢慢转型成以订单开发为主要经营特色的公司。

公司经营中的被迫转型

史永翔：企业在经营过程中遇到的难关是怎么渡过的？

张煋松：中间有七八年的时间，企业经营增长很缓慢。当时每年都会出现一种情况，那就是我们开发出来了一个新产品，老产品被新产品替代了。这时我们只能不断去做新产品，不断替换老产品。企业一年到头忙得不可开交，但是营业规模每年只有5%的增长。

史永翔：你的老产品是被别人代替了，还是被自己的新产品代替了？

张煋松：2008年金融危机时，国家电网开始收缩投资。之前我们所在的南京的继电保护行业中规模超千万元的企业有1300多家，因为整个电力行业的需求很旺盛，这些企业之前都经营得很好。但2008年投资收缩后，再加上国家电网开始统一招标，行业内的公司大多举步维艰，它们看到我们那个时候有地、有厂房、有运营又有产品，就开始仿制我们的产品。这些仿制品和我们的产品一模一样，但由于之前我们没有做好成本控制，导致自己研发的产品成本很高，售价也很高。别人仿制的产品成本低，卖得更好，反而导致我们遭遇了客户的信任危机，让客户以为之前我们赚得很多。

在这个阶段，我们做了一件很愚蠢的事情。因为找不到客户，当时的我觉得研发可能不是一条好路径，于是我准备去做OEM（原始设备制造）。我一直想扩大业务，一直想扩大生产线。在这个过程中，整个公司开始集中做销售，变成了一家关系型的营销公司。

在做OEM的过程中，我们和做研发的公司谈好了利润分成，花了将近两年的时间开拓了市场，让产品销售进入了一个爆发增长阶段。但后来做研发的公司觉得我们增长得太快了，它们希望拿到更多的分成。我不同意，因为销售的费用是我们承担的，于是研发公司选择和另外一家代理商合作。

这时我又选择了一套错误的打法：第一，加大了研发投入，自己开发这款贴牌的产品；第二，把价格定得特别低，选择了跟竞争对手去打价格战。整个过程持续了3年，投入了很高的研发费用，整个市场也被我们打烂了。最后随着国家政策的变动，这款产品也报废了。于是我们在做产品立项的时候，提出必须要遵循一条原则，那就是必须评估这个产品受不受国家政策的影响，也就是看它有没有未来。也是从那时起，我开始慢慢领悟到，不能这样长期和竞争对手打下去了，开始把精力放在产品上。

史永翔：公司在哪一年进入了低谷？

张焜松：在2011年，公司跌入了低谷，也就是和竞争对手抗衡后的那段时间。低谷状态一直持续到2016年我们遇到YTT之前。

YTT利润管理实践

史永翔：YTT对公司的帮助有哪些？

张焜松：2016年，一个偶然的机会我报名参加了YTT的课程，也请您给我们做了辅导。在上课之前的一段时间里，我不知道怎么看财务指标和数据。有时，我也知道公司赚钱，但是不知道赚多少，也不敢分红。

上完YTT的课以后，我做的第一件事情是从"毛益"这个指标开始梳理，慢慢做好数据的累计和统计，把整个报表系统都建立了起来。之后我心里就有了一些概念，清楚了哪些产品是好产品，哪些产品给客户做了不赚钱。当时看到这个报表，我才发现，有的客户就买一两件产品，而我们竟然也投入了很高的研发费用，那就很糟糕了。最多时，我们一年开发了200个品种。在跟竞争对手打价格战的那一段时间，我经历了一个很痛苦的销售额上升但是没有利润的过程。

史永翔：有这种认知很不容易，但遗憾的是大多人不是这样想的。他们认为没利润是正常的，有营业收入就觉得公司在发展。

张焜松：现在很多人也这样认为。我们的销售额在差不多5000万元的时候，有些同行业公司的销售额就一两亿元了，明显感觉到它们瞧不上我们这么小的规模。我跟对方介绍YTT这套体系的时候，大多人也是不屑一顾，认为做公司就好了，不用搞什么财务的理念。经过了这么长时间的实践，我们整个公司的运营状态比以前有了很大的改善。2019年的销售额增长了50%，净利润是2018年的两倍。我在这个过程中慢慢理解了您教的这套理念，也在公司提出了一个"高品质运营"的概念。

YTT实践给南京协澳带来的变化如图4-1所示。

图4-1　YTT实践给南京协澳带来的变化

这个"高品质运营"的内涵是，在同样的环境下，有条件的公司还是要去追求高销售额，但不是盲目追求高销售额，企业的成长应该是各方面综合性的成长。

公司还有一个特别大的改变，那就是产品开始围绕客户进行整合，然后在决策方面运用三大价值分析表做散点图，用来看客户分布和产品分布，之后公司就围绕着客户和产品去做调整。记得当时我们把订单的交付期从30天改成了7天，原先的组织边界也打通了，计划、销售、生产被整合在一起，也对组织运营的反应能力进行了调整，所有工作都以订单交付为准则。

如何做一家好公司

史永翔：张总认为如何才能做好一家公司？

张煐松：从客户界定和客户偏好来说，我们要先去了解客户的应用场景然后再做研发，这也是我们之前最早成功的模式，这样我们会很清楚这个产品在什么地方用。

2019年，我们在召开产品发布会时就跟客户讲"客户的客户需求"这个概念。他们都非常认可这个理念，也就是我们帮助客户一起来解决问题。这是我们之前的研发和营销团队没有意识到的。然后，我们在应用场景中去发现客户到底想要什么样的产品。这种做法需要满足一个条件，那就是客户的管理部门有一些规定的技术指标。但是有些客户对这些指标的反应比较慢，我们就帮助他们解决了，比客户走得更快一步。另外，我们上了您的课以后，在找潜在客户时会专门去找这些管理部门的中标企业，把它们全部纳入我们的营销管理平台进行开发（基于YTT理念的企业精益运营如图4-2所示）。

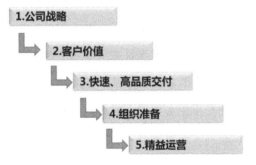

图4-2 基于YTT理念的企业精益运营

在客户偏好层面，公司有一个特别大的转变。记得2017年在YTT课堂上，您问我：公司产品的客户的偏好是什么？当时我们对客户的理解还是强关系型营销，但现在开始从以前散点的强关系变成价值帮助的强关系（见图4-3）：客户对我们的支持是建立在我们帮他们实现价值的基础上的。

这样转变了之后，公司的应收账款6个月内的回款率达到了98%，而之前我们的应收账款账期能达到24个月。

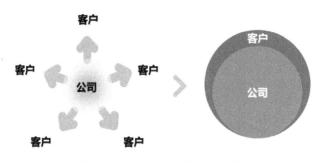

图 4-3　公司与客户关系的变化

创业体会

史永翔：一路走来，张总有哪些关于创业或经营的体会？

张煜松：我觉得创业还是要将客户的终极需求作为切入点。

我刚开始创业时，并不知道真正要做什么，现在看首先要想清楚切入点。有人说有技术就可以创业，但这项技术能否帮客户解决问题，还是值得思考的。我当时创业成功是因为正好踩对了这个点。举个例子，工程上要装电视机，少一个接头就装不起来。也许之前电视机是用导线连起来的，但是我们只要设计一个接头，应用起来就简单很多，也特别方便。

其次，做产品时一定不能去做别人有的，不要去做同质竞争的产品。因为在这个过程中，受伤害最大的是客户。我们做产品不是为了去跟对手竞争，而是为了满足客户。

接下来给大家讲一个发生在我自己身上的故事。

【案例 18】

站在客户的角度去营销

8 年前家里买了一套房子，当时想在客厅安装一台电视机，于是我和太太去了商场。

在商场里，我看中了一款电视机，屏幕很大，价格为7000元左右。本来我们决定要买了，但太太说：再看看还有没有更好的。于是我们就去了旁边的家电市场。在路过一家音响店时，里面的营业员非常热情地接待了我们，招呼我们进店并在询问过我们的需求后，推荐了一款特别的电视机。这是一款由三块液晶面板拼出来的索尼电视机，我一看到它就觉得特别震撼。营业员看到我的反应后，立刻在这款电视机上播放了一个美国大片让我们观看体验。看完，我决定立刻买下它。

相信很多人有和我相同的经历：去买东西之前理性思维领先，心里有份物品采买考虑的"必要项"清单，但遇到了自己喜欢的产品就会改变原来的想法。为什么呢？有人说，这源于两方面共同的作用：一方面是商家的策略，即引起消费者的好奇心，让他们坐下来然后放映大片提升体验感；另一方面是客户本身对心目中想要的东西有一种追求，一旦发现更好的，就感觉更好的那一款才是符合自己要求的东西。

也有人说，商家满足了客户的偏好，并打造了三个方面卖点的成功：一是靠拼装打造产品差异性，二是用三块屏营造出整个商场屏幕最大的优势，三是利用大片营造了很好的放映效果，形成震撼的视觉冲击力，充分满足了高端客户的偏好和猎奇心理。

对我来说，真实的原因并不复杂。当时我身处商家演示和体验的销售场景里，这种场景的打造能瞬间提升客户的感性思维，让客户突破理性的限制，最后形成消费力。这种做法引发我们对三个问题的思考：消费场景怎么打造？客户是感性驱动还是理性驱动的？客户心中潜在的偏好和想法到底是什么？

对商家来说，消费场景非常重要，它能帮助商家促进客户对产品的购买。但首先要注意的是，这其中的产品设置要符合它所创造的价值。其次，消费场景的搭建要符合消费者的购买习惯，比如对女性要讲"感觉"，对男性要讲"责任"。举个例子。

【案例19】

销售力是靠感性还是靠理性

几年前，一家大型的汽车销售公司决定邀请我为他们做销售方面的咨询辅导。当时这家公司的营销总监对于公司的这项决定不服气，认为顾问没有解决销售问题的本事，还不就是老生常谈——"抓管理、讲战略"之类的俗套话。于是，在咨询开始前他请求公司领导安排我去一次门店现场，向大家验证我是否具备销售指导能力。我答应了他的请求。

在这家公司的一家门店里，我遇到了第一家客户。这是一家三口，年轻的爸爸妈妈带着小婴儿前来选车。我当即对公司的销售团队说，你们带一台摄像机，跟着在远处拍，看我是如何快速把汽车卖出去的。

我走到客户面前，对年轻的妈妈说："这辆车很容易操作，后排座位空间大很容易也很适合安放婴儿座椅，而且特别安全。"接着我又向她介绍了车里哪个地方适合放尿布，哪个地方适合放婴儿的奶瓶，以及后备厢童车怎么放更节省空间等，而对于车辆、座椅、后备厢空间等概念绝口不提。

向年轻的妈妈介绍完之后，我又对年轻的爸爸说，车子能体现一个男人对家庭的承诺和责任，买下这辆车是为了整个家庭，而不是为了自己显摆和耍酷。当然，车辆本身的性能也非常适合男性驾驶，接着我又为他介绍了这辆车相关的参数和性能特点。不出意外，当场我们就成交了。

从上面的案例我们不难发现，成交是感性和理性相结合的结果，但最后成交的那个动作，往往是由感性所决定的。

4.1 影响客户偏好的五个因素

在讲客户偏好之前,我们先反问自己一个问题:人们为什么要适当地穿衣打扮?从本质上说,穿衣打扮实际上是在塑造每个人心中那个理想的"我"。因此,我们在寻找客户时,如果想找商务人士,就找像商务人士一样打扮的客户,从客户的装扮去判断他是不是我们真正的客户,从而发现他们的偏好。

发现客户的偏好,就是发现客户心中真正的"自我"。当我们提供的产品能满足客户的偏好时,客户就认为它是值得的,满意度也相应会很高。影响客户偏好的五个因素为客户权利、决策程序、购买行为、消费层次、客户价值(见图4-4)。

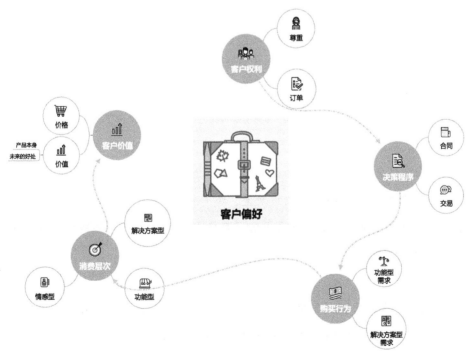

图4-4 影响客户偏好的五个因素

4.1.1 客户权利

【案例 20】

尊重客户才是最大的自尊

几年前,我受邀到创维公司担任顾问。当时,针对某项战略,我建议该公司去做消费者调查。正好我有位企业家朋友 S 是某市场调查公司的总裁,于是提出让他来给相关的负责部门分享一下创维最大的竞争对手是如何做市场调查的。不出意外的话,朋友 S 还可以和创维达成合作,我也算帮双方促成了一桩好生意。朋友 S 收到这个消息很激动,表示一定会好好准备。

分享会那天,创维董事会主席黄宏生先生出席了,创维集团广告部、彩电事业部等几十个事业部的负责人也都来了。我让朋友 S 在尽量短的时间里把事情说清楚。

朋友 S 告诉我肯定没问题,毕竟他们三个月前就已经开始做准备了。随后朋友 S 让随同的一位看起来很年轻的项目经理上台,为创维公司各部门的领导做分享。看得出来,尽管事先已经做了充足的准备,但这位年轻的项目经理依然十分紧张,事件表述得并不是很充分。10 分钟过后,我递纸条给负责项目的朋友 S,让他代替下属上台做分享。朋友 S 不好意思地对我笑笑,回复说,现在还不行,这位项目经理已经为此事练习了三个月,不能当场伤害他的自尊心。

本来朋友 S 能在 15 分钟内讲清楚、谈下来的项目,却为了锻炼下属,让整个创维集团事业部的领导在台下听了整整 40 分钟。事情最终的结果可想而知,生意没谈成。

案例 20 告诉我们,在商业对话中要充分尊重客户的权利,客户的权利越大,对项目的促成越有利。那些规模小的公司为什么一直烦恼做不大,因为它们判断不清楚,如何让订单与客户的权利相匹配。

4.1.2 决策程序

【案例21】

如何把握成交的"关键要素"

多年前我家想要买一套住房,把定金40万元付清之后我就到外地出差了,准备三天后回来付尾款。结果第二天太太便去看房子,售楼处的一位女客户经理对她说,房子是你老公预定的,如果当天不付清尾款,房子可能就没有了。

事实上在出差前我已经和另一位销售人员说好了,三天后付尾款。销售人员说,哪怕我在外地回不来,再延迟几天也没关系。结果女客户经理一句无心的话让太太当即决定,定金要回来,房子不买了。这位销售人员即将达成的交易就这么不翼而飞了。

商业谈判中这样的案例比比皆是,这也恰恰说明了失败者在做生意的过程中抓不住商业交易的关键要素。如何更接近成交的"关键要素"?我们在商业交易之中,要学会判断客户的决策点在哪里。要更加迅速地接近客户的决策点,然后帮助客户启动决策程序,实现成交。这也是我一直告诫管理者的,在和客户商谈的时候,无论是对一个订单还是对一个项目,合同要随时准备好,而且要和客户敲定能否马上成交。否则你会发现,客户回过头来一拖,交易就遥遥无期了,这正是在大多数公司中存在的问题。

4.1.3 购买行为

公司的业绩不好,大多情况下是因为销售人员不敢成交,这好比球员把球带到了门口,却因为害怕被守门员挡回来,不敢把球踢出去。被拒绝是正常的,人生被拒绝的次数越多,离成功就越近。因为从某种程度上来说,射门的次数越多,射中的概率才越大。把这个简单道理应用到实际商业中,就是通过分析客户的购买行为，分析客户的需求是功能型需求还是解决方案型需求等，从而推动客户购买行为的产生。

4.1.4　消费层次

一般来说，产品消费可以分为三个层次：最低的层次是卖功能；中间的层次是卖解决方案；最高的层次是满足客户的情感需求（见图4-5）。

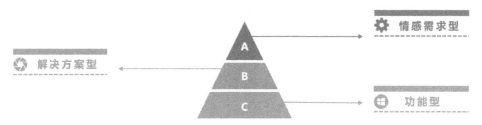

图4-5　产品消费的三个层次

在这三个产品消费层次中，产品越低级，功能型消费越突出。让很多企业家感觉最难实施的是给客户提供解决方案。因为要提供解决方案，企业家一定要表现出"比客户更懂"，在整个思维结构和产品设计上要不断往更高的层次走。对于情感需求型产品，比如在电商平台上卖服装，质量好一些，卖得贵一点，既可以得到平台的流量扶持，又可以打造自身的品牌和价值感。因此，传统制造业转型可以参考这种做法，抓住机会，逃离利润浅水区。

4.1.5　客户价值

客户价值是客户心中一种潜在的感觉，也就是客户认同的价值。因此我们在做产品、做经营时，要学会判断问题的本质是什么，要尽可能提高客户的价值感。从客观上来说，客户表面上付出的是价格，心里计较的却是价值。这种价值感不仅包括购买的产品本身，还包括客户在未来所能得到的长期的好处。

【案例 22】

选低价还是选品牌

假如你是一家公司的采购经理，要为公司采购 200 台笔记本电脑。有以下三种产品可供选择：

第一种，三胞电脑，价格 5000 元 / 台。

第二种，联想电脑，价格 8000 元 / 台。

第三种，IBM 电脑，价格 12 000 元 / 台。

在三种品牌电脑配置相同的条件下，你会选择哪一种？

案例没有贬低任何一个电脑品牌的意思，仅作为案例来做研究说明。

有人说，作为采购经理肯定要给老板出一个方案啊，比较一下三种电脑的优点和缺点，让老板来选择。也有人说，给高层管理者用 IBM，部门经理用联想，员工用三胞，根据不同的职位选择不同品牌的电脑。还有人说，直接面对客户的用高端品牌的电脑，后台的员工用普通品牌的电脑。

这个问题看似简单，但在我看来大多数人都会选错。原因是，客户在采购产品时，大多是出于对自己所在职位的思考，即怎么选产品会让自己的职位更安全。道理很简单。假如采购经理选择了三胞电脑，一旦产品出现问题，人人都会责怪采购经理。但如果采购的是 IBM，电脑出了问题，大家只会说是产品本身如何如何。

记得 IBM 的销售手册上有一句话：购买我们的产品，你的职位才更安全。无论在生活中还是在学习中，马太效应永远存在。因此，通过对采购经理案例的学习，我们可以知道选择什么产品不重要，重要的是有没有想过，一个人角

永翔说——

要学着和思维高级的人在一起，选择好的客户、好的供应商。加入更高级的生活圈能帮你改变思维方式，让你的生活变得更加高效、高质。■

色的定位决定了他能塑造的价值。

4.2 如何预测客户偏好的变化

【案例 23】

如何应对客户偏好的变化

假如你是一家设备公司的大客户经理，正负责为一家大公司做 200 台设备，订单金额是 1000 万元。快要交货时，对方采购经理说：原来的设备是蓝色的，现在总裁要求换成绿色。

这时，你的选择是什么？要不要加价？

| 经营讨论 |

客户经理 A 的方案

设备都已经做好了，要改成绿色非常麻烦。但如果确定要改，建议对方采购经理和上级沟通一下，看公司是否可以承担改颜色带来的损失。可以承担的话，我们再根据新要求重新制单给制造部门。

客户经理 B 的方案

按照合同约定，临时更换颜色，每台设备需要加价 1000 元。对方公司同意的话，告诉我们一个时间范围，我们会尽快帮贵公司赶制出来。

客户经理 C 的方案

"经理您好，我们这么多年一直合作得很好，听说您要将设备改成绿色。您一定有您自己的原因，我想了解一下您这边是出于什么原因。"沟通后了解到，是因为总裁觉得绿色更适合。"如果确定要改颜色也可以，但我们目前也遇到了一个难题，那就是我们刚刚接到了德国西门子公司的一个大订单，生产线排期很紧，您的这个需求可能要排到三个月以后才能执行。如果总裁等不了这么长时间，执意要马上改颜色，会让我们错失西门子 10 亿元的订单。您看，总裁能不能接受这个时间周期？如果可以延迟交货，贵方仅仅承担一点原料和人工成本就好了。"

客户经理 D 的方案

首先，按照公司规定和合同约定，双方要遵循契约，请对方采购经理尽量说服总裁不更改颜色。其次，告知对方，如果随意更改颜色，就可能无法保障设备的质量和后期服务，因为这有可能涉及设备的拆卸和重新组装，等同于返工重做。建议对方采购经理再帮忙沟通一下：第一，颜色的问题和总裁汇报一下，尽量不做更改；第二，一定要更改的话贵司承担一些成本并同意交期延迟；第三，从长远考虑，建议追加明年的订单，并交付部分定金，以便向总经理申请更改颜色不加价。

| 经营探讨 |

我用这个案例向身边的企业家提问时，大多数人的回答与上面的一样。他们关注的重点：一是把已经发生的成本说明白，要让客户承担；二是想方设法让客户追加订单，把损失赚回来。客户提出的类似种种不靠谱的要求，有可能仅仅是试探性的询问，并没有一定要坐实。那我们有没有第一时间想到向客户询问：为什么要更改颜色？

我常常听到某些经营者抱怨说，市场环境不好，赚不到钱，找不到好客户，那么为什么不从客户的角度多考虑一下，客户究竟关心的是自己的需求和偏好，还是你的成本呢？

在企业经营过程中，在发现客户的价值时要注意两个方面（见图 4-6）：一是要善于寻找价值点，二是要学会判断价值的强弱需求。日本"经营四圣"之一稻盛和夫说过，商业的最高原则是要有"利他之心"，缺少这一点，面对客

永翔说——
营销的最低层次是"乞求营销"，也就是在交易中一再让客户给予同情和理解。■

户时就抓不住解决问题的重点。

图 4-6　两个方面发现客户价值

在案例讨论中，客户经理 C 曾询问过为什么要改变颜色，对方回答是因为总裁的喜好。面对这个答案，显然客户经理 C 没有理解这到底是强需求还是弱需求。随后他又犯了一个错误——用德国西门子更大的订单来压制对方的需求更改，这犯了商业谈判的大忌，因为这种说辞只会激起客户的反感和愤慨。也有客户经理说公司有规定，不能随意更改合同约定。这是个应对强需求的解决办法，但后面他又突然话锋一转，回到未来的生意机会上去了，没有坚持收款的原则，错失了良机，非常可惜。

做生意绝对不是简单的你赢我输，我希望更多的企业家在商业合作中能表现得更好。比如在上面的案例中，我们可以既表现出同情心、亲和力和合作性，和客户分析对方的利益点和自身的利益点分别在哪儿，再试图找出商量出对策的可能性，找到共同的利益点。比如有的客户经理提到每台设备会增加 1000 元的成本，这从一定角度来说，是客户在给予公司一次帮助他的机会，而一旦抓住这个机会，让客户感觉到亏欠了什么，客户一定会加倍回馈公司。

【案例 24】

"机动"服务打造满意度

多年前我去欧洲旅行，入住一家四季酒店。刚进房间的时候，送行李的服务生问我：先生，您对我们提供的哪项服务更满意？我在房内环视一周告诉他，准备的 CD 机很好，可以让客人听听音乐。随后他又问我喜欢听什么音乐，我随口说喜欢恩雅的乐曲。服务生告诉我，很抱歉他们没有准备好我所喜欢类型的 CD，接着他帮我安顿好行李后就离开了。

过了不一会儿，酒店前台有人打电话给我，称自己是刚刚为我送行李的服务生，问是否方便上楼来拜访我。我想到刚刚一路上他为我提供的优质服务，感觉和他交流很愉快，于是答应了他的请求。我邀请他进房间，他却摆摆手说："不了，先生。我刚刚下班时，路过街边的音像店，为您买了一碟恩雅的唱片，希望您能在这里度过美好的一天。"当时我非常惊喜，连忙对他表示感谢，要把买 CD 的钱付给他并多付一些小费。他拒绝了，并告诉我，酒店会给他们每个人一些"机动费用"，用来更好地为顾客服务，这张 CD 的费用是从这里面出的，只要能让客户感到高兴就可以了。

从案例 24 中我们看到，这家酒店对客户的关怀已经深入骨髓，服务人员是发自真心地为客户服务，并让他们从工作中得到客人应有的尊重。

| 思考 |

如果你是一位顾客，住酒店时哪些方面或事物让你感觉心里舒畅呢？请各自列举五点，并判断：哪些是感性的选择？哪些是理性的选择？

这项思考是为了训练我们，从感性和理性两个方面去预测客户的偏好。我更建议企业家每隔一段时间就发动销售干部来一起思考，重复的思考和总结非常重要，因为我们经常会在工作中忘记客户要的是什么，一味地向客户推广自己的产品和项目，而忽略了客户的感受。

永翔说——

当你怀着利他之心，把感性和理性因素分得越细时，你越会发现客户的选择往往是感性的。■

4.3 如何让客户为偏好买单

【对话4】

美源金属

重技术不重资产的国际制造供应商，如何实现人均创利100万元

采访嘉宾：陈贵斌，美源金属科技（昆山）有限公司（以下简称美源金属）总经理
行业标签：机械、设备、重工
主营业务：金属精密模具
创业时间：2013年
YTT辅导成果：学习YTT课程4年，营业额增长4倍
（以下内容来自陈贵斌自述，经授权后编辑）

创业契机

史永翔：陈总是在什么情况下开始创业的？

陈贵斌：2013年年底我在一家台资制造业企业担任总经理，那个时候想寻求一点突破和挑战，于是做了两件事：第一件事情，报名跑了一次马拉松；第二件事，出来创业。

公司注册好了之后，我招聘了一个员工，他负责按照我的要求去网上找客户，我负责跑客户。还记得当时的第一笔订单是网上找来的，1000美元，是做压铸和加工模具的订单。这类产品一般面向的都是大客户，当时我利用自己的能力，找到了一家压铸厂。他们出设备，我们出图纸、出技术，两家合作接下了订单，后来慢慢就联合开发医疗、航海这类需求的客户。

YTT的利润实践

陈贵斌：2015年，我认识了您，从那时起我们的营业额有了很大的增长。

YTT实践给美源金属带来的变化，如图4-7所示。

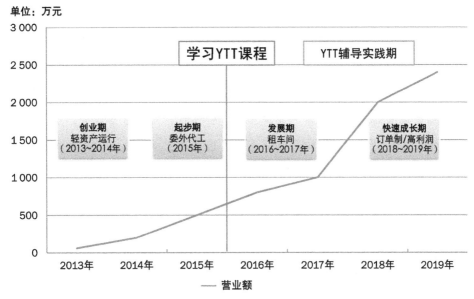

图 4-7 YTT 实践给美源金属带来的变化

当时我们租下车间后,租金高但营业收入没有多少,也正是在这种压力之下我带着寻找解决方案的想法来到了您的课堂。记得当时上完课后,我回到公司就把小客户咔嚓咔嚓全砍掉了,发现砍完之后公司的业绩还有了很大的提升,当时感觉特别有成就感。随后在 2016 年,我们和压铸车间的房东协商:我们帮他协调客户和订单,让他可以量产,把车间拿回去自己经营,而我们只租仓库和办公室,以付加工费的方式和压铸车间合作。于是,公司顺利地由租赁制转为了订单制。甩掉开销大的车间固定开支,公司的经营压力一下减小了,当年的利润就增长了 100 多万元。把生产车间还回去以后,我们的经营主力放在了工程技术和品牌上,这样人员不但没有增加,并且人员的层次和面对客户解决问题的能力反而还提高了。

史永翔:在这个过程中,你有没有想买设备的冲动?

陈贵斌:有,现在还想买!因为我们不持有主要的生产设备的问题始终存在,当遇到客户有需求时,现有的设备不能满足,我们就想自己去买。但是买来的设备仅能支撑当时的客户需求，最后涉及的经营效果并不好。这也是您在 YTT 的课堂上告诉我们的，也正因为如此，我们才没把自己拖进沉重的负担当中去。

当初我们把车间还给房东，也是得益于从 YTT 课堂上学来的经营智慧。其中感触最深的是，要从客户角度出发，检视自己到底需要什么，以及最重要的能力是什么，然后坚定不移地去做。因为说起制造能力，外面有很多公司都很强，最关键的是要减少固定成本的投入。

后来在您和 YTT 的辅导下，我们建立了利润模型，可以每月做一次测算。在我们每个月的销售额统计中，以前是没有财务数据的。从 2016 年开始，我们在您的要求下按照管理报表的模式对财务数据进行了统计。这样在利润模型测算的过程中，每个月花多少、有多少销售额、有多少利润都算得很清楚。

最艰难的财务危机

史永翔：陈总在经营中遇到的最艰难的事是什么？

陈贵斌：最艰难的应该是 2015 年那段时间，工厂的固定支出很大，相对的是收入少得可怜，最关键的是计算还不清楚，心里没数。明明上个月感觉赚了点儿钱，财务在账上一留出下个月要付供应商的钱，发现又没钱了。看不见未来，成了当时最大的困难。

2016 年，我带干部团队去您的课堂复习，慢慢地无论是客户端还是整个公司的客户思维都已经相对成熟了。我们按 YTT 管理报表的要求做每个月的报表，做到心中有数，同时管理报表中显示的问题都能找到相应的解决方案，企业发展越来越稳定。

可能在普通人眼中，我创业 5 年算是小有所成了，但我自己认为这还远远不能算是一种成功。我还有很长的路要走，我永远都会把自己所认为的成功的标准拉高，这也是一种自我挑战的乐趣所在。

史永翔：贵公司和客户的关系是怎样的？

陈贵斌：因为我们的产品大部分是客户设计好的，然后客户将设计好的产品拿给我们，我们要提出方案来做模具，以保证它的可量产性。前段时间有一位客户，他的产品中间有一个很大的抽屉，抽屉上一定会有沙孔。我们的工程技术人员在探讨制造方案时，采取了打破常规的方法，他们在正常的模具后面加了一块板，用来解决客户大气孔的问题，这样客户产品的可量产性就有了。我们在给客户提供产品时，凭借的不仅仅是报价和品质，我们还会考虑到客户的使用效能和客户在使用过程中的成本。

在客户正式量产之前，我们还要帮客户预测可能会出什么问题，我们可以提供什么解决方案来获得客户的信任，这样客户才会更放心地把订单交给我们。

史永翔：贵公司在这方面还做过哪些努力？

陈贵斌：比如，到客户的工厂去看产品的使用环境。我们每年都会去客户端看，去跟客户探讨。遇到具体项目，在前期开发时，我们会跟客户进行电话视频会议，以了解产品的需求以及它的生产、应用的场景，然后设计出对应的方案提交给客户。应该说我们也帮客户做了产品的部分设计工作。

我们的生产制造业务中有70%左右是国外的订单，客户基本都在各细分行业排名前三。比如汽车类品牌康明斯、奥迪二级供应商、丰田二级供应商，医疗类西门子、飞利浦医疗设备的二级供应商，航海类全世界最大的船舶生产二级供应商，包括一些军用设备的二级供应商等都是我们的客户（见图4-8）。

永翔说——

美源金属的做法超越了价格、成本、质量的竞争，它已经参与到了客户的生产制造过程中，帮助客户做持续性的研发，已经跟客户做了深度的捆绑。■

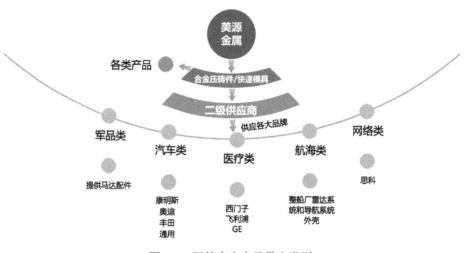

图 4-8 国外客户产品供应类别

从对美源金属陈贵斌先生的采访中我们不难看出，企业经营中资源是有限的，把资源花在最核心的能力上——帮客户提供解决方案，竞争力就会越来越明显，而且时间的价值也会越来越明显。下面的小节中，我们再通过一个案例来学习：如何让客户为自己的"偏好"买单？

4.4 分清是客户偏好还是市场偏好

发现客户偏好，非常重要的是要得到客户不同层次的信息。

【案例 25】

你的客户最关心什么

几个月前 DS 公司的 Z 总来访，他的企业是生产电气系统控制元件及设备的。和我聊起企业的管理状况时，Z 总告诉我，之前我给他的经营建议获得了非常好的效果，现在企业的现金流保持正向，让他对未来的战略布局有了充足的信心，也为企业将来的高增长提供了强有力的支撑。

在说到客户和产品时，Z 总说感觉企业的产品定位出了问题，企业想要进一步发展，却找不到能跨出去的落脚点。

史永翔：你的客户最关心什么？

Z 总：公司的客户分为两类，第一类是外资企业客户，他们最关心的是电气设备"在现场不出现问题"；第二类是国内的国有企业和民营企业客户，他们最关心的应该是价格。

史永翔：为什么会有这样的结论呢？你亲自拜访过客户吗？

Z 总：外资客户经常能见到，国营和民营企业客户的老总不容易见，但我们会经常拜访他们各地分公司的负责人。在跟外资企业谈合作时，我发现他们强调的是品质，是设备保证没有问题。现在遇到的问题是，我们在谈国内生意时，有些国内客户就提出先不要谈技术，先说说你们的价格优势在哪里，这让人感觉十分头疼。

还有一个问题是，我们所处的行业未来开始向智能化发展了，客户经常问：你们能不能提供智能化的控制设备？如果能提供，那我们就坐下来谈一下怎么合作。因此我们在做未来几年的发展规划时，要把设备的可靠性以及对未来的融合性当成是客户未来的追求，贴着客户走。

从研发层面来说，我们也经常为了满足客户的要求想方设法地降低成本。现在我们就要考虑如何从行业层面去引导产品未来在行业中的应用，同时满足外资客户的需求。但是目前公司因为对行业两端不够熟悉，产品研发能力还远远不够，在对产品品质的管控能力上也存在不少问题，导致了客户投诉的现象时有发生。

从上面这次对话中我们发现，有些经营者会想当然地认为技术化能力很重要，有了现成的技术就能更快地满足客户的要求。对于这家企业来说，产品定位的问题是因为对客户的终极需求理解不够，导致产品设计的理念出了问题。

更准确地说，应该是企业定位出了问题。当对客户的终极需求理解不到位时，企业容易受限于眼前的产品和技术问题，这才是未来企业发展的最大障碍。

我们在经营企业的过程中经常会认为，客户的需求就是市场的需求。千万不要把单个客户当成整体市场来看待，产品的研发应该是基于整体的市场需求，而不是客户所要求的定制化个性需求。比如我们要开发一类产品，在网罗了客户的多种需求后，在做产品开发时，只需要满足所有客户必要的10个功能就够了（这里所说的数字仅作为参考相对值）。企业应基于这10个功能开发出一种普销性的产品出来，学着做产品化经营，而不是技术化经营。

还是以这家电气设备公司为例，当我和Z总说到将来在战略上布局延伸的时候，Z总告诉我，目前公司的研发能力是最大的障碍。所谓的技术化能力欠缺是企业家自己所认为的，这家企业最大的问题是欠缺企业文化能力，也就是组织能力。对于技术性的问题，企业家要善于用宽泛性的思想去解决，比如往行业下游看，去解决产品的竞争和品质问题；往行业上游看，去解决产品的技术开发问题。

那么如何帮助这家企业构建组织能力呢？我建议总经理从企业现状出发，引进品牌管控人才，从源头上把客户看中的品质需求解决。另外，从未来的视角出发，引进管理型人才，以现在的技术开发为基础，打通自动化控制领域的市场需求，从电力行业去切入，从大处着手去构建未来的组织能力，分步骤去实现。

企业经营者会根据所选择的业务路径，制定企业未来的战略。当企业战略和业务路径发生变化时，影响到客户的偏好使其也会随之变化。这时，客户所

> 永翔说——
> 所有大企业的成功，不是因为做到了，而是因为先想到了。■

提出的价格优势、安全度、品质要求等都是产品价值的一种体现。

那如何把客户所关心的价值呈现出来呢？比如国内客户更喜欢价格优势，那么企业可以为客户算一笔账，即使用这个产品可以帮企业省下多少"使用价值"，而不是单单说这类客户的生意不好做。生意不好做的背后，是我们在为客户提供解决方案或服务时，陈述的价值呈现不充分。

企业在未来跟着客户走是对的，但是要注意跟着客户做产品时，要与客户建立起不同层级之间的关系。尝试为客户考虑更大的未来，企业才能和客户建立真正的强关系。

第 5 章

利润定律四：产品功能定律

5.1 企业如何形成自己的产品力

对于每个人来说，成事的方法无外乎三种：第一种，基于能力做事。我们具备某方面的专业技能，就可以把事做成。第二种，基于资源做事。我们拥有某方面的资源，可以凭借该资源来做事。第三种，基于愿望做事。这三种方法中最有可能做成大事的是第三种，基于愿望做事的人往往善于用未来推动现实，眼光更长远，因此也更容易获得成功（见图 5-1）。

一家企业能不能做大，关键在于它有没有基于愿望做事的前提，以及在这个前提下所生产的产品有没有未来。企业能不能形成规模化经营，关键在于它所生产的产品有没有形成"流"，也就是有没有形成一个企业中的产品流水。

| 小知识 |

在企业中能形成规模化经营、能进行批次生产和服务的产品经营模式，我们称为"产品流"。

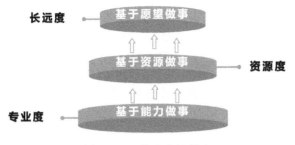

图 5-1 三种成事的方法

如果企业的产品是一个一个卖的，就不能称之为流水。举个简单的例子，咨询服务公司在大多情况下是根据企业现状和发展阶段做定制化服务，这就不属于产品流的概念；而如果是针对某一个细分产品的授课，比如财务培训课、税务培训课、预算培训课等，这些课程可以形成规模化销售，这就是我们所说的"产品流"的概念。

让企业的产品形成规模，也就是说企业规模做大的关键是形成产品流，这也是企业打造自身产品力的关键所在。

我经常和身边的企业家分享"营销不如推销，推销不如产品会说话"。这是因为营销讲的是大趋势、大概念，而推销则需要一对一跟客户去沟通，找到客户的需求。好产品才是真正能介绍给客户，并让客户拿来用的。

一个真正懂得价值的客户，更关注的是产品背后的"物超所值"；而一个不懂得价值的客户，永远在计较是不是更便宜。因此，这需要我们学会判断我们和客户之间的关系是不是能产生价值上的共赢。所有价值的产生都来自交换，交换的载体是产品。

下面我们来看一看如何在企业和客户之间构建产品的关系。

5.2 客户决定产品：产品的功能性需求

企业能不能做大，产品流能不能做得更宽，取决于三个前提条件：第一，领导者有没有足够的思维宽度？第二，产品和客户之间的联结有没有足够的深度？第三，资金使用的精度，也就是资金的使用效率够不够高？这说明，任何一个产品的开发需要提前在宽度、深度和精度上做好部署。

大部分产品研发的目的是希望借助于产品的功能，在人与产品关系的基础上构建与客户之间的关系，以此提升客户的活跃度和黏性。因此，企业在设计产品时，需要区分好产品到底要实现客户在下列哪个层次的满足（见图 5-2）：

- 产品的功能性满足
- 产品的痛点解决满足
- 产品的升级满足

图 5-2　设计产品的三个层次

产品的功能性满足包含两个方面，一方面是产品的刚性需求。比如拿一把椅子当座位，是对它的刚性需求。原来很多企业做产品的思维是：打造很多款，必有一款适合你。但如今的企业产品思维越来越倾向于用单一的产品为客户提供多功能的服务。

产品功能性满足的另一方面是产品的弹性需求。弹性需求有两类，一类是把弹性需求逐步过渡为刚性需求。打个比方，以前大家出门旅行拍照都要买照相机，而现在每一款智能手机都带有照相功能，人们出门旅行就不用带相机

永翔说——
宽度决定了规模，深度决定了价值。∎

了。这就是把弹性需求转变为刚性需求,也更容易让消费者感到物超所值,给产品赋予更多的价值。第二类弹性需求是选择客户,根据挖掘出来的客户需求将客户归类。

在现实商业环境中,我们可以发现刚性需求是为了满足客户基本的功能要求,而弹性需求是为了满足客户所期望的效果。客户所关注的点就是企业需要传递的产品价值点。

【案例26】

无印良品是如何开发产品的

近几年,无印良品非常火爆,作为一个以"没有设计胜过最好设计"为理念的品牌,它是如何被全球用户推崇为最有品位的设计品牌的呢?

无印良品的产品开发可以分成三大阶段(见图5-3)。

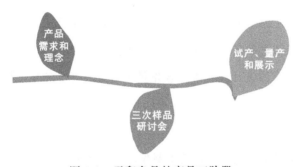

图5-3 无印良品的产品三阶段

第一阶段:产品需求和理念确定阶段。无印良品的产品的理念来自两个方面,一方面是顾问委员会。顾问委员会可以理解为无印良品的设计外脑和智库,以求挑选"能带着自信向顾客推荐的战略商品"。另一方面是用户观察和调研。无印良品的产品开发和设计人员会亲自拜访客户的家,观察产品是如何被使用的。除了仔细观察物品在生活中的使用状态,他们还要询问主人关于产品和生活场景中的事情和问题,通过与主人的沟通感受他们的生活气息。

第二阶段：产品从准备开发到最终确定需要经过三次"样品研讨会"。第一次会议的目的在于确定品种、产品构成及对策。在实际操作时，有时会有商品的图样，还有与其他公司合作的说明。在第二次会议上则会用发泡材料制成的模型，展示具体的设计方向。在第三次会议时，针对最后的量产环节，工作人员会制作实际大小的产品模型，并按照设计图样完成所有能够制作的部分。

第三个阶段：从产品的试产、量产到为推向市场而进行的展示过程。为了驱动无印良品实现"使用便利性"，现任董事长金井政明还成立了两个核心的管理部门并亲自管理。

（1）面向消费者集思广益的生活良品研究所，这是无印良品通过实体商铺和网络实现与顾客交流的一个"非正式研究所"。使用者可以在商品开发、试卖、正式售卖等各个阶段提出意见，金井政明则开通个人邮箱用于采纳建议敦促进度。

（2）设计师主动寻找需求的商品种类开发部，下设生活、服装、食品部等三大分支，对产品进行定期检查以更新设计。

两个部门在实际设计流程中的合作很有意思，需要管理者恰如其分地在两条线之间做权衡。

举个例子大家就明白了。

无印良品曾经有一款放在冰箱里制作凉水的冷水桶就经历过四次改造。

刚开始时商品种类开发部主导，设计师发现日本冰箱普遍偏小，较大的冷水桶无法直立放置，遂将侧面设计成平面以使冷水桶在冰箱里不滚动，桶口亦被密封，防止平放时有水溢出。

之后，生活良品研究所收集到一些女性消费者反映，装满水后水桶太重，平放取出吃力，于是产品部门的设计师又在水桶侧边加上了弧形凹槽来增加受力点。

该冷水桶亦可作为泡茶的茶壶，此后消费者又两次提议对桶内的滤网进行改进，设计师照单全收。

这个产品经过两个部门通力合作，四次修改，最终定稿。

又如无印良品早年的电子产品销量冠军、深泽直人所设计的壁挂式CD机。不同于一般CD机永远"平躺"的设计，深泽直人所设计的CD机像方形换气扇一样置于墙上，开关也不是惯常的按钮，而是垂下的绳子。

朴素清爽的外观和"一看就懂"的使用方法，令壁挂式CD机上市仅8个月就获得了0.6%的市场份额。

这些都是无印良品优秀的产品设计给出的答卷。

资料来源：日经设计. 无印良品的设计 [M]. 袁璟，林叶，译. 桂林：广西师范大学出版社，2015.

无印良品设计的最大特点之一是极简。它的产品拿掉了商标，省去了不必要的设计，去除了一切不必要的加工和颜色，简单到只剩下素材和功能本身。它从众多的价值中，筛选出自己独特的价值，并让它在原产地再生，使它变得更加合手可用，这就是无印良品所做的事情。无印良品正是因为把客户对产品单一的功能性满足做到了极致，还原了商品本身的价值，也成就了自身。

5.3 客户痛点满足：产品与客户的关系

【对话5】

佛山迈莱特照明

留德10年坚持高品质，精耕DIY灯具坚持"小而美"

采访嘉宾：陈思然，佛山迈莱特照明科技有限公司（以下简称佛山迈莱特照明）总经理

行业标签：家居照明、DIY建材

主营业务：节能灯、LED 灯

创业时间：2011 年

YTT 辅导成果：连续 2 年营业额增速超过 110%

（以下内容来自陈思然自述，经授权后编辑）

创业契机

相对于其他本土企业家来说，陈思然女士算是"海归派"。2005 年 4 月，因为一次偶然兼职做翻译的经历，她进入一家德国公司 Best Light Production LTD，自此进入照明行业，一待就是 10 年。10 年的光阴，让她从一个"连灯头是什么都不知道"的懵懂女孩，成长为一个深谙照明行业发展趋势的行家。

史永翔：陈总在德国的公司发展也不错，是什么原因想到来国内重新开始的？

陈思然：2010 年前后，我发现相比德国，国内照明行业的市场环境能让我更有所作为。于是 2011 年我回到佛山成立了公司，距离实施采购的供应商更近，也更方便相互之间的信息交流以及与供应商沟通。

我们公司主要做欧洲的 DIY 建材市场的射灯类产品，主要客户是国外的连锁超市、进口商。从创业发展至今，可以说我们产品的定位非常清晰。

连续 3 年的高增长实践

史永翔：还记得刚开始创业的情况吗？

陈思然：在德国刚创业时，我们是跟不同的客户谈好条款协议，帮不同的客户做采购，也同期服务不同国家的进口商。当时的第一笔生意是波兰的一位客户下了一笔价值大概四五万美元的订单。当时对于我们来说，一切都是顺风顺水的，客户的订单支持、供应商的良好关系都让公司平稳健康地发展着。

史永翔：陈总什么时间学习的 YTT 利润管理课程？

陈思然：直到 2015 年，回国创业转型成功后，我在朋友的介绍下走进了

YTT。学习之后我就把工厂的事务交给公司的干部去管理,自己专门聚焦在了客户开发上。也正是因为这次"专业分工",连续3年公司业绩增长迅速。

在 YTT 学习最大的收获是让我懂了什么是财务管理。以前是完全不懂,因为我是学工科出身的,认为财务管理就是简单地把账做好。可是上完课我才发现,原来完全不是自己所想的那样,最好的实践运用就是做了预算管理。

尽管我们还没有完全按照 YTT 的要求去做预算管理,公司也还没有那么完整的数据系统,但是通过内部的财务预算,公司能很好地控制费用和前端的销售,至少让我心里明白未来3~6个月,公司将会是什么样子,以及在这中间大家还应该做些什么。

如何做好一家企业

史永翔:从你的角度看,如何才能做好一家企业?

陈思然:首先,肯定要尝试去做一些自己真正能做好的事情,虚的不要,弄一些实在的。

其次,无论是贸易公司还是工厂,定位要很清楚,明白自己擅长哪一方面。

贸易公司和工厂都有利有弊。当初我们公司从贸易公司转工贸一体,是因为原来在经营贸易公司时,前面有客户压着,后面有供应商挤着,如果贸易公司不能解决问题就非常被动了,而工厂对我们来说就是一个好的补充。但并不是说完全做工厂就好,因为工厂毕竟固定成本很高。不管怎么样,年轻人还是应该做好自己能做好的事情,不要太浮于表面。

史永翔:关于产品、客户和组织这三个要素,陈总如何看待它们之间的关系?

陈思然:在做企业的过程中,让我感触最深的是客户跟产品的联系。因为企业只有满足客户真正的需求,把产品做成客户想要的,才能谈后面的发展。举个例子,我们公司的客户定位很清楚,因为做的是家居建材市场的促销单,首先要求产品价格是第一位的,也就是性价比一定要高。其次是款式要在客户能接受的标准范围内，有卖点、有宣传点、有亮点，可以吸引客户。最后是产品要符合要求的品质，因为我们做的是出口欧洲的灯具，属于家电类，在安全认证等方面的要求是世界最高的。我们家庭常用的灯几个月就坏了，这是由于国内市场产品认证不严格，也没有人主动去规范这个市场。这也是我不愿意做内销的原因，国内供应商喜欢打价格战，我不想这样。

最擅长做哪些事

史永翔：公司最擅长做哪些事情？或者擅长帮客户解决哪些事情？

陈思然：我们坚持做有自己设计风格的产品，保持高度关注市场，了解消费者需要什么，再做一些技术上的创新。这其中我觉得自己最擅长的是根据和客户的沟通做出调整，不断满足客户需求。

企业最大的改变是从采购商转变成为客户做自主研发的产品设计商。比如我们设计的LED灯具的光源达到了客户想要的亮度，外观性以及可更换要求也都能满足。欧洲客户，尤其是德国客户的DIY要求很高，要求很多灯具的光源是可以更换的。我们仅这一款自主研发的产品就贡献了公司营业额的30%~40%。

那么对客户需求进行准确判断有哪些方法呢？首先是要确认客户的销售渠道，通过这个渠道了解最终的消费者，从而可以判断消费者是一个什么样的人群，比如说是逛家具店还是专卖店等。有些工程项目的客户是完全不同的人群，他们要求的产品侧重点也不同，有重价格的、有重外观的、有重数量的，都不一样。公司要在这个方面判断，给客户提供什么样的产品以及什么样的价格。

相信听完佛山迈莱特照明的陈思然女士的创业故事，对于很多正在经营企业的人来说，一定明白了研发产品最重要的是想方设法挖掘用户的痛点，给出解决方案来满足用户需求。那么如何从众多数据和现象中挖掘出客户真正的痛点——潜在的需求呢？

很多时候，客户实际上无法非常清楚地表达出自己真正的内在需求。人们内在的真正需求很可能藏在潜意识中，比如一个未达成的愿望、一种无理由的迷信、因文化习惯被压抑的需求、一种对特别情感需求的渴望等。那些没有被表达出来的、没被满足的、缺失的、不平衡的，才是用户真真切切的需求，而痛点就是客户潜藏的未被满足的欲望。捕捉到这些欲望，才能直击要害，创造出补偿或者满足这一缺口的产品。

举个例子，前面我们所分享的无印良品，正是把客户对产品单一的功能性满足做到了极致。2003年，无印良品实施名为"观察"的开发计划，开发团队会直接拜访消费者，观察其日常生活，并对房间内每一个角落，乃至每一件商品一一拍照，照片随后会被提交并针对其进行讨论分析，以此挖掘潜在消费需求。

再举个例子，之前每个家庭安装空调，传统安装方法涉及两大缺陷：一是裸露在外的空调管道和弯曲不规整的连接管随着时间的推移和空调产品的频繁使用，包扎带会老化断裂，保温材料也会风化损坏，造成能耗和住户的安全隐患增加；二是传统安装方案中室内机连接管无论是色彩还是形状，都与现代人日渐提升的家居审美要求相去甚远，破坏了整体居室环境的美感。这些看上去习以为常的事物在当下却成了很多住户的痛点。

未雨绸缪的空调品牌会迅速对客户痛点做出反馈，于是很快有空调品牌方推出了全新的安装服务解决方案，既让安装结构合理，安装更方便，也使得空调产品更加符合现代化家居审美要求，给用户带来了全新的服务体验。

我经常接触一些互联网贸易公司的创业者，辅导他们并能和他们一起得到成长是我感觉最开心的事，但有时面对他们各种本可避免的决策失误，也会忍不住提醒：做贸易出身的企业家和制造业一样，要有客户思维呀！这些企业的客户大都是中间商，中间商将采买订单直接交给这些外贸企业，但是中间商也不清楚终端客户的实际需求。而这些外贸企业更不会关注下游的中间商能不能把产品卖掉，它们只管交易，只关心能不能赚到钱，不关心这些产品是不是终端消费者真正需要的产品。如此这般循环往复，没有和客户形成更紧密的合作，营业额在原地打转就成了这些外贸企业家最为苦恼的问题。

5.4 你更适合哪种销售方式

在现实经营中，企业经营者往往会把产品做在前面，组织做在前面，企业办在前面，人员招聘在前面……等这些工作做完了以后，才去开发产品，但面临着产品做出来没人要的结局。这个问题直接引发了企业营销的五大误区（见图 5-4），导致产品的销售工作无法做好。

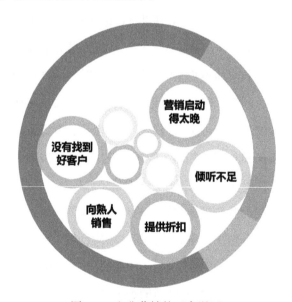

图 5-4　企业营销的五大误区

第一个误区：营销启动得太晚。营销实际上是对客户需求的调研。我们会发现大多数产品在被生产出来之前，大部分公司都没有认真地去做产品调研。

第二个误区：倾听不足。倾听不足说明企业没有事先花时间去考虑客户为什么不接受这个产品，以至于产品做出来以后，就要花更多的时间去和客户沟通，想办法把它推广出去。

第三个误区：提供折扣。中小企业发展受阻的一个很重要的因素是所做出的折扣策略。

第四个误区：向熟人销售。做企业，永远要学会把产品卖给陌生的人。卖给陌生的人才能发现客户真实的需求是什么，产品到底要做到哪一步。不要被虚假的需求所肯定，熟人销售就是一种虚假的肯定，它将迷惑你的双眼。

第五个误区：没有找到好客户。销售缺乏质量，是导致企业无法发展的关键。销售缺乏质量的关键在于销售的来源，也就是没有好客户，只有好客户才能给企业带来高价值。企业的营业额来自哪一类客户？这一类客户对于产品的贡献是怎样的？这些客户对产品的价值是不是更在乎？跟企业的价值是不是更契合？客户看中的到底是价格还是产品的功能？

我们知道，商业的本质是交换。只有完成交换，商业活动才可以实现，这种交换被称作价值之间的关系。如果企业在创业之初购入一款产品，在推广的时候却发现，原来它不是客户所需要的，这时无法实现的商品交换将企业经营的本质暴露出来了。也就是说，做企业首先要考虑客户是不是真的需要这个产品。在这个过程中，企业家要充分考虑到商业活动的三个步骤（见图5-5）。

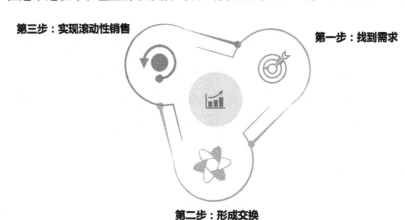

图5-5　商业活动的三个步骤

商业活动的第一步：找到需求。光有钱，是做不成生意的，钱必须要变成物。这个"物"是什么？举个简单的例子，比如书房里缺一把椅子，这叫作功能性需求。如果我花 1000 元买进了一把椅子，想把它卖给别人，这个时候，我完完全全是在卖功能，我就好像一个物品的搬运工，赚到的利润也特别少。

商业活动的第二步：形成交换。当我买进一把椅子后，想到一个办法，给这把椅子取一个好听的名字，换一种包装，赋予一个故事，这叫作品牌。我既要满足客户的功能需求，也就是实现产品的使用价值；又要满足客户的心理需求，也就是给予他们内心的满足感。当能够满足这两个条件时，客户就有了购买的冲动。从 1000 元变成一把椅子，接下来还有可能把这个椅子卖到 1500 元，在这个过程中我们实现了交换的价值。

商业活动的第三步：实现滚动性销售。当我们实现了由钱到物的转化时，客户也许会高高兴兴地把椅子搬回家，当他感觉用得很好时，会对产品形成一种好口碑，然后帮商家卖力地宣传，这就形成了滚动销售。于是第二位客户在第一位客户的推荐下来购买产品，这对企业来说，经营成本就降低了。

对商业的原理清晰之后，那么哪种销售方式更适合你的企业呢？每个企业都有自己的营销方式，但所有企业最终的目的是把产品推广出去，有策略的营销就显得至关重要。

从企业和市场竞争的实际出发，选择合适的销售方式，能最大限度地帮助创业期企业度过生存期，帮助成长中的企业配置好各种资源。从销售渠道环节和销售的组织形式来看，企业可选择的销售方式有直销、代销、经销、经纪营销和联营销售等方式。在这里，我将和大家一起有针对性地探讨以下三种销售方式。

5.4.1 直接销售

直接销售很容易理解，即直接面向客户进行销售。这类销售方式的重点在于销售团队的组织和管理。销售团队要和目标市场保持贴近，如果企业计划将销售引向多个市场，那极有可能需要当地销售团队的帮助，而这必然会造成更多额外花费和管理费用。直接销售的优点和缺点，如图 5-6 所示。

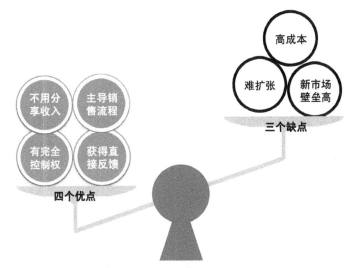

图 5-6　直接销售的优点和缺点

在使用直接销售方式时，要学会先问自己以下几个问题。

（1）产品或服务是否涉及为每位客户提供定制化服务或功能强化服务？

说明：如果客户经常要求更多服务，你可能确实需要寻找一个渠道伙伴以便在当地提供这些服务。

（2）采用内部销售方式时的预估销售成本是多少？这和利用渠道并给予渠道以好处后的销售成本相比，哪种方式所需的成本更少？

说明：如果内部销售成本显著高于利用渠道销售所需的销售成本（外部销售成本），那么企业对销售代表的工作要求、产品定价事宜或其他有些事宜可能存在问题。

（3）是否有足够的资源在所有的目标市场中建立起现场销售团队并进行管理？

说明：如果公司规模较小，你可能没有足够的资源去组织和管理一个现场销售团队，尤其是在面对多个市场的时候。

（4）在销售方面是否有直接的客户反馈渠道？

说明：这一需求可能需要通过客户支持、客户会谈或其他方式来满足，毕竟如果只采用客户调查的方式的话，是无法很好地感受客户需求的。

5.4.2 间接销售

间接销售渠道包括分销商、批发商、增值合作伙伴以及任何能帮你将产品或服务推给末端客户的第三方。间接销售的优点和缺点，如图5-7所示。

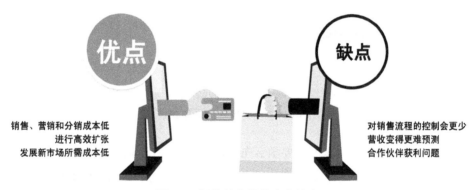

图5-7 间接销售的优点和缺点

在使用间接销售方式时，要学会先问自己以下几个问题。

（1）如何帮你的合作伙伴赚钱？

说明：对这个问题必须要有直接明确的答案，因为这是建立良好伙伴关系的基础。你的帮助可以是帮他们加强客户服务，为他们的业务增加多样性，也可以是为他们提供从销售中获利之外的其他价值。

（2）合作伙伴如何帮你赚钱？

说明：这涉及对建立和维护该合作关系所付出的成本以及营收结果进行评估。有时这类合作伙伴关系的维护成本很高但可用价值很低，那倒不如采用直接销售方式，或者停止这类合作。

（3）合作伙伴到底能带来什么好处？

说明：他们是否有很大的忠实客户群？他们是否被认为是你的目标市场中的专业本地合作商？他们同市场是否有广泛接触？不同合作伙伴能提供不同的利益点，你要能够将公司看重的利益点列举出来并确认它们是否真正符合公司的利益。

（4）如何和客户建立直接联系？

说明：很多合作伙伴都会对自己的客户有所保护，不会让你和公司的销售代表或者提供支持服务的工程师和末端客户有直接交流。和客户建立直接联络通道是非常重要的，因为它既能帮你提升服务质量，还能确保你的合作伙伴持续输出有价值的服务。

【案例27】

盈利不是单纯地销售

FM公司一家建筑钢材加工公司，其毛利率大约为15%，因整个行业的采购价格与关系资源和项目方的资本强度有关，所以它对产品的定价主要以市场的需求为依据。FM公司通过估算得出产品在哪个价位段的销路比较好，据此高价；如果觉得产品的销路并不好，就把价格定得低一些。管理团队也由此产生了一个疑问：如此定价是否给公司的未来发展埋下了隐患？

对于产品营销的好坏，FM公司的总经理认为取决于以下三个因素：

第一，产品的价格。

第二，整个建筑行业内的关系资源。

第三，整个公司的服务质量。

经过商议，在现有资产及固定成本不变的情况下，为了提高公司销售的质量，他们提出了四种解决方案（见图5-8）。

第一种，提高毛利率。由于这个行业的制造流程和工序都极为简单，钢材在买进来之后，只需要简单加工就可以拿到市场上去卖，因此提高毛利率的可能性不大，于是这个方案被否定了。

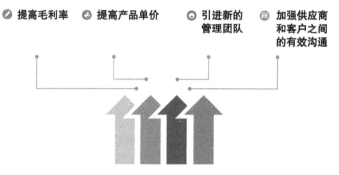

图 5-8　提高公司销售质量的四种解决方案

第二种，提高产品单价。在产品营销方面，他们想通过关系营销和提升服务品牌来建立公司在该行业中的竞争壁垒，然后扩大和增强销售高价产品的能力。只要关系营销进展顺利，项目资金充足，产品就可以卖到比较高的价格。

第三种，引进新的管理团队。从整个行业来看，当前FM公司的订单能力只实现了800万元的销售额。因此，他们想通过引进新的管理团队，加强对营销人员的培训，包括加强区域代理模式来增进销售。

第四种，加强供应商和客户之间的有效沟通。有效的沟通能够加快供应商的工艺流程，缩短应收账款周期，提高资金周转速度，从而提高公司自有资金的使用效益。另外跟客户之间的沟通，还有可能拓展公司的关系营销渠道。

你认为FM公司制定的这些措施可行吗？如果你是FM公司的总经理，你会如何决策呢？

FM公司提出要改善销售、拉升毛利、跟供应商进行捆绑的经营方法，实际上是可行的。但在实际运用中，FM公司需要注意以下几个方面。

（1）如果FM公司的供应商规模过大，它们就不会太在乎FM公司的要求。

（2）FM公司做团队营销时也要注意，行业中团队营销的利润张力不够大，并不如消费品经营行业那样有很大的张力。

（3）"代理人销售"的模式很好，但如果管理得不好，会出现公司赚不到钱、毛利被代理人啃噬的后果。

FM公司的总经理可以考虑将公司所有的加工项目都搬到客户的工地上，将客户工地上的钢材加工项目全部承包下来，按照客户的工程预算和制造规格，直接在客户的工地上做加工。如此一来，不仅缩短了公司钢材供应的链条，而且跟客户的捆绑也更加紧密。

FM公司根本不需要去向单个客户推销产品，通过业务打包的方式，为某个集团客户供应所有的钢材、钢筋，就可以把竞争压力降到最低。这种方式是直接把客户的工地变成公司的仓库，公司自身就没有了库存，进而提高了生产加工的效率。此外，FM公司也可以通过对钢材裁切过程中的误差进行控制，为客户节省资金。

原来你可能是客户的成本，现在变成了客户价值创造中的一环，竞争方式从根本上发生了改变！竞争方式的改变，会带来销售额的提升。毛利率源于销售额，从而毛利率也得到了提升。因此，改变竞争方式将会为企业带来以下收益。

第一，捆绑销售提高销售额。

第二，到客户工地上去加工，降低客户的损耗。

第三，企业的供应链条大大缩短，资金流有所改善，应收账款的问题迎刃而解。

5.4.3 贴近式销售

对于以实物销售为核心的电商企业来说，最贴近社区的便利店无疑是最好的选择。尽管电商方便快捷，但社区便利店仍有很大的生存空间。以前，大家可能倾向于去大卖场和商超定期囤货。但随着年轻人在购物时更加随性和碎片化，大物件可以选择网购或送货上门，小物件则从家门口的便利店灵活补充。

在贴近式销售方式的选择上，分为"远"和"近"两种（见图5-9）。什么是"近"的贴近式销售方式？举个例子，比如社区便利店，这类创业和经营容易在短期内看到成功，但缺点是要想把规模做大很难。

图5-9 贴近式销售方式

【案例28】

便利小店的大学问

我家楼下有一家小便利店。这家便利店由一对年轻夫妻在打理，他们不但经营得辛苦，还常常说赚不到钱。有一次我去楼下小店买东西，店主请我来帮他诊断一下。我给了他以下几个建议。

首先，改变小超市的定位。

我告诉店主，小区内的居民每个月至少去一次大型超市购物（如家乐福、沃尔玛等），如果到你这里购买商品，一定是家里要急用的。因此，你出售的不应该是"价格"而应该是"方便"，店里的产品可以适当提高价格，以方便服务为卖点。

其次，调整产品品类。

既然小店提供的是"方便"，那么产品品类自然要选大品牌的，但不需要多品牌。比如牙膏，可以将十几种品牌缩减到2~3种品牌；再比如餐巾纸，也只上一种品牌，而且要选择那种广告打得响、居民十分认可的品牌，这样既可以节省货架空间，又提高了单项产品的周转率。

再次，送货上门，方便促销。

提供送货上门服务，方便到家。可以设计一张挂在门后的日历，把送货电话也印上。其实，当你能为居民提供这项服务时，大家就不会太计较价格了。

最后，关联度推销。

打个比方，当客户需要你送盐到家的时候，你可以问他："酱油、食用油、醋等还需要吗？"有时客户的需求是需要提醒的，服务越好，客户会越有依赖性，而这时小店的利益也就有保证了。

社区便利店的销售半径往往只能辐射一个小区，客户数量有限，因此必须对客户做深度挖掘和深度服务，提高单个客户的创利率。同时，要严格控制固定成本的上升，将小店定位为"居民家里的储物柜、厨房的延伸"，这样便利店一定会取得更大的成功。

那什么又是"远"的贴近式销售方式呢？就是我们经常听到的"代理商、平台、网络交付"等营销渠道。这类销售的特点是，从长期看企业规模能做大，但短期内创业不容易成功，更多的人都倒在了创业的路上。

寻求合理的销售渠道或多渠道搭配方式一般比较花费时间，也要经历一些实践检验。相同的产品或服务在面对不同市场时也需要不同的切入方式，而且随着公司进入不同的发展阶段，销售渠道也会随之发生变动。更多时候，企业需要多种销售方式的结合才能取得更好的营销效果。

第 6 章

利润定律五：产品差异定律

【对话6】

Para Ella 永生花

一朵花热销 10 万件，3 年销售额增长 2.5 倍

采访嘉宾：张媛，北京甜蜜点礼品有限公司（以下简称甜蜜点礼品公司）天津分公司总经理

行业标签：节日礼品

主营业务：永生花、香皂花为主的节日礼品

创业时间：2008 年

YTT 辅导成果：靠产品创新抢占市场，3 年销售额增长 2.5 倍

（以下内容来自张媛自述，经授权后编辑）

创业契机

史永翔：张总是在什么契机下开始创业的？

张嫒：我们的创业有点无心插柳。最早在2006年，我妹妹在上学期间开了个淘宝小店，利用空闲时间卖自己手工做出来的玩偶花。当时淘宝电商刚开始兴起，她做的玩偶花因为新颖有创意，在网上很受欢迎。很快随着购买的人越来越多，她自己运营淘宝小店有点忙不过来了。于是到了2007年年中的时候，我在天津招了几个刚毕业的大学生，在天津负责接单、客服、售后、找客户，她在北京进货、做花、发货。随后我们在2008年注册成立了北京公司，在2009年注册成立了天津公司。

史永翔：公司刚开始创业的时候，一年的营业额大约是多少？

张嫒：2007年的时候大概是20万元，2008年是132万元，2009年是256万元。

史永翔：这些玩偶花的应用场景是什么样的？

张嫒：大部分是男生买来当作礼物送给女生。因为当时大家送礼物大多数是送鲜花，时间一长容易审美疲劳，在网上看到我们的玩偶花立刻感觉到很惊喜，瞬间被吸引了。

说起我们当时的这款产品，还有一段故事。妹妹在逛街的时候，发现有个小商店门口摆着几束玩偶花，制作得十分粗糙并不好看，但正是这个雏形给了她灵感。回到家以后，她自己开始琢磨怎么把玩偶花做得更好看，尝试过后放到淘宝小店上，没想到很受欢迎，生意一下子火爆了起来。

史永翔：一开始是淘宝起家，那什么时候开始做外贸的？

张嫒：在2008年开始做外贸，主要市场是俄罗斯、加拿大、意大利和一些东南亚国家。当时的香港礼品展、广交会我们每年也去参加。我在大学学习的专业是外贸英语，毕业后又做了2年的外贸业务，我自己负责外贸客户，招的毕业生主要负责国内客户。

每一次危机，都是创新的转折点

史永翔：公司在发展过程中，遇到过哪些坎儿？

张媛：我们的玩偶花束刚推出来的时候在网上特别火爆，快速增长的那段时期产品是供不应求的。每年一到节假日，比如情人节、圣诞节等节日，订单就像雪花似的来了，但由于我们那个时候没有任何机器设备，花束都是纯人工一点一点扎起来的，因此产能有些受限，但订单增长还是特别快。

后来到了一定时间订单增长开始变慢了，原因是我们的主要客户群体大多是淘宝商。因为之前我们不光在自己的网店做零售，还有很多网上加盟店也在卖我们的产品、用我们的品牌。当时只要在淘宝上搜索这个产品的关键词，全网首页推荐的基本都是我们的品牌。再后来更多人关注到这类产品的盈利，于是竞争者越来越多，在义乌小商品市场上也出现了大量类似的价格低廉的产品。虽然这些商品的图片看起来和我们的品牌差不多，但在做工、细节上和我们的差距还很大。可在淘宝上，消费者是凭图片购物的，在没有收到产品之前，他们体验不到同类产品的细节差异，这种竞争方式对我们当时的销售形成了很大的冲击。

再加上我们当时外贸出口订单最大的一位客户是俄罗斯人，由于俄罗斯国内经济形势有变化，卢布贬值，这家客户原本一年400多万元的订单一下子没有了。当时我们的生意在国内、国外市场上都遇到了前所未有的困难。

史永翔：面对低价竞争，你们做了怎样的创新？

张媛：在业绩增长缓慢后，我们去义乌、广州等地重新考察了市场。考察回来之后，我们把产品进行了变形，转型做婚庆用品，相当于转移了客户群体。

我们公司之前的产品主要是用来作为男女朋友之间过生日、过情人节相互赠送的礼品。后来我们还是用那些玩偶，但是把款式做成了新娘子结婚用的手捧花、婚车上用的车头花、车队的装饰花、家里婚房布置的装饰物等，尝试转型以后，公司营业额又开始慢慢增长了起来。

这一次婚庆系列产品的丰富相当于把产品的功能和用途做了改变，让产品的使用范围更广泛了。

史永翔：婚庆市场是批发的客户多，还是零售的客户多？

张媛：零售的客户会稍微多一点。我们那个时候不太懂市场，遇到的最大问题是产品成本太高，要是用现在的思维去做，市场份额应该占得更多。

当时我们在国内有一个客户，他是华北市场上非常大的批发商，一直在义乌拿货。后来我们见面后，他觉得我们的产品比义乌的更精致、更漂亮，于是想商谈如果我们能保证他的利润空间，他可以非常快速地帮我们在市场上走量。但由于我们的产品成本当时没办法降下来，因此失去了一个非常好的发展机会。

其实当时我和妹妹不太懂公司经营，就是傻傻地觉得要保证品质，客户给的低价格我们做不到。至于市场应该怎么去占有，应该获取哪些客户，我们完全没有好好思考过。

史永翔：为什么后面会开发香皂花、永生花产品？

张媛：开发香皂花和永生花的过程，准确地来说是市场竞争、客户需求导致的产品更新迭代的一个过程。我们早前做玩偶花束的时候，永生花这个契机零零星星地出现了。因为我们的产品形态属于花类的新、奇、特产品，当我们意识到玩偶花束热度会日趋降低时，就开始积极寻找下一个适合的产品形态。

我们在国内出现永生花的初期就开始了销售尝试。当时国内还是满座、窝窝等团购网站刚刚盛行的阶段，我们跟它们合作选用的就是永生花产品。那个时候，永生花产品确实新颖，再加上团购价格优惠，几个小时能团出去5000多个产品。但到了后面由于产品的品质出现了一些问题，导致售后服务比例上升很快。再加上永生花这种产品在国内的技术还不是很成熟，品质也不是特别稳定，所以后来我们便陆续将材料换成了进口花材。尽管进口材料的成本比国内材料高了很多，

永翔说——

企业做不大往往不是由于成本，而是因为企业家喜欢把眼光集中在自己身上，视野不够开阔。■

但是产品品质比较稳定,因此客户体验非常好。与此同时,香皂花因为外形逼真,价格亲民,我们也把它加入了产品线,从而让产品形态更加丰富,价格区间更加宽广。香皂花的加入,也为我们后面几年销售额的快速增长奠定了基础。

如何做到高增长

史永翔:销售额的最高增长是在什么时候?

张媛:公司快速发展的时间在2017~2019年,也就是在扩展了京东自营渠道之后。

当初入驻京东是想多一个销售渠道,正好赶上京东自营允许商家自己入驻。

因为京东自营店要提前把产品放到京东在全国的8大仓库,所以京东派送的速度非常快,又准时。我们的产品的节日属性非常明显,客户都希望买的花可以在节日当天到达。这样京东自营的产品就凸显出了明显的优势,也相当于非常好地满足了客户的需求。

YTT实践给甜蜜点礼品公司带来的变化,如图6-1所示。

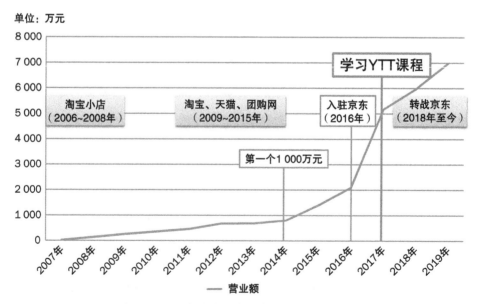

图6-1　YTT实践给甜蜜点礼品公司带来的变化

史永翔：为什么一开始在淘宝做得好，后来是在京东做得好？

张媛：总结下来，我们选择京东之后做得好的原因有以下两点。

第一点，前期积累很重要。

我们在行业内的经验比较丰富，前端（当时在淘宝平台销售的时候，除了给类目TOP商家供货之外，我们也在天猫旗舰店、集市店做零售）对客户属性、喜好度、产品款式方面有非常敏锐的判断，后端（因为当时自己也有工厂在进行生产）对工艺、原材料等产业链上的各个环节特别熟悉。因此在京东平台上线之初，类目产品还不如淘宝那么丰富的时候，我们用淘宝积累的经验经营新的平台可谓是轻车熟路。

第二点，选对赛道很重要。

当时我们这个类目的产品在淘宝上的竞争已经比较激烈，但在京东上竞争没有那么大。再加上自营店铺入驻需要提前压货，结算也有周期，门槛相对来讲比较高，所以我们入驻后很快便成了这个类目下的TOP商家，2年后整体份额占到了京东总类目的60%。

后来上完您的课以后，我们对京东的运营也有了理性的思考，不再盲目追求营业额的增加了，想做精、做细，做精细化运营。按照您告诉我们的，以提高利润率为主，卖客单价高的产品，把整体利润往上拉。

如何做好一家企业

史永翔：张总认为，做好一家企业要做到哪些方面？

张媛：第一，正确认知客户、维护客户。

之前我们在国内的销售集中在淘宝上时，业绩大部分来自合作商家，而不是自己店铺的零售。因为大家都在一个平台上销售，当时我觉得大份额销售不掌握在自己手里，公司经营会比较危险。在学习了YTT课程之后我才明白，我们那时的认知是错误的。

第二，密切关注产品。

比如在玩偶花束整个市场特别混乱的时候，我们不能选择去跟竞争者较劲，应该根据经验和商业嗅觉，迅速地做出调整。比如在做永生花初期，当国内花材品质不稳定的时候，我们果断选择进口花材，保证客户的体验度和公司的品牌认可度。

第三，团队成员稳定。

员工是公司的财富，有一支愿意跟着公司打胜仗的队伍很重要。目前公司 90% 的在职员工在我们公司的就职时间，在他们的职业生涯里是最久的。

第四，要有危机意识。

我们一直都心存危机意识，善于主动思考和不断尝试创新。

第五，企业经营者的思维和眼界很重要。

公司的很多决策是由经营者来最后拍板的。有的时候一个错误的决策可能会让企业走向另一个方向，轻则耽误企业发展，重则关乎企业生死。

我们每个人都有自己固化的思维方式，所以要通过不断地学习，接触不同的、更出色的企业经营者，来帮助自己突破认知上的一些局限。

YTT 的利润管理实践

史永翔：张总和 YTT 结缘是什么时候？

张媛：我是在 2017 年认识史老师您的。几年前，公司的整体发展比较顺利。但随着公司的快速发展，我们发现自己的能力跟不上公司的发展，在思维方式、经营方式上出现了瓶颈。这时我开始了企业管理的学习之旅，并在朋友介绍下接触了 YTT。

说实话，当时我根本不知道这是什么课程，但是因为相信朋友就来了。记得那是一节财务管理课程，当时我就想：我又不是学财务的，能听懂吗？但听完后，我觉得还不错。老师讲的内容一点儿也不枯燥乏味，也没有专业性很强的内容，我自己也能听得明白，顿时觉得财务也没那么复杂了。

在 YTT 学习这几年，我认为对自己最大的帮助首先是思维上的震撼和转变。比如说一开始您给我们传授的知识，当时我是理解不了的。因为我们是草根类的小企业主式起步，经历和见识跟那些在大企业工作过、有着丰富的公司经营和管理经验的再创业的老板是不一样的，我们的公司经营和管理经验都是自己慢慢摸索出来的。但现在通过在YTT的学习，我逐渐理解了公司经营的方向，清晰了在什么阶段重点应该关注什么，要考虑客户问题，考虑产品问题，以及后面的组织支撑问题等。

回想过去，如果能早点接触您的思想，早点珍惜客户，企业可能做得会更加成功。这么多年来，我们是一边做企业一边丢客户。比如当下有一家创意礼品的行业龙头企业，在我们公司体量很小的时候就和我们有过合作，但当初我们没有去好好维护它。现在用您教我们的知识，无论是围绕客户组合产品，还是围绕产品打通客户，只要能够做到其中一点，公司的发展肯定不只是当前的规模。

其次，YTT实践起来有用的地方太多了。比如说管理报表，我们在做到千万元营业额的时候还没有财务管理报表，只知道在年底看看手里有多少现金，记的全部都是流水账。我们从来没有想过毛益是由行业决定的，销售费用是由管理水平决定的。后来做财务管理报表的时候，我们才开始去思考哪些是决策性的问题，哪些是管理性的问题。

最后，之前我们从来没有想过数一数我们到底有多少个客户，有多少个产品，每年都在着急忙慌地开发新产品，到处找新客户。学习之后，我有一个感触比较深的认知：作为一个企业家，作为决策层，如果出现错误，对员工更不好。有时候本身是自己的决策有问题，但我们意识不到，总是倾向于找人解决问题实现结果，一个人干不好，就倾向于不断招新人去解决。

我们在遇到YTT之后才逐渐明白了公司经营的逻辑。企业经营不是钱越多越好，赚了的钱一定要把它花出去。记得之前在资本涌入电商公司特别热的那几年，也有天使投资想投资我们，但我们本身又不清楚如何利用这些钱。您在课堂上和我们分析了资本的本质、公司经营的本质之后，我慢慢地觉得自己的内心更加通透了，经营一家好公司的信念更坚定了。

在甜蜜点礼品公司的张媛女士身上，有一种优秀的品质贯穿始终，那就是坚持做高品质。即便是在遇到经营危机的时候她也没有向粗制滥造妥协，坚持客户第一，并且用产品创新开拓了事业的新格局。

6.1 打通"最后一公里"的服务

熟悉我的作品或者课程的朋友都听过一个关于旅行社的故事。这家旅行社的负责人是一位刚毕业的女大学生，她在旅行社刚创立且盈利情况并不乐观的情况下，在公司内部力排众议来到我的课程上学习，这种精神已是很多人所不能及。

【案例29】

5 元钱带来的高盈利

有位 YTT 学员在鞍山经营一家旅行社，该旅行社专门提供老年旅游团服务，但同时也面临着同行的竞争。在他们的旅行产品设计中，有一条旅行线路非常受老年人的喜欢。对于这项产品，旅行社的统一收费是 80 元 / 人，后来当地的其他同行看到该旅行社的生意火爆，为了抢顾客资源，开始拼命地打价格战。

我的这位学员制定的价格是 80 元 / 天，别的旅行社就定 75 元 / 天；如果她为了抢客户而将价格降到 60 元 / 天，别的旅行社就会降得更低，有时甚至会不惜盈利，定到行业的"抄底价"。

后来她在无意中听到身边学习的企业家介绍我的课程，当下就报名了。在听过我的课后，她回到家就重新改变了自身旅行社的竞争策略，不再跟其他同行一样，为了同一旅游线路打价格战纠缠不休，而是反其道而行之，提升了自己所经营的旅行社产品的价格，并心思巧妙地在原来常规线路基础上新增加了一个旅游景点。

对她的旅行社而言，把线路价格提高到 80 元 / 天，用新增一个景点多出 5 元钱的门票成本，带给游客更好的旅行体验。当年她靠这条线路拉开了与同行之间的盈利水平，很快实现了公司的扩张规划。

众所周知，要做好旅游产品的定制，服务尤为重要，然而服务并不仅仅局限于为用户提供好的定制化产品。当越来越多的用户对标准化产品兴致寥寥时，我们就需要在定制化和标准化之间找平衡。或者可以说，追求个性化的定制旅行产品和追求标准化、规模化的产品之间的结合需要寻找一种平衡。

有人总结了旅游行业的五大痛点，分别是获客方式单一、人才培养难、行程服务效率低下、缺乏供应链管理能力、缺乏产品体系和营销能力（见图 6-2）。

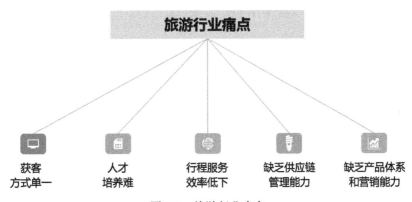

图 6-2　旅游行业痛点

旅游服务不可能完全按照产品来提供，每一次都会有客户把自己的需求加进来。目前我们所接触的旅行项目大多是客户提出想法和预算，旅行社根据客户的想法和预算来制订方案。这样做的好处是给了客户非常多的自主性和参与性，但坏处是每个方案相当于是一个临时提案，没有经历过反复打磨、踩线、推演。这种临时性的方案看似满足了客户对产品的升级需求，但结果往往并不是那么美好。

同时旅游业是一个低利润、高需求的行业，它盈利的方向主要有两个：稳定客源的重复购买与扩大利润占比的优质的独家产品。相比而言，后者难度更大，这需要对资源有极高的把控度。对于目前市面上产品同质化、恶性价格竞争严重，互联网平台产品让人眼花缭乱，产品服务缺乏专业精神和情怀设计等种种问题，旅游公司没能跟着消费者的需求主动升级，还停留在传统旅游产品方案设计阶段。于是在散客化的大势所趋下，传统旅行社引以为傲的获客渠道——线下门店迫切需要被重新定义与革新，旅行社的产品也需要来一场"转型升级"。如今资源巨头已经开了线下门店，定位为社区旅游综合服务平台，尝试打通"最后一公里"的旅游服务。

6.2 打破认知，找到新的利润来源

是什么让你下定决心投身创业？身为创业者，你是否能凭借一个爆款养活一个厂？你是否有足够的能力去获取更多的融资支持？有时为创业找到持久的资金支持，或为已经开展的项目找到新的利润来源，不需要增加人员和成本，需要的可能仅仅是改变思维。

【对话 7】

深圳鑫冠明科技

10 年投资 5 年实干，成为 LED 灯珠佼佼者

采访嘉宾：姜洁，深圳市鑫冠明科技有限公司（以下简称深圳鑫冠明科技）总经理
行业标签：LED 封装
主营业务：研发、生产和销售 LED 发光二极管
创业时间：2001 年
YTT 辅导成果：在市场大环境不好的情况下，实现了利润增长 50%，并减少了

60% 的坏账

（以下内容来自姜洁自述，经授权后编辑）

创业契机

史永翔：姜总一开始就是做 LED 经营的吗？

姜洁：20 岁的时候我从老家来深圳，跟着亲戚进入了 LED 这个行业。创业前我在一家贸易型公司打了 4 个月的工，后来就自己创业，利用上下游的关系和买卖信息的不对称来获取差价，就这样做起了贸易生意。当时一包材料可以卖到几百到 1000 元，每个月可以赚好几万元，一年下来也有七八十万元的利润。

如何正确面对机会和经营

史永翔：在企业经营过程中，除了主营业务，你还投资哪些方面的生意？

姜洁：创业前两年，钱赚得快，我那时觉得是因为自己有能力，无所不能。于是在 2003 年下半年我就跟一位北京的企业家合作做手机。一台手机简单加工一下就有几百元钱的利润，那时候我觉得这个行业很好，一下投进去了近 200 万元。但实际上真正做起来没我们想象中那么容易，因为产业链还不成熟，市场上转身投资这一行的人铺天盖地地来了，于是一年后我们决定转型做低端一点的 MP3、MP4。

后来有一位做教育用品行业的企业家朋友给我们提供了一个思路：做学习词典。因为那时好记星、诺亚方舟等学习词典产品层出不穷，于是我们也做了一款学习词典，主要是想卖给一些关系比较好的客户，那时一个订单就有 1000 台。学习词典看着是一个很挣钱、很繁荣的行业，但实际上前后也就 2 年的时间我们就退出了，原来赚的钱也花得差不多了，于是回来继续做 LED 行业。

但是当我们重新再回来做 LED 的时候，发现纯粹靠信息不对称倒卖资源也赚不到钱了，于是在 2007 年前后我们才开始真正思考客户的需求，沉下心去经营客户。2008 年开始，公司的经营慢慢有了一些起色，于是我们自己开始找技术型人才做 LED 封装。

从 2008 年到后来很长的一段时间内，我自己也没有深入思考过到底要干什么。公司的营业额一直做不大，自己也开始意识到肯定是能力遇到了瓶颈，于是开始去向一些好的企业学习。

直到 2013 年遇到了 YTT，公司经营才开始好转。那时贴片灯具的 LED 封装形式发生了变化，我们也抓住了这一个机会，公司的营业额有了一个大的突破，实现了利润增长 50%，并减少了 60% 的坏账。

2014 年之后我又陆陆续续做了一些投资生意，比如做家具、做代工，最多的时候投资了十几个项目，大部分项目的经营都不太成功，没有传承度。真正有收获是在 2018 年之后，我终于踏踏实实沉下心来去做主营业务。

YTT 实践给深圳鑫冠明科技带来的变化，如图 6-3 所示。

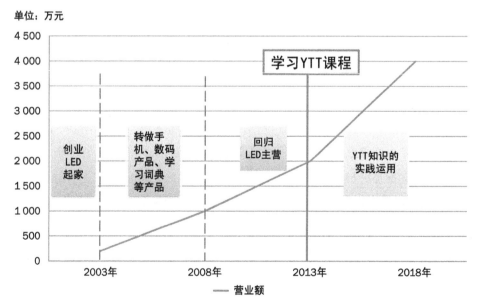

图 6-3　YTT 实践给深圳鑫冠明科技带来的变化

YTT 的利润管理实践

史永翔：YTT 利润管理思想对企业的帮助有哪些？

姜洁：我们是一家业务拉动型公司，YTT 的利润管理思想对我们的启发是要关注两个方面的管理，第一是现金流和货流，第二是收入和积蓄。用您的话来说就是，所有的收入都要找到它源自哪些支出。

经过这么多年的项目投资，我对于企业管理的整个过程有了一个关联度的思考启发。比如跟一家客户合作的时候，我们可以逆向思考。

- 客户为什么会跟我们合作？
- 客户是在乎我们的价格，还是在乎付款方式？
- 客户是在乎我们的服务，还是在乎产品？
- 我选择这些客户是做利润的来源，还是做现金的来源？
- 我选择这些客户的理由有哪些？
- 我给这些客户提供了哪些独特的价值？
- 我用什么东西和客户做交换？

在践行的过程中，我们也对客户分类，之后再对产品分类。为了避开红海，我们做了一些差异化的产品，并将这些产品变成公司跟客户连接的一个标品，这样客户满意度会更高。

YTT 给我的另一个启发是，在行业中要找到自己的优势定位，看清自己的位置，然后用小步快跑的方式迭代。举个例子，我们入行 20 年了，有一个再干 30 年的想法，有了这样一个长久的打算后，我们就有了一个更高更深层次的认识，对经营客户也会有一个长远的思考。比如对于客户战略我们会考虑：第一，回款风险相对要小。第二，客户端营业额的比重有多大？单一的客户占营业额的比重有多大？在客户整体的份额里占比有多高？为什么我们要选择这些小客户？第三，我们的产品在客户总成本中的占比。这一点客户不太关注，但我们必须知道。经营小客户会让我们的服务成本提高，内部服务也会很烦琐，但这反过来要求我们的组织能力要更强。我们从心里面转变了，接受这个事实，愿意沉下去，不怕苦。因为这类客户的订单可能较小，但对公司的毛益贡献是最好的。

YTT让我对整个企业管理的认知发生了质的改变。回顾这么多年我投资的项目来看，没有所谓的生意好坏，也没有所谓的机会大小，我们还是应该扎根在一个行业里。这一路走过来，到了现在我的心态终于沉淀下来了。在疫情期间，我也没有去参与口罩贸易，没有用投机的心态去做这件事情。如果是原来的我，就会纠结，但是到现在就不纠结了，我就想好好把自己的专业做精。

做企业还是要有系统性的财务思维，要有一个长远的打算。你干一件事情，能不能守住你的初心，能不能坚持做自己最擅长的领域？或者你能不能一生只干一件事情？我觉得这是跟随您学习感受最深的一点，因为只有这样，我们才有精力去打磨。

史永翔：真正地帮客户解决问题，真正地愿意去做服务，真正地用能力去交换，这是企业面对危机时对自己最好的检验。

如何做一家好公司

史永翔：您认为如何才能做好一家公司？

姜洁：我觉得第一点是，认清自己的位置很重要。我会经常回顾在这个行业中，我的位置到底在哪里？企业这20年的优势到底在哪里？到今天为止，我一直坚持一个观念：行业的创新说到底是成本的创新，但是低成本不是绝对的，低成本是从客户端做了引导之后的创新。

为了实现这个创新，我们做了几件事情：第一，针对业务层创新服务成本，记录自己拜访的每一位客户做得好的地方。之前我也会碰到有些客户谈不下来的情况，会很迷茫。通过拜访记录的总结，我找到了升级客户服务的方法：寻找客户没被满足的需求点，通过对上下游客户和供应链的理解，把这些有效的行为和关键的行为作为模板或者形成价值链，复制给员工。

企业组建组织是为了解决复制的问题。我运用YTT理论从客户端牵引自已做好这些优势的复制，然后用利润体系来找出哪些客户交换的是现金，哪些客户交换的是利润，哪些客户交换的是未来。我们对客户和产品分类，向公司的员工赋能，让他们把活干得更细致一点儿，清楚要服务的这类客户要的是什么，怎么才能让客户的总成本最低，而不是找更多的厂家去对比采购。

第二，打造专业化。

第三，对客户需求做出快速的反应。公司实现了客户订单的小批量、快交货。针对几千元钱到几万元钱的这类订单，我们会跟供应商谈集中批量采购，再把它变成小批量的交付，也就是把客户的语言翻译成供应商的语言，然后交给我们去操作。我觉得把苦功夫做成绝活，体现在坚持力上。

找到新的利润来源，并不是要摒弃原有的一切去做各种投资和投机，沉住心气不怕苦，不一味地钻营取巧，才能把事业做大，把专业做精。

我们应打破认知，用开放的眼光去看待行业的变化和客户的需求。

【案例 30】

来自客户爆款的反思

有一家做永生花生意的 Z 公司，主要的客户是零售批发商。有一年刚过完圣诞节，Z 公司的经营者意识到一个问题：在整个电商大环境并不是很好的情况下，有一家零售商客户 W 推出了一款创意礼品组合，并依靠这款产品在整个电商业异军突起，业绩突飞猛进。让 Z 公司经营者十分吃惊的是，W 公司售卖的产品组合中其中一款是 Z 公司的产品。后来 Z 公司知道这件事后，马上

永翔说——

我们大多数人从来不是不够聪明，也不缺对商机的发现能力，往往是因为我们发现商机的能力太强，却没能把生意做成专业。■

开展了学习总结，反思为什么明明是自己的产品却被别人卖得更好。

经过思考，Z公司总结出以下两点原因。

第一个原因，Z公司对这些客户没有足够的重视。经营者的认识狭隘，认为产品卖得太多太杂的就不是他们的客户，至少不是他们心目中的好客户。

第二个原因，Z公司一直在试图向客户推荐新产品，尽管这些产品在款式、包装等方面都十分新颖，价格也可能更优惠，但实际上可能并不是客户真正想要的。有时，规模不如Z公司大、在同行业中经营做得并不突出的小客户，反而往往会因为一个爆款而养活了一家店。这充分说明了有些东西Z公司不是不能做，也不是不会做，更不是没有接触过，正是因为Z公司慢慢做顺了、做大了，经营者的认识逐渐变得狭隘，反而使得自身的发展越来越受限。

【案例31】

做企业如何平衡情怀和收益

做婚纱礼服的C公司结合自身的特质，为自己找到了三个新的利润增长点。

第一个利润增长点，供应链。C公司目前主要做定制款礼服，原来C公司把产品的战线拉得很长，从研发一直到终端销售，再到做品牌。所有项目都是自己做，管理起来不但累而且乱。后来，C公司的经营者认识到应该把自己的优势发挥到极致。于是在原来店铺渠道的基础上，他找到了下一步有可能合作的电商渠道商，以拓宽销售渠道。

第二个利润增长点，探索自身投入电商运营的可能性，将制作外包，让管理者有精力去拓宽电商增量市场。

第三个利润增长点，继续深挖公司原来的客户。比如，公司可以跟优质的代理商建立更多、更紧密的联系。

此外，公司要想办法让自己保持专注。事实上，做婚纱设计源于C公司创始人内心的一种情怀，他一直想成为一位伟大的设计师，把自己的作品推向世界时装舞台。但创始人发现在长期的工作过程中，经常会模糊了身为企业管理者应该要做的事情，陷入日常管理的琐事中。

从案例30和31中，我们发现，从同一个行业里为企业寻找新的利润来源更容易实现，比如直接让老客户买更多的产品。也有企业是靠给新的客户提供新产品，然后再叠加服务的方式去实现扩张。

其实无论是多大规模的企业，都要时刻保持对整个社会环境的敏感，并且不断去寻找和发现客户的新需求。那么如何做到这一点呢？企业家必须完成从感觉到知觉的转变，最终将经营智慧变成一种直觉，从而实现企业经营认知水平的提升。

有些企业经营者做生意经常靠感觉，对于客户一定要亲自面谈，面谈的时候感觉对了就认为是好客户、好生意。这样的"感觉式创业"赌对了还行，赌错了就覆水难收。

当人的意识逐渐上升到知觉层面，也就学会了对事物有一个基本的判断。比如在和客户谈判的过程中，我们可以对客户进行归类，然后用事先准备好的相应的方式和方法促成生意的达成。

【案例32】

企业家要做指挥家，而不是演奏家

有位企业家W在带领团队开拓国外市场业务时遇到了困难，他问：如何提升业绩？

永翔说——
人的认知有三个层次，最低的层次是感觉，中间的层次是知觉，最高的层次是直觉。■

企业家 W 很着急地说："史老师，这回我肯定要亲自上场谈业务了。我自己再不跳进去，整个国外市场的业绩将一落千丈啊。"

听到这里，我非常坚定地对他说："身为总经理，你更应该做好整个公司的指挥工作，而不是自己跳进去做业务。"

听到这里也许你会说，道理人人都懂，但涉及自身没几个人能置身事外。但刚创业也好，平稳经营公司也罢，前期耗费大把力气设计项目，不就是为了更好地指挥作战吗？到一线去，目的是更好地指挥，而不是为了能亲自上战场去搏斗。

认知的最高层次是直觉，我们要学会不断总结和归纳，因为凡事都能摸索出规律来。有时我们会羡慕一些大企业家，他们投资的项目个个能赚钱，未来的行业发展前景也很好。这是因为他们已经训练好了自己的思维迭代，养成了靠直觉来行事的习惯。要做到这一点，我们需要对趋势保持足够的敏感，这也是判断一个项目到底能不能为企业带来新的利润点的必备要素。

对客户而言，在商品购买这件事上最大的驱动力是什么？是冲动。但是面对客户内心的这份冲动，我们作为卖方常常摸不清。时光倒流 20 年，在买卖中我们还可以用低价来引发客户的购买冲动，但到了如今，尤其是当 iPhone 手机出来以后，我们会发现人们越来越喜欢一种感觉，也就是对产品、对设计的创意越来越喜欢了。这也告诉我们，无论正在做什么项目，要保持对艺术的关注，刻意提高自己的艺术修养。只有领导者自己对"美"有感觉，企业做出来的产品在客户眼中才会更美。

记得某哲学图书的作者说，要推动人类社会发展，有两样东西不可或缺，一个是艺术，另一个是科技。可能普通人努力了一辈子做产品研发，却远远赶不上整个大环境下科技迭代发展的速度，那就需要企业从艺术方面来弥补产品力的不足。企业可以用独一无二的设计理念去打动客户，学习如何把产品的艺术变成商品，让商品展示艺术化。

在这里强调一下：千万不要认为艺术是小众的，企业家要学习如何把艺术化的东西变成大众化的产品。比如，营造温暖、明亮环境的灯具是现代人美好家庭生活的一个组成部分，而做产品则不能简单地把它当成一个单一功能的能发光的东西，应该把它设计成一种美好的物件，让它既具功能性，又有美观性。

第 7 章

利润定律六：产品复购定律

【对话 8】

武汉金谷国际酒店

"天道酬善"，赚人又赚心的行业领军企业

采访嘉宾：帅莉，武汉金谷国际酒店董事长

行业标签：酒店、投资、中餐厅

主营业务：住宿、餐饮、商品销售

创业时间：1994 年

YTT 辅导成果：16 年来围绕客户来组合产品，特别是在疫情期间，有道义、有善良地经营，让企业平安渡过危机

（以下内容来自帅莉自述，经授权后编辑）

2020 年春节，新型冠状病毒传播开来，身为武汉餐饮行业的优秀企业家和领头人，帅莉女士第一时间带领餐饮行业的企业家和企业员工投入抗击疫情的

战斗，也见证了很多可歌可泣的故事。

武汉金谷国际酒店的董事长帅莉在得知许多抗击疫情的一线医护人员就餐成为问题的消息后，从 1 月 26 日开始号召该公司在汉的全体员工加入送爱心餐的行列。他们每天为武昌区第三医院、武汉大学中南医院、湖北省中医院、社区街道等应急机构抗疫一线的医护人员免费提供一万多份"爱心盒饭"。

帅莉：很多人不成功，是因为当他们真正遇到困难和挫折，或者有利益关系的时候，会放弃承担一个企业应该承担的责任。企业家如果不能担当，就做不出好企业。

说到企业家责任，我认为，有的时候是不能算账的。尤其是在疫情发生的时候，企业家有多少能量，就要去承担多少责任。说起这一点，也许社会上很多人不能理解，但我们也不需要别人去理解。做这件事情，不用去跟人家解释"我为什么要做"，去做就是了。

当时也有媒体要报道武汉金谷国际酒店的事迹，我说，报道我们需要花很长时间，有这个时间不如多做点儿事，我们不过是想做点儿事。那个时候，听说医护人员没有吃的，我和同事想尽一切办法给他们提供饭菜，不计任何代价。外地员工回不来，我们就尽力安排车去接，我和留在这里的员工一起，早上 4:00 起床，5:00 到公司，和他们一起做早餐，打包，送到各地，每天晚上 21:00 以后才会回家。

周围有人提议要给病人捐款，而我就把自己公司的钱更多地用在了自己员工身上。因为员工不能白做，这也是为了保护身边的人，只有每个人都付出一点，都努力一下，才叫作众志成城。另外，我们也坚持帮一线的医护人员和其他岗位的志愿者买新鲜的食材，把善款变成更有价值的东西。

援汉医疗队的医护人员想吃武汉的小龙虾，我们就给他们买了很多，然后加班加点地做给他们吃。我们还给每个人买礼物，表达我们对他们的敬意与感激之情。

史永翔：我能理解帅总的想法。生命在于运动，生命的价值在于能进行创造。当有一天你做不动的时候，可以回想你能做的时候都做了些什么。我们应该趁自己还有心力的时候赶快去做。

创业契机

史永翔：帅总是在什么契机下出来创业的？

帅莉：1985年，我参加工作，被分配到湖北省政府当了一名通讯干部。1994年，随着我国移动通信事业的全面发展，我逐渐意识到未来手机通信必将取代办公室里老旧的电话，于是在领导和同事的鼓励下尝试走出来，去自己创业，做起了小餐饮经营。

到了2003年，我觉得只做餐饮太辛苦了，就用在餐饮上赚到的钱投资了一个健身俱乐部，结果一下亏了，最艰难的时候甚至连自己的房子也抵押出去了。后来还是借助在熟悉的餐饮经营上的盈利，在接下来4年的时间里，投资了商店、广告公司、美容美发、食堂等共计5个项目。随着投资项目越来越多，我反而在某些决策上更加难以抉择了，这时我才下定决心砍掉这些投资项目，主攻一个自己容易驾驭的行业和市场，用最多的精力去经营好它。

史永翔：的确是这样。有些老板做生意不算自己经营的产出，只把自己当职业经理人。能做成功的人首先一定要自律，还要能自省，不能凡事都怨别人。

为什么想到要做酒店经营？

帅莉：2008年我有了这个念头后，通过各种学习，也请教了一些专业人士，考察了一些城市的商务酒店，最终形成了自己的想法，下决心经营一家有自己经营理念的新宿酒店。总结一下这么多年来自己经营酒店的发展道路，并不是十分顺风顺水，但也并不慢。我觉得自己属于那种不是特别聪明的人，但却坚持很用心地在做。正是缘于这份用心和坚持，只用了30个月，前期投资的成本就全部收回来了，企业开始逐渐盈利了。随后我又把收回的成本拿去做长期投资，短短一年后又赚到了开一家酒店的钱。

最艰难的时刻

史永翔： 遇到最艰难的经营是在什么时候？

帅莉： 2009年，正当酒店业务发展顺风顺水的时候，我们碰到了企业管理生涯的一个大坎儿。当时，酒店的一名后厨工作人员因为工作疏忽，导致整个餐厅发生了一场严重的火灾。大多数人都觉得这家酒店完了，也有人开始落井下石。我当机立断，非常迅速地处理好了这场危机，并且用非常惊人的速度在短短18天内修整了酒店的厨房，餐厅重新开业。

我认为，企业能成长起来，更多时候是因为老板能够面对困难，并且有能力去解决它。人生就是这样，对所有人都公平。你如果要做企业，这就是你的课题。同时，我又认为自己是幸运的，遇到危险和困难的时候，总有一些人能给予帮助。

也正是因为这场大火，让酒店的餐厅重新装修了，变得越来越漂亮了。同时，为了提升企业形象，我意识到了要狠抓产品。这个时候YTT的利润管理思想给予了我更多思维上的指导。还记得您告诉我说，老板一定要"两手托"，一手托市场，一手托产品。那在托产品这个方面，如果我感觉自己家的产品（菜品）不好吃，就一定不会去做。

在专心做经营的同时，我也在思考发展的道路。2011年，我们拿到了金谷国际酒店的地段，开始打造时，遭到了周边人的强烈反对，因为没有人相信我们能把这么一片烂尾楼改造成一个精致的酒店，但我还是投入了很大的精力来做这件事。在酒店建设的过程中，YTT的现金流经营理念给予了我非常大的帮助。这让我能及时盘点手头的资金，根据资金的节奏和公司的结构去掌控管理和经营。我用原来经营的酒店和餐饮的现金流，慢慢向金谷国际酒店项目上输血，把节奏放慢，把重要的事情先做了，逐渐把它运营了起来。

我对YTT的利润管理理念非常认同，做老板首先一定要有这种思维：昨天是怎么走过来的？今天应该做什么决策？明天的计划应该是怎么样的？站在外部看内部,站在高处看格局,用未来看现在,您的这些话常常在我脑海中回响。

如何做一家好企业

史永翔:帅总认为如何才能做好一家企业?

帅莉:我认为要把企业做好,最重要的是能把企业的营业额做起来,挣钱的企业才叫好企业。那么如何来挣钱呢?

我们企业的经营理念是"一切为顾客着想":研究顾客需求,创造顾客需求,满足顾客需求。

首先,企业要挣钱,要关注拳头产品有哪些,产品的客户满意度是什么样的。老板一定要关注产品的客户体验。相对于营销模式,我觉得让客户感动的好产品最重要,有了好产品以后,才会有合适的销售模式。

其次,管理者身边一定要有"三个人":好财务、好法务、好导师。这三类人并不一定要是企业内部的人,可以是企业外部的人。因为员工很容易在内部看问题,眼界会比较窄,外部的人往往会指出我们的管理和制度有偏差的地方。

最后,产品要有创新驱动力。因为产品每家都不一样,只有我们的产品足够好,才会创造优势和卖点。例如,老百姓逢年过节都要买年货,我们也有年货生意,因此要更善于围绕客户去设计、创新。

就拿端午节的时令产品——绿豆糕来说,将它打造成一款名片产品并不容易。但在我看来,绿豆糕不仅仅是一款点心,它传递的更是我们给客户做产品的用心,以及一种享受美食的美好的感觉。刚开始这款产品是我们要用于答谢和回馈老客户的赠品,结果通过员工向客户传递的匠心制作,让更多的客户愿意购买来送给亲戚朋友分享,销量顿时大大突破了原来的预期。

相对于绿豆糕,春节的年货礼盒产品更是能看到我们对企业经营的用心。本来我们公司只打算做1000份,结果最后卖到了2000份,靠的就是创新和产品组合包装。这其中我们用一个小产品带动了大销售。在武汉,我们小时候家家户户过年会把面皮擀薄,然后翻成花样油炸,这在当地称之为"翻散",寓意"吃翻散,好翻身"。于是我让厨师在这个特色小吃里创新,还特意选用了西式餐饮里的高级材料来加工,结果一下把带有翻散的年货产品组合打响了,用一个特色爆款带动了组合产品的销售。

做生意创造力很重要,只要能贴近客户的感觉,创造出的产品销售都是比较好的。

7.1 让产品自己说话

【案例33】

马化腾:让产品自己说话

马化腾被认为是国内最好的产品经理之一。在他看来,好的产品是有灵魂的,产品本身表现出来的优美的设计感、优良的技术、优秀的运营都是产品理念的体现。我们都知道一款好产品是可以主动吸引用户来使用的,但并不是人人都能打造出一款好产品,其原因有人归结为是产品经理自己挖坑,导致产品距离初心越来越远,最终走样了。

那么,我们一起来看看马化腾所认为的产品经理常犯的七个错误(见图7-1),帮助正在创业的你避开一些弯路,多设计出一些成功的产品。

永翔说——
看似是在多元化经营,但终究还是在围绕着客户来组合各种各样的产品。特别是在疫情的背景下,帅莉女士的公司通过有道义、有善良地经营,反而让企业渡过了危机。■

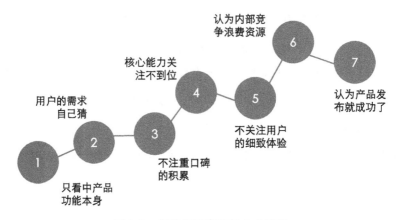

图 7-1 产品经理常犯的七个错误

避错一：只看中产品功能本身，忽视背后的隐性特征。

举个例子，一台 ATM 机，它的核心服务是取现金。那么，仅仅能让机器吐出现金来就算一个成功的产品了吗？如果用户在使用的时候，不会操作怎么办？机器吞卡了怎么处理？界面上除了基础的功能还有哪些可以帮助公司树立品牌的设计？取完现金后是先取卡，还是先取钞票……这些特征和疑问，我们称之为显性特性。

什么是 ATM 机的隐性特性呢？比如，一台 ATM 机里要放 20 万元现金，如果一个银行提供 100 台 ATM 机，那就要把 2000 万元现金放在外面。看似 ATM 机分流了银行的营业压力，但同时也分流了核心资源。因此，如何统计数据与同步数据，让 ATM 机发挥战略价值，同时不让资金过多闲置，是一台 ATM 机设计的隐性特性，也是核心服务。

另外，银行为什么要提供 ATM 机的服务？第一是为了分流营业网点的取现压力。第二是为了更多的品牌曝光机会。因此，每一台 ATM 机，对银行这个服务提供者来说，必须具备战略价值。

因此，过分强调显性特性，是初级的想法。显性特性很重要，但是显性特性救不了公司。把核心资源与时间放在一次次优化显性特性上，是互联网初级从业者的狂热症。

避错二：用户的需求自己猜。

做产品设计，一切以解决用户的需求和痛点为中心。这话说起来容易，做到却很难。更多的产品经理在设计产品的过程中呕心沥血，倾注全部的精力在上面，力求打造出一个让人满意的产品。这种心态常常会让一些产品经理产生错觉，认为开发者设计产品时越厉害越好。但再厉害的功能，用户不需要，是没有任何意义的。

腾讯也曾经在这上面走过弯路。在研究过程中，腾讯逐渐形成了一个"10/100/1000法则"：产品经理每个月必须做10个用户调查，关注100个用户博客，收集反馈1000个用户体验。这个方法看似很朴素，但行之极难，也很管用。

避错三：不注重口碑的积累。

做产品、做口碑要关注头部用户、意见领袖，因为头部用户的感受才是真正可以拿口碑的。

产品经理要关注最核心、能够获得用户口碑的战略点，如果这块儿没做透，结果只能是用户满怀希望过来，然后失望而归，最后要花更多的精力弥补，这是得不偿失的。

避错四：对产品的核心能力关注不到位。

任何产品都有核心功能，但核心能力不仅仅是功能，也包括性能。比如一个网站，功能齐全但网页速度很慢，真不知道为什么要推荐给客户购买？即便是有客户购买了，肯定也不会长期使用，甚至会因为这一点，而丢失客户对我们的信任。

避错五：不关注用户的细致体验。

马化腾说，在设计上应该坚持以下几点。

第一，不强迫用户，不为1%的需求骚扰99%的用户。

第二，操作便利。如QQ影音的快捷播放，从圆形到方形，最后因为影响性能而放弃。

第三，淡淡的美术，点到即止。在UI界面的设计上色彩等不用太重也能做得很好，图案和简洁并不是一对矛盾体。

第四，重点要突出，不能刻意地迎合低龄化。

避错六：认为内部竞争是浪费资源。

怎么理解？就是在资源许可的前提下，即使有一两个团队同时研发一款产品也是可以接受的，只要你认为这个项目是在战略上必须做的。

为什么要自己打自己？因为往往自己打自己，才会更努力，才会让公司不丢失一些大的战略机会。

避错七：认为只要产品发布了就是成功了。

我们经常看到，有些人喜欢一上来就把摊子铺大，面面俱到，事事细心；有些人习惯追求完美，把产品打磨千百遍才推出来；有些人喜欢搞创新，但又担心失败。这些做法往往都没有太好的结果，这是因为市场从来不是一个耐心的等待者。不管是做事还是做人，都先要接受自己的不完美，积极地进入市场去试错，去改进。

千万不要以为一旦进入了市场，就是成功了。在互联网时代，没有谁可以高枕无忧，领先的安全边际随时会有人来打破。

资料来源：捕手志．马化腾：改掉这七点，让产品自己说话[EB/OL]．（2017.12.04）[2020.08.12]．https://www.sohu.com/a/208229476_99928432.

网络上类似这样的案例有很多，成功者经常被采访分享，相信大多数人是大道理听了不少，但成功者却寥寥无几。

虽然我周围也有很多优秀的企业家，但真正把企业规模做大的并不多，究其原因首先是没有真正关注用户的需求。举个例子，一家婚纱工作室为女士设计婚纱的时候，有些客户下了订单却还会经常改来改去，其实多数情况下修改一个纽扣就能解决问题。如果工作室能细致研究客户反馈的问题，设计一种特殊的纽扣，让客户根据自身的胖瘦来调整婚纱的松紧，就能大大节省资源和减少投诉。

案例33中的避错三提到，企业要关注意见领袖和头部客户的感受，这和我一直提倡的企业在市场经营中要占领"战略要地"的观点不谋而合。小公司为什么做不大，原因是客户小，无法帮助公司长大。只有跟随大客户，做头部客户的生意，才能产生意见领袖，才能有助于公司做大做强。企业领导者既需要有这份勇气，更需要有这类战略设计，要做好今年搞不定大客户就明年再来，明年不行后年接着做，一直围绕在大客户身边的长远打算。企业家一定要学会抓大放小，千万不能想着去迎合大部分小用户的需求，要知道，只有头部用户的感受才能真正地帮企业取得市场上的好口碑。把关注点放在"好客户"身上，然后根据"好客户"来调整产品的核心能力。

我们需要注意的是，一家公司有多种产品，每种产品也会有很多功能，但它的核心功能应该是帮助关键客户解决某一方面的需求，比如节省时间、提升效率，这种关键的能力越简洁，产品开发体系就越健全。

7.2 如何快速提升销售能力

在电商界，很多人对于韩都衣舍这个品牌并不陌生，我身边做电商经营的企业家也有人在效仿它的运营方式，更多人则是想对它借势互联网爆发的原

永翔说——
管理企业要把精力放在最核心的地方。管理者要多听业绩好的业务员说话，只有这样，才能更好地改变产品给用户带来的体验，促成更多的成交。■

因一探究竟。"韩都衣舍"这个起家于淘宝的网货品牌,当年只有 20 万元的销售额,如今它每年有 15 亿元的销售收入,那么它成功的秘籍到底是什么?

【案例 34】

韩都衣舍:电商应该这样做

一、行业第一

做互联网品牌,首先要问自己三个问题。

首先,你选择的这个行业和方向,在传统领域里,哪家做得最好?

其次,你想怎样利用互联网的特点去对它产生竞争力?

最后,在未来多少年之后,你们会在网上以什么方式对决?

韩都衣舍始终把互联网作为一个最后对决的战场,而不是像大家一样在线上线下共融。共融这个事情,韩都衣舍从开始到现在都不进行考虑。韩都衣舍在 2007 年 8 月开始启动这个项目时,就一直在讨论上面这个问题:"如果韩都衣舍认为互联网算是一场革命,并决定做服装,那么我们选定的竞争对手应该是谁?"

最后,韩都衣舍内部选择了 ZARA 和 H&M 作为竞争对手。为什么没有选优衣库?因为 ZARA 和 H&M 跟优衣库有非常明显的区别。前者主要的竞争力在于款式的更新速度,而非对面料的研究。H&M、ZARA、优衣库这些品牌的特点是什么?款式多、更新快、性价比高,这是它们在线下打击其他服饰品牌的利器。既然它们的特点是款式多、更新快、性价比高,那么韩都衣舍在这个点上怎么与之对决?是不是有办法可以做到比它有更多的款式、更快的供应速度和更高的性价比?这是研究的出发点。

二、找到关键点(更多、更快、更高)

韩都衣舍的团队,从 40 人一直发展到 2600 人。在这整个过程中,韩都衣舍将所有的精力都放在了一件事上:如何让款式更多、更新更快,性价比更高。

因此，从成立之日起，韩都衣舍内部制定了一个政策，即将所有的盈利都用来增加人，所有增加的人，以增加产品研发团队为主，从而最终增加产品。

三、组织配合模式（大公司的规模，小公司的运作）

自我裂变、不断进化的小组制是韩都衣舍创业成功的秘籍。

小组制是公司的发动机，老板拥有的权利小组全有，这就是韩都衣舍的模式。一个传统服装公司的组织架构中有总经理、经营总监、行政管理、项目总监、企划总监、设计总监，这就是金字塔控制型管理模式。

但韩都衣舍的模式是"以产品小组为核心的单品全程运营体系"（见图7-2）。它是去中心化的，这个产品小组有1~3个人，最多3个人，所有公共资源与服务都围绕着小组去做。

图7-2 韩都衣舍的产品小组模式

这样的小组在韩都衣舍现在共有280个。这280个都是中心，没有谁是绝对的中心。所有的公共平台围绕这个小组去服务。

3个人中，有一个是设计师；有一个负责产品页面推广，在传统商业中叫导购；还有一个是货品专员，即采购，负责供应链的组织。

（1）3个人是怎么玩的？

首先是定任务，一般会根据小组去年完成的销售额和今年公司的正常增长率来定。比如，某个小组去年卖了100万元，今年公司的正常增长率为50%，那就得完成150万元或者冲刺200万元的销售额。

定下来这个目标后，财务会给这个小组的名下打入 100 万元资金，这个小组就可以运转了。小组的责任是什么？公司给你 100 万元，你要"玩"出 200 万元来。如果你说要"玩"150 万元，公司就配 75 万元的资金。

（2）小组的权力是什么？

第一是选什么款式。

第二是多少个颜色，多少个尺码。

第三是卖多少钱。

第四是参加什么活动，做什么促销。

第五是打折节奏和程度。

这些都由小组自己定，这基本上是一家服装企业老板的所有权力了，款式、价格、数量、打折、促销……全部是 3 个人商量就定了，权力非常大。一个小组研发、销售、采购三位一体，3 个人变成最核心的运营机制，公司有 10 个小组还是 1000 个小组，对每个小组来讲，完全没有区别。

（3）怎样考核这样的小组？

公司对小组的考核和奖金的分配都是根据"业绩提成公式"来核算的，其中有三个核心指标：业绩完成率、毛利率、库存周转率。

（4）扶持有品牌创建梦想和能力的人。

在韩都衣舍有三个政策来支持小组分裂出来创立新品牌。

第一，小组成员会成为这个新品牌的创始人。

第二，小组成员的收入不会比之前低。

第三，小组成员的考核指标会降低。

韩都衣舍下面有 20 个品牌，韩都衣舍的战略方向是通过自我孵化和投资并购两种方式布局细分定位的品牌，将体系复制到各个品牌。

韩都衣舍能快速扩张到今天的规模，并且一直都在赚钱，核心在于它的产品小组制和新品牌创建机制。

四、紧盯不动摇，有钱不乱花

从2010年8月开始谈，到2011年3月资金到账，IDG给韩都衣舍投了1000万美元。他们拿了1000万美元后就干了一件事，那就是加人。

从2011年3月资金到账，韩都衣舍就从400人增加到了1100人，一下子增长了近两倍，招收了大量学服装设计专业的学生。韩都衣舍招不到成熟人才，只能招很初级的毕业生，这批人到了公司以后，全都做产品研发。

五、用财务数据说话

韩都衣舍每年都会有盈利，它从开始创立就是盈利的。它大概能赚多少钱？这可以算出来，因为服装行业平均的利润率在10%~15%。然后它会思考：今年做到这样的销售额，会赚到钱吗？赚到钱之后能养多少人？先用赚到的钱把人招进来，招进来的人就进入产品小组。

2012年，韩都衣舍在接受投资后运营了一年。一年之后，在没增加人的前提下，韩都衣舍的销售额照样翻了一番，同时净利润增加了15%，是税后净利润。

做到今天，虽然韩都衣舍的绝对体量仍然比不上传统线下巨头，但是在款式开发数量、返单比例和速度、当季售罄率、库存周转率等关键的核心指标上，韩都衣舍已经完全不逊色于它们。

这就是整个韩都衣舍发展的脉络。脉络里面可以找到几个点：第一，要在线下选择一个竞争对手作为目标。互联网品牌也好，互联网公司也好，它将来会有非常大的潜力，要用互联网的特征去同线下品牌竞争。第二，找到与竞争对手竞争的点之后，专注在这些点上做好，而不是急功近利沿着别的方向去探索。韩都衣舍就是这么一路走来的。

六、平台支持发展——复制：从做品牌到做平台

2016年，韩都衣舍已经有了一套成功的经验，并形成了九大支撑功能：客

服、拍摄、仓储、运营、智能、供应链、培训、金融和传媒,为平台上的品牌提供服务。

韩都衣舍不仅是一个时尚品牌公司,还是一个平台公司。为什么可以做到这一点?因为以产品小组制为核心的"单品全程运营体系"可以支撑韩都衣舍做这样一个平台商业模式。具体怎么做呢?其实,无非就是自己孵化,再加上收购和控股。在各个细分定位上,把模式复制到各个品牌上去,给它提供供应链、仓储、客服等方面的支持。在品牌风格上,基本上就是韩国、欧美和东方等这几个风格。这些风格的品牌能够存在,非常关键的一点是韩都衣舍是一个互联网的时尚品牌孵化平台。

资料来源:互联网思维.从20万做到15亿收入,韩都衣舍用3人小组模式超过了ZARA [EB/OL].(2015.11.05)[2020.08.12]. https://mp.weixin.qq.com/s/Naix17fJDyOVzhtC5ES-Ww.

通过这个案例,我们可以把韩都衣舍的发展历程大致分成三个阶段(见图7-3)。

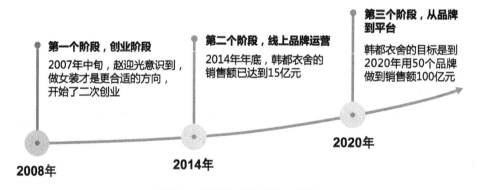

图7-3 韩都衣舍的发展三部曲

第一个阶段,创业阶段。韩都衣舍的创始人赵迎光并不是卖服装出身,他卖过汽车用品、母婴用品等,但结果差强人意。2007年年中,在与韩国Tricycle快时尚女装公司接触的过程中,赵迎光意识到,做女装才是更合适的方向，并开始了二次创业。

第二个阶段，线上品牌运营。韩都衣舍在经营过程中找到了一套适合自身发展的管理模式，这便是在电商圈里赫赫有名的"以小组制为核心的单品全程运营体系"，简称"小组制"。这一模式将传统的直线职能制打散、重组，即从设计师部、商品页面团队及对接生产、管理订单的部门三个部门中各抽出1个人，3人组成1个小组，每个小组要对一款衣服的设计、营销、销售承担责任。相应地，小组提成也会根据毛利率、资金周转率计算。

毫无疑问，这种划小核算单元、责权利统一的方式，更有利于激活每个小团队的战斗力，也很吻合韩都衣舍"快时尚"的定位，其收效是显著的：2014年年底，韩都衣舍的销售额已达到15亿元。

第三个阶段，从品牌到平台。韩都衣舍做的已经不是一个服装品牌了，它实际上是做了一个平台。而在未来，韩都衣舍基于互联网技术和大数据，立志要变成一个赋能型的组织。

有些人看到这里也许会说，我不卖服装也不做互联网卖货，好像跟当前的经营业态关系不大。如果你真的这么想，这大多是你思维上的懒惰在作怪。

举个例子，假如你正在做品牌手机门店经营，你有没有想过让每个手机销售门店的店长都变成创业家？把卖手机的权力分给下面的店长，而不是捏在自己手上又会怎样？对于手机门店的经营来说，线下店开得越多，营业额的拉动会更大。但当开店的权力逐渐放开的时候，企业家不一定要亲自选店址，而是要学会让骨干员工选地址开店，或者尝试跟他们合伙开店，甚至可以是企业开店让员工去经营，最后共享分成。再多想一步，甚至可以开社区店，让这些骨干员工自己去裂变开发更多的社区店。相信如果能走通这一步，对企业来说营业额的增长一定会更快（见图7-4）。

要想快速提升企业的销售能力，需要做到以下三件事情。

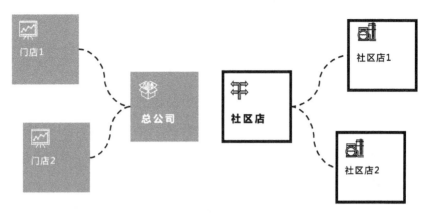

图 7-4　手机门店线下经营模式思考

第一，学会跨行业学习。如果一开始把自己限制在行业内，认为从自己所在的行业里抄袭别人来得最快，那是因为你还没有清楚地认识到在互联网时代，竞争对手和颠覆者往往来自行业外部。

第二，能推动营业额的增长这是做企业的关键。

第三，要有坚定长期发展和创新的精神。脑力跟不上或者思维懒惰的人是不会有创新精神的，更不要提创业成功了。

韩都衣舍的案例实际上是上述三条很好的证明。韩都衣舍把三种业态混在一起，多产品多品类不断推出，总有一款适合客户的需求。但是在多产品策略往外推出的时候，组织变得更加庞大了，那韩都衣舍是如何做到不增加组织成本的呢？这取决于他们非常强大的组织能力，我们在下一章节中交流和分享这一部分内容。

第 8 章

利润定律七：组织成本定律

所有的成本都要找到收入的来源，组织也同样要找到相应的收入来源。从某种意义上说，无法实现任何收入的组织，它的成本是不应该发生的。

有人可能会问，那么后台部门怎么办？后台部门的成本只计算总额度就可以了，没有必要把成本全部归集下去。但是要对后台的"成本"做定性考量，比如服务态度好不好，办事是不是推诿拖拉，提供的数据或服务有没有帮助前端解决实际问题。这些都可以列入企业内部相关部门的投诉范围。

这就延伸出一个问题，企业要在内部建立正常的工作投诉流程，不提倡私下里道听途说，让所有部门敞开了说，坦诚对待工作。投诉是手段，成本意识是推动器，关键是要让每个部门、每个岗位都"动起来"，自觉主动地去发挥创新精神，而不是让"创新"变成老板一个人的独舞。

【对话9】

北京布朗兄弟

医美行业的亚洲之光

采访嘉宾：李承国，北京布朗兄弟科贸有限公司（以下简称北京布朗兄弟）总裁
行业标签：贸易、医美
主营业务：高端医学类护肤品、法国美帕
创业时间：2009年7月
YTT辅导成果：在YTT辅导下，营业额3年从2000万元增长到1亿元，5年业绩增长了7倍

（以下内容来自李承国自述，经授权后编辑）

创业契机

史永翔：李总是在什么契机下开始做化妆品生意的？

李承国：2009年，我从北大MBA毕业，当时给自己设计了三条路径，一是去做投行赚钱，二是加入国际知名的咨询公司，三是自己创业。后来我发现前两条路都不适合自己，就开始创业了。正好当时有个同学介绍了一个品牌合作，我就和太太两个人从谈品牌合作开始做起了化妆品贸易。

史永翔：创业之前您还做过其他工作吗？

李承国：在创业之前我一直在电信、金融行业做系统架构师，在北大读MBA时对如何利用IT技术实现批量个性化产品定制（mass customization）特别感兴趣，希望能利用互联网及IT作为创业的切入口。后来在淘宝商城刚推出的时候，我们是第一个入驻的高端品牌。那时候我们也面临诸多选择，因为当时的淘宝意味着便宜或假货，但我认为这是个机会。我是这么思考决策的，太太的性格和我一样，都不适合做人际关系型营销，因此我们俩就不能做To B

的生意，只能选择做零售端。化妆品行业随着多年的发展，有很多细分类目在兴起，当时我们看到医学类护肤品将会有很大的发展势头，虽然整个化妆品行业竞争激烈，是一个红海市场，但这个新兴类别属于红海中的蓝海领域，而在10年前大部分人看不到这个趋势。也就是说，我们做这门生意是经过慎重选择后进入的。

YTT的利润管理实践

史永翔：您和YTT结缘是在什么时候？

李承国：我是在2014年上半年认识史老师您的，当年7月上了YTT的课程。一开始上课时，我听着有点懵，因为信息量太大了。没听懂课程让我很着急。但印象最深的是，您在课堂上讲的案例给了我很大的启示。

史永翔：您为什么要来上YTT的课程呢？

李承国：实际上从2011~2014年，我们的营业规模一直在2000万元左右，过不去这个坎儿。因为刚开始创业的时候，公司的营业额很快就做到了1000万元，我甚至感觉做生意比较容易。但是后来当我们想要做得更大、带团队向前发展的时候，一直突破不了这个天花板。公司业绩一直在2000万元左右徘徊，虽然也挣到了钱，但是我们当时的状态就是有各种问题且焦虑。

后来上完YTT的课以后，我大概明白了老板应该怎么做，并开始实践。大概做到年底时，我对太太说，虽然今年的业绩暂时看不出明显的变化，但我知道明年一定会有明显的业绩突破。后来上完课，公司的业绩在第二年就做到了3800万元，第三年突破了1亿元。

YTT实践给北京布朗兄弟带来的变化，如图8-1所示。

其中，YTT给我最大的启发和帮助是，它让我知道了一个老板应该做什么，且不做什么，后一个其实对老板而言更重要。

图 8-1　YTT 实践给北京布朗兄弟带来的变化

如何突破规模增长的天花板

史永翔：能够从 1000 万元做到 2000 万元，您觉得是哪地方做对了？

李承国：从行业上来说，我们选的产品是一种大势所趋的品类，从化妆品大行业里选了一个朝阳的类别去经营。另外，我们赶上了互联网的风口，这也是很重要的一个原因。但是这不代表所有处在风口的行业，大家都能做好。当时我觉得自己做得也不是很好，只是我坚持下来了，没放弃，最后才有机会成功。

另一方面是，我和太太两个人做了老板该做的事，不再去做太多的属于员工的工作。老板要做与策略和方向有关的事情，而不是去帮员工干活。原先员工来向我们请示问题，我们直接给出答案。想清楚了以后，我们逼着员工自己去慢慢做，做不来就换人，然后我们就有时间去思考了。

当时是这样，我们通过做直营，做到一定量以后开始做渠道。后来我们发现自己做渠道拓展不行，于是找了一家第三方公司来帮我们开拓，我们负责做客户服务和跟进。然后我们在这个过程中去找标杆，我们从 100 个经销商里筛选出那些做得好的，帮助他们去持续性地做到更好，这样标杆就越来越高。随着标杆的提升，更多有实力的经销商会主动加入我们。对我们来说，前期的销售额突破是靠经销商做起来的。

如何应对高增长下的经营危机

史永翔： 公司在经营过程中遇到的最大的困难是什么？

李承国： 2014年年初，我们遇到了一次大的经营危机，让公司一下坠入了谷底。那段时间我们的代理权被取消了，导致公司没有产品可卖，然后又涉及一次资本层面上的转型，我们要么退出市场，要么跟国际品牌商重新谈判。

回过头来看，断货也是件好事，会暴露一些平时看不到的问题。记得当时我们的销售员很痛苦，找到我们投诉说，好产品卖没了，这可怎么办？后来我说，有啥你就卖啥，而不是市面上什么东西火卖什么。有的销售员慢慢接受了这个观点，真就把那些还没形成大量消费的货都给卖断货了。销售额一下子起来了，突破了1亿元的瓶颈，后面更多的经销商也加入了。在这个过程中，我们也找了一些微博上的"网红"来帮我们的产品做推广，正好赶上了微博的风口红利。

近两年直播风口来了，而且直播的体量比当年的微博体量更大。我们的团队也一直在研究这个最新趋势，如果抓住这次风口的话，我们很有可能在未来两三年内实现从2亿元到10亿元的增长。我们利用这波红利，借助在天猫上的优势，去实现加速度成长。

史永翔： 假如能够重新再来一次，你会怎样做？

李承国： 从我的角度来说，可能首先会考虑团队的建立和突破。因为我和太太两个人都不怎么会带团队，但能做到现在这样的规模，离不开各个时期的一些正确的选择。

史永翔：当你在自身组织内部没办法突破的时候，最好的方法是从外部来突破自己。

李承国：首先，运营其实是不难的，主要是抓执行。因为市场发力主要就是靠大脑来做决定，然后狠抓执行的效率。但是做市场确实是我的一块短板，近一整年我至少花了1/3的时间在人员招聘上，去找更适合的人。我觉得领导者的大部分精力应该用在选人上，先想办法找到合适的人，然后再把团队建立健全，最后哪怕我的策略弱一点，但是团队能把这些策略不足的地方补充完整。

其次，要用价值思维来判断怎么做事情，而不是成本思维。这一点很重要，包括我们招聘人才也是这样，我经常跟应聘的人说，你们要月薪100万元都可以，只要你能给公司赚1亿元，月薪百万有什么不可以的呢？以前我不是这样想的，还是您的课程启发了我，我从一个算小账的成本思维转变为价值思维，否则我们还将错失更多的机会。

再次，目标管理。以前我们招聘进来的人，按照我的做法是，水平行不行，先一脚踹到游泳池里，让他自己游两圈试试。现在不是这种做法了，我会带着他们一起做，不仅可以让新人更快地进入状态，也可以在最短的时间里看出来新人"行不行"。人才招聘进来后，每个月通过目标管理，用目标来定义员工的做法，这样员工的能力强不强就很清晰了。

最后，做事业的格局要大。这个可能也跟个人的喜好和选择有关系。之前我们的营业额好几年都突破不了2000万元的时候，太太和我说，你不用费劲了，这种品牌能做几千万元已经到天了。我就不服气，后来折腾过亿元了以后，公司又往上走了一个台阶。回过头来再看，我会认为是老板的格局决定了我做事的手段和方法。

创业体会

史永翔：您对创业者有什么建议吗？

李承国：就我的经历来说，我认为创业最重要的是有勇气迈出第一步。老板和职业经理人最大的区别就是勇气。相比坚持来说，有勇气更难。

其次是坚持。坚持代表一切，不坚持就算机会再好也没用。大部分人很容易放弃，经常把做得不好归结为没找到风口，或者是产品不好，或者是人脉不好、资源不够等原因上。其实做企业家跟跑马拉松一样，最难的是完整地跑下来，而不是跑多快。

"互联网＋"时代的企业经营者一定要改变思维，不能再考虑做一个安全的控制者，而是尝试着做一个平衡的破坏者。为什么这么说呢？当我们习惯于管控一切时，在另一个层面，已经剥夺了员工的创新权，这样看起来很安全，但是当公司老板和员工都在一个舒适圈出不来时，情况会变得很糟糕，这就类似于我们常说的温水煮青蛙。

8.1 从成本到价值：不在于如何想，而在于如何设计

有位上海的企业家学员在听完了我的课程后，回到公司做了一件事：加强了所有事项的事先审批，放弃了事后的签字权，进一步把自己从管理的岗位上退出来。他是做法是把原来的财务、人事、总务后勤部门合并，成立综合管理部，事后的签字权直接下放给这个部门的主管。这样做的目的是让项目运作节奏加快和透明化，那么如何保障项目的运作透明和快节奏呢？

他们把近一年各部门的财务报表记录找出来，找到那些无法归类的费用，用来体现和解决管理流程上的模糊点。比如，有一次公司品管部门发生了一笔加班检验费，但是品管部主管不认为这是他们部门产生的费用，认定是由于采购的货晚到才发生的；而采购部却认为是客服部临时沟通将送货时间提前引发的。由此两边发生了争执，哪个部门也不愿意把这笔费用归结到自己

部门。

这时身为老板要做的是让矛盾爆发出来,因为只有这样才能让公司发现流程中的管理混乱。后来他们在公司内部形成了一个不成文的约定:哪个部门经理签字报销,就默认这笔费用是归属于该部门的成本。另外,他们还优化了部门的财务报表,明确了科目,也标注了各栏的百分比,目的是提醒大家要有成本率思维,而不是只看绝对数字。

有一次,这家公司客服部门的快递费用占比明显超过了往期平均数,经过核对发现是快递公司在没有通知他们的前提下擅自提高了费用,这种事件只有通过数据比较分析才能发现。同时在以往的表单基础上,他们还加上了一行预算栏,财务人员也改变了以往只是单纯记账的职责,开始更多地从前期参与到公司的决策与管理中。

8.2 企业的三种销售组织能力建设

我们常常会发现,事情做得"好不好"其实是一个战术性的问题,而"要不要"做这件事情是一个决策性的问题。有时我们会因为一件事情没有做好而去否定它,或者做了选择以后不去执行,这其实是把战术问题和决策问题混淆了。因此对于企业家来说,要不断改善战术问题,认真谨慎地对待决策问题。

我们往往由于无法解决战术问题,从而用极其糟糕的决策问题来代替,使得企业错失良机,不断变更经营方向,导致企业很难取得更深入的成就。

【案例35】

企业做不大,到底是能力有限还是设计有缺陷

有位山东的YTT学员X总经营了两家电子产品公司,一家公司主营蓝牙

耳机、智能穿戴等智能硬件产品，另一家公司主营智能机器人产品。这两家公司集研发、制造、销售于一体，尤其对研发的要求特别高，因为产品力直接决定了公司经营的成败。

在遇到我之前，X总的公司正面临两个突出的问题：第一个问题是，公司经营20多年了，经营规模一直上不去，近几年的销售业绩迟迟无法突破亿元大关。第二个问题是，公司业绩不稳定，在10多年里经历了数次大的经营范围调整，也有过连续几年亏损的情况。

后来经朋友介绍X总来到了我的课堂上，经过我的一番解读之后，X总意识到了公司问题的根源所在。

一是公司战略不清晰。在经营过程中，管理者频繁地调整公司战略，致使公司资源浪费严重，更重要的是丧失了好几次发展的机会。

二是在战术层面，关键性的资源匹配不到位，公司被迫在摸索中前进，战略推进缓慢。有时因为低估了战术条件的难度，公司被迫调整战略。

三是在执行方面不到位。一方面由于公司地处三线城市，专业人才的招聘存在困难，执行人员的能力与任务要求不匹配，造成了执行推进方面的困难；另一方面领导层对战略的不坚定和战术选择的不匹配，导致执行层频繁地调整执行任务，执行人员产生了严重的不适应和抱怨心理，公司人才流失严重。

综合来说，由于公司在战略、战术和战斗上没有形成系统，完全凭感觉在经营，势必造成经营混乱，管理效率低下，在市场上靠机会搏生存的局面。

| 经营探讨 |

假如你是X总，你会如何做出调整呢？

在我的帮助下，X总认清了原因，后续在公司内部推进了一系列的解决方案，接下来将重点内容——企业的三种销售组织（见图8-2）分享出来供大家参考。

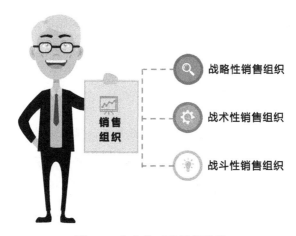

图 8-2 企业的三种销售组织

8.2.1 战略性销售组织

【案例 36】

可口可乐的启示

大家都知道可口可乐的生产，是由可口可乐公司配制出神秘的配方浓缩液，并将其出售给瓶装厂商，由瓶装厂按照一定的比例进行可乐的制作。

除了生产浓缩液，可口可乐公司还承担着产品的市场营销活动。虽然可口可乐公司也承担了部分产品的生产，但与其合作的数百家瓶装厂大部分是不归可口可乐公司所有或者不由其控股的独立企业。

可以看到，可口可乐公司实施的轻资产战略，帮助它摆脱了生产端的"重资产"，有效地推动了公司规模的迅速扩张。如果一家企业资产过重，就好比开车时，车体自身质量过大，负重前行，必然走不快；相反，如果企业保持轻资产，车体自身更轻松，油耗小，运行成本低，企业加速扩张的速度会更快。

"客户是谁"是企业经营的首要问题，客户才是把产品和服务变成商品的决定性力量。"以客户为中心"的意义,对于整个战略型组织的建设来说,首先是保证方向是正确的,因为企业管理的本质是打造最简单、高效的价值创造流程。可口可乐公司只提供原液,使得自身整体的规模和体量变大,这一点恰恰是由其组织的战略性要求所选择的。

那么在案例35中,X总在战略组织层面是如何实践的呢?

战略层面要解决的第一个问题是目标的精准化。原先,X总定战略是感性的,他总认为战略是方向性问题,只要大概确定企业朝哪个方向走就好了,能走到哪一步他讲不清楚。在经营的过程中,X总又意识到战略除方向外,还涉及一个范围的问题,也就是人们口中常说的"有所为,有所不为"。最后,X总在学习了YTT课程后终于清醒地认识到,战略应该精准到目标。也就是说,经营者应该清楚地知道,企业要锁定多少价值,付出多少代价,最后赚到多少钱,并且要学会用经济利润与现金这两个关键指标来衡量企业盈利的质量。

X总的公司要想掌握如此精准的战略目标,这就反向要求它能够精准地掌控客户,明晰每位客户的总价值、销售占比、需求规律,以及竞争对手与客户的关系状态等。当把这一系列的问题梳理出来之后,X总吃惊地发现,原先公司对客户的了解远远不够。为此,他们强化了销售部门的能力,加大了对客户的调研与分析管理。

为了精准地掌控数据,X总的公司还单独设立了运营部,统筹销售、研发、生产等部门的数据分析与运营决策。在此之前,这些数据在公司里是离散的,由各个部门自行统计。但是因为各部门的标准不清晰、数据衔接混乱,让公司的管理决策依据失去了相应的基准。

战略层面要解决的第二个问题是战略核心能力的确定。这是企业真正要确定的"有所为,有所不为"的事,企业可以通过分析客户和竞争对手,并参照自身的能力与资源来明晰企业战略的核心。

战略层面要解决的第三个问题是节奏。快了,"欲速则不达";慢了,可能会丧失机会。但是企业以利润为准绳，精确计算收入与支出的关系，节奏这个问题就能迎刃而解了。

8.2.2 战术性销售组织

通俗一点讲，战术指的是组织与计划，也就是如何运用组织与计划来实现战略目标的达成。战术性销售组织设计的关键是，如何解决客户的交付问题和供应链管理问题。

【案例37】

如何围绕客户组建组织

采访嘉宾：陈德慧，凡菲（浙江）电子商务有限公司董事长

行业标签：家居家饰、跨境电商

主营业务：墙贴、玻璃贴膜、地面快装贴、家具膜、桌布

关于产品首先我想强调一个逻辑：所有的东西一定要从客户出发，到产品，再到组织。有些企业家会觉得企业要先堆人，然后有产品，再拿着产品去找客户。因为以前我是从草根开始创业，太以自我为中心，我觉得逻辑的转变很关键。

我们是一家做家居行业DIY贴膜产品的公司，DIY在国外是很流行的一种产品形式。公司的客户群体是出租房的白领以及家庭主妇。她们时常觉得家里缺了点什么，比如她们不是很喜欢家里浴室的透明玻璃门，但换磨砂玻璃又贵，此时就需要公司的产品了；她们很喜欢的桌子不想被磨损，而公司正好有家具膜，简单易操作。

2016年是公司业绩全面提速的一年，但也是经营和管理问题集中爆发的一年。

新地区部的负责人和中层主管都没有足够的意识和心力去培养下面的人，

他们不太关注员工想要什么，更关注业绩目标。公司放权放得太晚，一线销售店长没有真正地参与到经营环节中。这也导致管理层精力涣散，顾全不了所有战线的项目，最终导致公司在新城市的试水节节败退。

这一年，一家老店被关，公司饱受库存、资金困扰，钱也没有赚到。从管理层到员工，一年下来，什么都没有捞着。这也是组织臃肿（一个部门包揽所有）、不扁平化带来的结症。因此试水之后，我们更加坚定了要让组织扁平化，实行项目小组制，让所有产品项目在所有店铺都有人去做。

2017年，公司举办了超能店长大赛，让每个店长自主规划店铺以及运营店铺。公司内部遴选出了不少好项目，以鼓励每个店长自主创业、经营。公司现在有16个店长，未来可能会有50个、100个店长，包含国内外B2B、B2C所有业态。公司想要组织（人的能力）和产品、客户完全匹配起来，达到最好的经营效果。

所有组织架构的变化都应该基于我们的客户。上面提到，组织、产品和客户要完全匹配，即针对什么样的客户群，要给它匹配什么样的产品，以及对应的运营人员。相反，什么样的运营人员，也应该给他匹配什么样的产品，从而让他去做他能做并且感兴趣的客户群。

不过有一条准则：所有组织架构的变化都应基于"客户—产品—组织"这个思维。

举个例子，天猫、淘宝的客户群体在不断细分。因此公司内部在2018年根据这些细分的客户群，去定位店铺，再匹配产品和不同运营能力的店长，采取店长责任制。新开的几家店铺，都是基于客户端发生的变化而增设的。据此公司再去匹配需要的运营人才，这样不仅用人标准清晰了，而且组织架构也不会臃肿，避免了公司盲目招人、资源浪费的现象。

客户思维

您在课堂上说："你们这些做贸易出身的企业家，包括一些中小企业，都没有客户思维。"

我很奇怪，觉得我怎么会没有客户思维呢？毕竟我是根据客户的需求来做事情的。这时我已经陷入以自我为中心了：公司先开发一个产品，觉得这个产品特别好，然后开始去推销。但真正的"客户—产品—组织"中的产品，应该来自客户需求，是客户真正要的东西，甚至是客户的客户真正要的东西。

我的客户是贸易商，贸易商是中间商。他们拿到东西就丢给我们，因为他们也不了解需求。而我也不会关注客户能否将产品卖掉，我只管交易，只关心能不能赚到钱。我没有关注到客户真正能不能把货卖好，产品是不是终端消费者需要的产品。

企业在做产品推广制时，要下足背后的功夫——从客户身上去挖掘产品。举一个小米的例子，小米近两年推一个产品就成为一个爆款。不管是充电宝还是台灯，这些产品是被大家熟知的，而小米只是对产品本身做了一些优化。可以说，小米对客户做了深度的剖析和了解。

B2B爆款思维

大多数公司都有一定的客户数据，那我们能不能基于现有客户的产品数据，找出公司的爆款呢？这个爆款可以是性价比高的、价格极低的产品，也可以是高技术层面和应用层面的产品。比如我们公司的某款磨砂玻璃贴膜，这款产品是可以跟世界上所有的客户交流的产品，也是可以秒杀竞争对手的产品。爆款对业务员来说是一个很好的工具，也是和客户发生联系的敲门砖。

有个误区要跟大家说一下：千万不要拿着新产品去攻新客户，因为成交概率会很低。我们要用自己的爆款产品去寻找更多的客户，从而建立联系。用爆款来找客户群体，这个路径可以解决客户选择的问题，这不是靠业务员的努力就可以的，这也是一些贸易人不会想到的事情。

企业在找到意向客户之后，应进行分类管理，然后再用爆款跟客户继续交流，找出共性产品。比如我发现我的产品在海外市场只是客户的一个附属产品，并不是他的主行业产品。那么我通过这类客户群可以找到其他共性产品，然后根据其他共性产品再做出一个爆款。我用更多的爆款产品来包围现有的客户，从而形成高覆盖率。这时客户会越来越离不开我们，从而形成长期稳定的合作（见图8-3）。

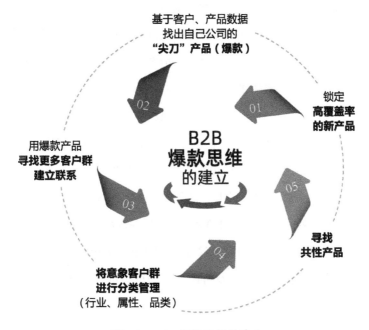

图 8-3　B2B 爆款思维的建立

最后问大家两个问题：你的企业做了这么多年，它真正的竞争力是什么？你又能给客户创造什么价值？

我觉得竞争力一定是体现在产品上面的，然后用产品说话。

永翔说——

大多企业有想做的客户群，也有通道去做，但往往组织能力跟不上，这就需要企业经营者学会取舍和平衡。■

接下来我们还是以案例 35 中的 X 总的公司为例，看看这位企业家从战术层面进行了哪些调整。

第一，多套战术方案的推演。公司对多种资源进行匹配组合，期望用较小的代价、最精准的路径、最有把握的手段来达到战略目标的实现。

第二，确定关键资源的解决方案。对 X 总的公司来说，一些关键的技术、关键的客户关系，往往是制约战略实施的关键。以前公司解决这类问题找不到决策的依据，现在公司运用利润的理念，精准计算出收入与代价的关系，从而能够清晰地进行决策。解决的方法尽管还是通过人员招聘、合作、购买等手段，但有了决策依据，公司就不会在选择问题上纠结了。厘清了这一点后，公司在青岛成立了软件与硬件研发中心，在上海成立了内容研发中心、营销中心，在北京成立了销售公司，把山东公司的职能收缩到了制造、产品工程研发、客户服务等较为简单的项目上。这种做法主要遵循了两个决策依据：客户在哪里，业务人员就在哪里；人才在哪里，组织就设在哪里。

第三，风险预案的设定问题。这家公司用核心的财务工具和指标来精准计算出公司可能发生的损失，以及可能丧失的机会价值。这样可以做到提前预防，有备无患。

8.2.3　战斗性销售组织

当企业把战略、战术理顺了，战斗执行的目标也就相应地可以被分解出来了。接下来，企业把执行目标与责任人进行匹配，再将检验标准、奖惩措施制定出来，战斗的执行就有了保障。

【案例 38】

如何更有效地组建战斗性销售组织

FE 公司是一家主营玻璃贴膜和各类墙纸的贸易公司。公司在组织裂变和调整中发现这样一个问题：同一个客户向公司购买两个不同的产品，需要对接两个不同的业务人员，这时客户会感觉很麻烦，而且感觉 FE 公司内部的管理比较混乱。而在 FE 公司组织内部，A 小组卖 B 小组的桌布，只能拿提成的 20%，反过来 B 小组卖 A 小组的玻璃贴膜也是一样。这种做法使得 A、B 双方都不会竭尽全力去把对方小组的产品推荐给自己的客户。业务布局的不合理，导致了公司战斗小组组织的内耗，这是困扰 FE 公司的主要问题。

FE 公司原来是做 to B 生意的，现在转做 to C 生意，在网络上进行销售。这些战斗小组除了内部消耗大，又不把快递费用计入成本，导致公司在营销上做得越多亏损越大。

正是由于公司在战斗性组织上缺乏有效的沟通，在战术性组织之间缺乏体系的构建，导致公司出现了产品供应链跟不上、产品品质频繁出问题的局面。

反观另一家主做户外家居用品的贸易公司 HM，它用一套流程培训自己的员工如何不把客户跟丢，并设置三人组成一个业务小组，这三个人之间公司不做强制的工作内容分配，唯一对他们的考核依据就是数据。

每个小组有一张业务表格，上面写着每个小组的直接成本、人员工资、缴税金额、产品总毛益等。只要客户一来订单，这张业务表格往上一提交，HM 公司的数据技术人员就立刻审核并反馈信息给小组：这个订单的盈利能力如何，提价多少就可以给客户用更好一些的材料……这样业务小组就能立刻和客户沟通，既为客户提供了价值，也让自身的业务能力越来越强，供应商能力也越来越强。

业务小组的三个人之间没有指定谁是老师，谁是徒弟，都是互相学习和支持。HM 公司在对小组进行培训时，以前是所有的内容恨不得都讲给员工听：如何和客户沟通，如何和客户谈判……2018 年，HM 公司的董事长想快速复制组织，于是一天到晚在做内部培训流程，结果那一年走了很多弯路。在我的指导下，现在这家公司对业务小组更多的是进行产品培训，从而让员工的产品能力越来越强。

案例 38 中的贸易公司在我的辅导之下，在短短 2 年的时间内，营业额就从 3000 万元暴增到 1 亿元，2019 年股东回报率高达 125%，现金流也控制得非常好。除了战略和战术层面的正确引导，业务小组模式的战斗性销售组织也发挥了强有力的执行力，大大提高了公司内部的组织效率。

第 9 章

利润定律八：组织速度定律

9.1 组织能力三要素之一：速度

提升企业组织力的关键是提高企业对市场的服务能力，这一点在组织设计时要尤为注意，因为它不取决于后面的人该如何管理的问题。在我看来，任何一家企业如果有两个部门规模过大或过度强势，企业迟早要出问题。这两大部门，一个是财务部，一个是人力资源部。把财务部做大的企业，控制的边界会过远，将减慢组织整体对市场的反应速度。把人力资源部做大的企业，往往在企业里大情小事什么都管，组织的整体管理效率会降低。这里要提醒大家的是，我所说的这两个部门不能过大，并不是强调这两个部门不重要，切勿把规模和重要程度混为一谈。

比如，企业财务的管理不能怕有坏账，而要能够控制坏账。企业家更应该对坏账背后所体现出来的竞争力和客户事故有所警觉，并在这个基础之上，逐渐对坏账实现可控。

【对话 10】

天津名航美耀首饰

饰品行业的未来冠军路

采访嘉宾：季海洋，天津名航美耀首饰有限公司（以下简称天津名航美耀首饰）总经理

行业标签：外贸、珠宝首饰加工

主营业务：珠宝及金银首饰加工

创业时间：2007 年

YTT 辅导成果：一年内毛利率上升到 53.78%，净利润上升到 29.89%，前四个月平均股东回报率高达 82.71%

（以下内容来自季海洋自述，经授权后编辑）

创业契机

史永翔：季总是在什么时候开始创业的？

季海洋：2007 年，当时，在我们当地有那种琉璃做的小饰品，也就是一两元钱的成本，在市场上可以卖到二三十元。看到了这个契机，我就毅然决定做这一行了。企业刚开始创办时，做的是贸易，在阿里巴巴上建了个网络平台，然后就在国际网站上卖这些东西。

史永翔：刚开始创业时销售订单情况怎么样？

季海洋：第一年企业只有 50 多万元的销售额，就我自己一个人做。第一个订单卖了将近 120 件饰品，大概 500 美元的销售额，当时我觉得还是挺大一笔钱的。也就是在那段时间，我接触了一个美国的大客户，后来才知道他在美国是网商，他也通过网络销售对接到美国的沃尔玛等商超卖这类饰品。当时在美国网络上他排名第一，在他的帮助下，第二年我的销售额做到了 200

多万元。

最艰难的时刻

史永翔：是什么原因让您开始建工厂做加工的？

季海洋：2009年，我自己开了工厂。当时开工厂纯粹是因为有些大客户要求看厂，于是我租了600多平方米的厂房，方便客户来参观。也就是从那之后公司开始有大订单，到2010年公司的销售额做到了400多万元。也是从那个时候开始，公司的产品从琉璃饰品转向了金银饰品，都是为了能让客户给我更大的订单份额。

工厂自从开了之后就没怎么赚过钱。我在从设备、生产工艺到技术一概不懂的情况下可以说是经历了千辛万苦，用了一年时间才让工厂有基本的产出。我还要腾出精力做国际贸易。就这样，一直是贸易赚工厂赔，我干了两年。在工厂的经营过程中，我也遇到了员工罢工、产品反复生产反复报废、营业额不能按时收款等问题，以及网销上新客户的开发、老客户的留存……反正经历了好多事，当时弄得我是焦头烂额的。但是即便经历再大的困难，我也从来没有想过我会失败！我一直告诉自己："活着！企业就是我的生命！咬牙也要坚持下去。"

在贸易方面，当时我的主要供应链生产基地一个在梅陇，一个在番禺。当初我是靠着梅陇的加工起家的，工厂的技术也是在梅陇学的，但由于生产质量的限制，导致带出来的客户的质量也不好。后来我干脆决定增加成本，把生产基地转移到高产品质量的地方。有了更好的产品质量，后来我们就可以参加展会。在国际展会上，我们接触到了越来越多更高端的客户，企业慢慢就壮大了，之后我们把网络销售的小客户也砍了，但是企业还是不赚钱。这种状况一直到持续到2016年。

从2009~2016年，这7年时间里企业虽然赔钱，但是也把自己做企业坚定的心力磨炼出来了。

YTT 的学习与实践

史永翔：您是什么时候和 YTT 结缘的？

季海洋：2016 年，我来到了 YTT 课堂，当时我们公司的营业额只有 700 多万元。我的印象特别深：在深圳上完了利润决策课之后，我记住了您教的"找大客户站起来"的策略。非常幸运的是，那时我们在展会上专门根据所学的策略去找客户。当时有一家俄罗斯的大客户，它有 500 多家连锁店，正在做一个奥运会的产品项目。它找到了我们，想和我们合作。我们接这个订单肯定是不赚钱的，因为我们的质量标准和客户要求的相差很大。但我还是决定要做，并且答应了客户所有的高标准要求，我想让这样的高标准来"训练"我们的工厂。虽然这个订单让工厂赔了很多钱，但是整个工厂的质量体系建立起来了。

也正是因为有了这次大客户的经验，2017 年开始更多的大客户找来了。一年之内，我们原来那些体量很小、质量很差的客户被淘汰了。到了 2017 年年底，我们的销售额一下涨到 1900 多万元，净利润有 600 多万元，现金有 800 多万元，也没人欠我们的账，因为外贸基本全是现金交易。然后我又继续报名学习了 YTT 的其他课程，直接规范了应收账款、应付账款的收付要求，这样公司就多出了很多现金利润，财务也越来越规范了。YTT 财务报表的体系我们一直沿用到现在。

史永翔：您能不能分享一下请 YTT 顾问老师辅导的经历？

季海洋：到 2018 年，我们做到了 2000 万元的营业额。这时公司遇到了发展瓶颈，销售额增长不大，有的时候甚至是零增长。那时公司出现的主要问题是自有工厂产销不平衡。比如工厂做出来 6 万件产品，有 3 万件产品可以销售出去变成销售额，剩下的 3 万件都是订单不齐，每次都需要对数，然后上车间追货。搞到最后，一张订单的出货期要 50～60 天。

公司的销售额不大，我总以为是销售的问题，就想着是不是应该去抓销售？是不是战略有问题？当时我就在这个思维里转。后来请YTT顾问老师辅导之后，我看到的不再是先做销售，而是先抓生产。当时我不是特别理解，但是现在我深刻地理解了。

因为产品长时间交付不了，公司在客户端出现了问题，客户的满意度跟信任度大幅下降，不愿意给我们订单了。当时我选择了坚持相信老师的辅导，然后不折不扣地执行。

首先在车间管理上，顾问老师提出了同时同序的生产方式。每个车间都按照规定，不管周转的SKU数量多大、计划多难做，都要按照规定的计划进行生产。然后每个车间早晨领任务，晚上交班，并报准时交付率。这个也没有什么技巧，但坚持做了6个月以后，车间就慢慢地形成了一个体系和习惯。

在这6个月里，我下了很多苦功夫，甚至有时晚上干部没打卡的、没交班的我都在微信群里点名，顾问老师也在微信群看。我经常半夜12点询问管理的干部：当天为什么不报产量？就这么坚持做下来，最后我们的成果是交期从原来的50~60天减少到今天的30天。后来，我们还将销售提成跟交付挂钩。客户对此的反应是，产品交付快了，满意度提升了，对我们的信任更多了，返单也慢慢多了起来了。

现在，我们的顾问辅导进度正好到了构建供应链体系的时候。抓交付的同时，顾问老师又发现车间周转的SKU太多了，效率低，订单非常零散。这时，我们又回归到客户身上进行分析，实际上是我们的客户选择出了问题。于是我们开始对客户进行分类梳理，集中精力去开拓A类客户，寻找新客户的方向。

通过找更多的A类客户，分析产品覆盖率，把好产品梳理出来然后匹配给我们的好客户，我们发现，好客户在对外售卖我们的好产品时，销售额是非常高的，周转也快，于是返单也多了，慢慢地总订单金额也增加了，而我们的品类反而减少了，每一个品种的订单数量也增加了，产能也提高了。就这样到了2019年，我们的销售额增长到了2800万元（见图9-1）。

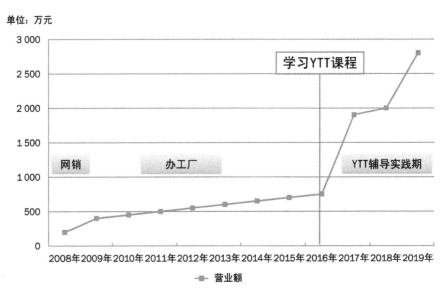

图 9-1　YTT 实践给天津名航美耀首饰带来的变化

向产品聚焦

季海洋：我们公司的产品有一个特点：SKU 寿命短，属于快时尚生意，总需要不断出新品才能赢得更多的顾客订单。在去年扩品类时，我通过大量地拜访客户，了解了客户购买产品后所应用的场景，然后通过客户的产品销售排名分析出哪些是爆款。我发现，要想设计开发出好的产品，需要满足两种类型的客户的需求。

第一种类型，我们的 B 端顾客。在这些客户批发的产品中，哪些是爆款？这些批发产品的销售排名如何？有哪些品类是需要增加 SKU 的……这些数据和反馈对我们来说都是机会。而我们要做的是跟客户进行深度沟通，提前找到市场的方向，做出对应设计和生产安排，为自己的产品找到新的销售增长点。同时，我们也能通过提前铺垫和设计，拿到更多的客户订单，扩大公司自身的市场份额。

第二种类型，B 端客户的客户——C 端消费者。我们通过拜访客户，和他们一起探讨他们的目标客户群体的画像，并针对客户的客户所在国家的消费季节、文化理念等展开了一系列深度的调研。从去年12月开始，我们自行设计出来的新产品被B端客户的客户选中的比例有了很大提升。公司彻底告别了以前那种新品开发一大堆、成本高、效率低、客户挑三拣四还不满意的情况，逐渐摸清楚了B端客户、C端顾客两种类型的需求，产品开发的方向和企业经营思路也越来越清晰了。

史永翔：选择客户，然后把产品做扎实，一步一步小心地走。季总一直受益于这个思维的引导，按照这个思路务实地做下去。

季海洋：总结一下，我觉得在YTT辅导之前，我们的状态正像您说的，眼睛每天都盯着订单，眼里没有客户，每天只是把客户挂在嘴边。实际上客户一来订单之后，自己非常高兴，然后质量也不管了，交付也不管了，等真交付之后，快没订单时又着急。像我们这些小企业，把自己的客户跟产品和交付做好，然后慢慢地用能力去构建一个战略，才能成为一个优秀的大企业。

我觉得是YTT给予了我坚持的力量。做任何事一定要耐得住性子，尤其是年轻的企业家一定要耐得住性子。经营的过程是一定要去践行的，不然是过不去的。

在季海洋先生的分享中，有两个非常重要的观点值得学习。

第一点，企业要看到客户的客户的需求。季海洋先生的公司不能只是卖产品给B端客户，它更要看到客户的客户需要什么，以及为什么需要。金银饰品要卖到全球不同的国家，其款式和注入的文化是不同的，企业不能简单地按照自己的喜好设计一堆款式，认为总有一款会满足客户的要求，这种做法会让企业的经营成本非常高。

第二点，企业要向产品聚焦。贸易型公司有一个通病：客户有需要就会下订单，双方没有提前沟通的过程，如果公司因为交期能力不足而耽误了供货，就无法满足客户的需求。为了解决这个问题，贸易型公司就不得不关注客户的客户到底是谁。

这家公司是靠贸易起家的，但它给客户创造的价值是绑在产品上的。为客户创造价值不能只靠成本低，而是要从供应链和快速的市场反应机制上来获取，让自己和客户都能从中受益。

回到组织能力的话题上来，组织能力要实现对客户的快速反应，这其中的关键问题是要面向市场，不能直接面向市场快速反应的组织架构是不合理的。

只有把组织反应速度提高，企业才有时间容纳犯错的机会。这时，企业家千万不要担心一旦组织遇到变革会完全被迭代，有时甚至两三个月组织就要调整一次。在这个过程中，企业家要勇敢地对自己和团队说一句：我错了，重新来。因为从本质上来说，在企业中老板是犯错最多的人，敢于跟员工和高管说"我错了"，实际上是在交换彼此的信任。

9.2 如何打造企业组织力

【对话11】

西安老板电器

从服务型到驱动型，打造一流组织力

采访嘉宾：陶芳东，西安老板厨房电器销售有限公司（以下简称西安老板电器）总经理

行业标签：零售业

永翔说——

创造客户价值表现在两个方面：为客户挣钱和为客户省钱。■

主营业务：家用电器、厨房设备

创业时间：2006 年

YTT 辅导成果：引入预算管理 4 年，销售额增长 2 倍

（以下内容来自陶芳东自述，经授权后编辑）

创业艰难，坚持很酷

史永翔：陶总是什么时候开始创业的？

陶芳东：我是 2006 年开始创业的，那时候西安老板电器的门店有将近 20 家，70 多个员工。刚开始创业的时候不是一帆风顺的，更难的是连续 3 年经历了亏损。说起这一段，大家都问我当时是怎么熬过来的？其实很简单，就是面向未来，相信自己所经营的品牌。尽管从运作上看利润是亏的，但这 3 年的营业规模却是在不断增长的。在那段时间，对我们而言更重要的工作是和更多的客户维护好关系，增强客户对品牌的忠诚度。

史永翔：公司真正盈利是在哪一年？

陶芳东：真正盈利的拐点是在 2009 年，从那以后公司一直保持着很好的增长势头，直到 2018 年达到了最高点。

2018 年我们遇到了这个行业的拐点，增长开始放缓，也是从这个时候起，我开始意识到必须要提升产品周转率了，于是从 2019 年起我们最核心的经营策略就是去库存。

YTT 的利润管理实践

史永翔：陶总和 YTT 结缘是在什么时间？

陶芳东：我是 2008 年开始接触 YTT 思想的，后来一直跟着您学习。这些年我一手抓市场开拓，强化市场开拓性和增强营销策略的有效性；一手抓内部管理，强化组织的数据管理和绩效考核。

史永翔：刚开始公司遇到了有增长却没盈利的情况，原因是什么？

陶芳东：最大的原因是营销费用高，人力成本占比高，消费者的需求增长不能抵消营销费用的增长；再加上当时我们所经营的品牌产品价格也不高。接手管理之后我采取了一系列差异化市场策略，当年就使公司盈利有了起色。公司的营业额从2009年开始有了大幅增长，也正是因为我受到了您的启发。再加上前几年我们在团队人才培养和营销体系上做出的努力，终于等到了厚积薄发的时刻，公司营业额增长非常快。

史永翔：YTT的利润管理思维对公司的帮助体现在哪些方面？

陶芳东：我认为YTT对公司的帮助主要表现在三个方面。

首先，在财务思维方面，YTT让我们用数据化的分析方式来梳理公司的管理，用数据客观地评价每一个人和每一件事。

其次，YTT应用最好的是在预算管理方面。原来我们的预算不是每年都做，通过YTT的学习我们把全面预算管理导入公司日常管理中，用预算来指导召开月度绩效会议，并进行各部门和相关负责人的绩效考评。

最后，通过财务分析，YTT让我们清楚了公司的短板在哪里，并通过管理报表来发现和弥补管理中的漏洞。

如何做好组织管理

史永翔：陶总认为身为企业领导者，应该如何做好组织管理？

陶芳东：第一点，引入全面预算管理机制。公司年初确定好预算总目标，各个部门经理根据总目标再分别确立好部门指标，大家围绕着所有的预算目标在周例会和部门例会上进行沟通。

第二点，合伙人机制。事业合伙人机制是把外围市场承包并充分授权给员工，释放其潜能，让他们最大限度地、自觉地发挥积极性和创造性，在工作中做出更大的成绩。

第三点，高管分享制。我们统一给高管层制定五个指标维度，在完成公司既定要求的目标后，有收益大家一起分享。这种做法能让高管感受到只要肯努力，就能得到丰厚的目标收益和自我成长。

第四点，内部选拔机制。公司现任的中高层高管大多来自一线的基层人员，我们通过内部选拔机制为员工提供广阔的发展空间。而原来做一线业务的主管，可以通过承包区域市场的方式成为合伙人，这种做法能让大家感觉到在未来的职业生涯中没有天花板的限制。

创业体会

史永翔： 陶总认为作为一名创业者应该要注意哪些方面？

陶芳东： 第一点，"天道酬勤"。创业伊始千万不能眼高手低，管理者一定要事无巨细地去做，等到公司慢慢长大了才可以逐步授权。

第二点，"地道酬德"。老板的价值观很重要。员工愿不愿意跟随你？团队是不是愿意主动突破能力限制？这些都和老板的价值观息息相关。团队的稳定性对一个企业的发展非常重要，最好不要频繁更换管理团队。

第三点，"人道酬诚"。这里一方面指的是做人要诚信，需要真诚地对待客户。另一方面指的是无论是面对员工，还是亲朋好友，真诚是一个人最重要的资产，有了这个基础，大家的沟通成本就能大大降低。

第四点，聚焦业务。管理者在创业初期不能想着多元化，只有先把一种产品钻研透，才有可能获得更大的成功。

第五点，在管理过程中一定要通过数据说话，奖惩分明。在管理企业的过程中，管理者应对事不对人，尽量做到公平、公开、公正，这会让管理变得更加简单。

第六点，提倡"靠谱文化"。做企业一定要靠谱，对创业者来说也一样。每个人做事不要讲虚得摸不着边际的话，即使现在做得不够好，也可以做好持续改善。

第七点，做企业一定要清楚自己的定位及经营策略。一家企业是要做成本领先型，还是做价值创新型？这两种类型只能选其一，不能忽左忽右。比如我们公司是价值创新型企业，和竞争对手的差异化一定要明显，做市场的引领者，否则只可能是市场追随者，无法创造更大的用户价值、企业价值和社会价值。

第八点，倡导正能量的价值观。我们公司提倡"家"文化，比如每月为过生日的同事举办生日会，每年号召全体员工参加运动会，奖励优秀员工外出旅游等，包括在疫情期间提出不减员不降薪等措施，让每个人在公司很安心，并能实现个人价值的持续发展。但与此同时，公司层面也制定了末位淘汰机制，大家把这种机制称为"严酷的爱"。

此外，公司提出了"创造价值、高效协同、善融共生"的经营理念，还经常向员工倡导要尽孝、行善、担责、感恩和分享，并通过举办各类公益活动让大家深刻感觉和体验到这一点。在此基础上我们也提出了"五心"的人生态度，即有诚心、责任心、恒心、精心和敬畏之心，让员工始终保持对生活的热爱，在激发出强烈事业心的同时，开拓人生的新局面。

一家小公司能不能成长为一家伟大的企业，关键在于它是否拥有强大的组织能力。当下有些企业家喜欢用"亲密关系"来做管理，而我更建议企业家学会用信任关系做管理。这是因为在亲密关系下用人是最危险的，这在很大程度上会直接导致人与人之间的关系"越界"。相较而言，信任关系则体现了原则性。信任关系是组织能力建设的基础。那么信任关系包含哪几个要素呢？

第一个要素是道德。也就是说，在任何情况下，道德的底线是不能打破的。

第二个要素是价值观。在企业里，从上而下的价值观要统一。价值观是以追求卓越为客户导向，以价值观做引领，以道德为底线来捍卫信任。

第三个要素是以数据作为衡量好和坏的标准。

我经常听到身边的企业家抱怨说，企业的营销、产品开发都做了，也尝试了新的策略，销售量明明看起来增加了，但为什么还是赚不到钱呢？这里面赚不到钱的关键问题是，企业的组织力过度，组织消耗大，其特征表现在客户不能得到有效的服务，业务或营销形式落后，最后弄得整个公司上上下下做事很辛苦，实际上却没有创造出更高的价值。

为了更好地帮助大家理解和消化，我们用一个例子来加以说明。

【案例39】

三株口服液：组织能力弱，终于引祸端

三株实业有限公司（以下简称三株）曾是中国民营企业的一个奇迹。1994年，三株成立，同时推出三株口服液保健产品。当年，公司销售额达到1.25亿元；1996年，销售额达到80亿元。

三株在全国所有大城市、省会城市和绝大部分地级市都注册了子公司，数量达到600多个。三株在县、乡、镇有2000多个办事处，各级行销人员总共超过15万人。1997年，销售额较上年下滑了10亿元，原计划的300亿元仅实现70亿元。1998年，市场开始瘫痪。1999年，200多个子公司和2000多个办事处全部关门。2000年，三株企业网站关闭，三株几乎从业界消失了。

三株由生到盛，仅仅用了2年的时间，由盛到衰却用了不到2年的时间。三株人自己认为，三株由盛一下走向几乎消亡，是让湖南常德汉寿县的一场官司给拖垮了，这简直不可思议。其实真正的原因不是官司本身，而是其企业内部管理混乱，组织架构和运行不规范，企业系统的众多子系统的目标功能的作用不能正常发挥。

为什么三株衰微得如此匆匆？从三株的组织架构和运行上可发现端倪。

三株的组织架构和运行存在着致命的缺陷。

"集团军式"的集权管理，企业系统功能分配上下严重失衡。各子公司不是一个独立核算的公司，只是一个代理执行总部战略意图的促销单位。市场范围由总部划定，产品由总部统一调拨运输，价格由总部敲定，甚至签订合同和

货款回笼都由总部包揽，子公司实际上只是负责与新闻媒介联系登广告，或者把宣传品送到客户手里，实施一些促销活动，把产品卖出去。各级财务人员的工资由总部财务中心统一发放。三株对子公司实行"填鸭式"的管理，各子公司只能被动接受命令，无法根据市场实际发挥自己的主观能动性和创造性。

这种管理模式在1996年已暴露出严重的不适应。1997年年初，三株开始放权。但一放就乱，三株没有完善的组织规范，许多子公司不会用权，或者滥用权力，这又导致了一些新的更严重问题的发生。

组织系统目标功能作用不清，单位、部门自成体系。三株总公司的组织架构，实行的是中央集权。在管理体制方面，企业建立了高度统一的指挥体制。吴炳新称之为六统一，"思想统一，组织统一，政策统一，企划统一，行动统一，管理统一"。为了使这种集权体制具体化，三株又引进了日本企业的"贩卖、人事、总部、制造"四个中心的架构，成立了制造中心、营销中心、财务中心、组织人事中心。集团的四个中心各自独立成为一个体系。各中心之间，画地为牢，互成壁垒，一个个都成了割据分立的诸王国。人员各自扩充，职能各自增添，以与其他中心争权夺利。单位、部门之间拉山头，闹独立。单位、部门不是从企业整体利益出发，而是从小集团和个人利益出发。

组织层次过多，运行效率低下。从集团总裁到基层员工，共有18个层次。过多的等级造成严重的官僚主义，上令难以下达，下情难以上传。市场信息不灵，上下沟通渠道不畅。总部对下属公司无法进行有效控制，对外部环境变化反应迟缓。

在组织架构和运行上实行军事化控制。上有市场前线总指挥委员会，其功能相当于国家军委。中有各省级市场前线指挥部，相当于前敌委。在总部还设立有政治工作部，各省设政治委员，子公司派党代表，任职人员主要是从部队营级以上的转业干部中选聘的。下有基层作战单位，基层网点执行经理为连长。但这种军事化的管理也无法给三株带来效率，吴炳新亲自批示的报告，并且电告副总裁速办，结果在中间被卡住，理由是手续不全，延误了 10 天时间，导致良机丧失。

案例中的三株口服液和竞争对手的产品相比，没有太大的差异性，但凭借其"土得掉渣"的宣传手段，在当时的营销环境中取得了巨大成功。但最后由于它的内部管理不规范，尤其是组织不规范，使得把它所捡得的一个一个金娃娃又玩丢了。

组织架构和运行不规范的问题，不只是像三株这样的公司存在，国内很多企业都存在，只是在程度轻重上有所差别罢了。从这个意义上讲，通过一定的科学方法规范企业的组织架构和运行，是关乎企业兴衰存亡的大事。

有些企业的组织和产品之间不协调，比如有些只适合小批量生产的定制产品，经营者非要让它规模化生产，于是规模化形成了"产品流"但没有形成"产品力"，反而让组织消耗越来越大。组织消耗大，产品力缺乏，使得企业越来越不赚钱，从而使得企业从整体上缺乏长期发展的推动力。

对于一家企业来说，组织力强表现在哪些方面？其实就体现在"速度"二字上。也就是说，组织建设要能推进对客户需求的反应速度加快。

永翔说——
对于任何组织来说，好坏的唯一衡量标准是客户能不能迅速接收到企业的服务，这是组织变革的第一要素。■

第 10 章

利润定律九：组织复制定律

【对话 12】

苏州宏茂

1 个爆款，2 年时间，从 3000 万元暴增到 3 亿元

采访嘉宾：金健，苏州宏茂进出口贸易有限公司（以下简称苏州宏茂）董事长
行业标签：外贸、户外用品
主营业务：家居和花园户外产品
创业时间：2006 年
YTT 辅导成果：2 年时间内，营业额从 3000 万元快速拉升至 3 亿元

（以下内容来自金健自述，经授权后编辑）

创业契机

史永翔：金总是在什么时候开始创业的？

金健：2006年我从国外留学回来，被分配到上海一所中学里当老师。只做了半年左右，我心里想清楚了自己想要什么，于是辞职注册了一家贸易公司。第一年我也不太懂怎么做生意，就和3个员工一起摸索。

史永翔：第一笔生意是卖什么？

金健：卖的是西班牙的信箱，一个单子只有3万元，直到下半年才有了二十几万元的营业额。

企业走过的艰难时期

金健：之前我们公司的品类有成千上万个SKU，为了更好地满足客户的需求和工厂打样的要求，2011年我们在浙江仙居开了自己的加工厂。

刚开始那几年公司没有产品定位，也不知道自己到底能做什么。印象很深的是有一次我们接了一个德国客户的大订单，这家客户是生产锁的。我们花了半年的时间，耗费了大量的人力、物力才做出了样品，但是后面的技术跟不上，无法交付，直接导致我们之前接小单赚的钱全都赔进去了。

史永翔：印象最深刻的是哪一年？遇到最艰难的事情是在什么时间？

金健：2016年，我们公司的营业规模做到了3000万元，但还是什么单子都接，所有的精力都分散掉了，营业额提不上去了。那段时间的订单，我们也允许客户可以先欠款，这无形之中让我们垫进去了很多资金。那段时间的工作管理非常混乱，经常有供应商来催款，我们要打样买样，还得去客户那里要钱。正是经历过这些，现在我才非常重视现金流的管理。

YTT的利润管理实践

金健：我在2016年4月遇到了您，并听了相关的课程，6月我就去向您咨询。见面后我把情况跟您说了一下，您告诉我的第一件事情是"要把那些主动放弃没有什么价值的小客户，集中精力做大客户，把宽度拉大后，大客户的更多产品订单就会给你"。我按照这个方法去做，2017年年底营业额就做到了1亿元，利润增长了150%（见图10-1）。

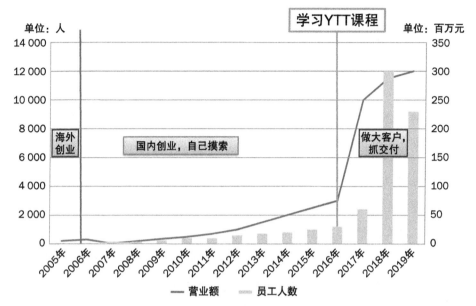

图 10-1　YTT 实践给苏州宏茂带来的变化

史永翔：格局要拉开，源头的问题要解决，客户要筛选！所有的决策都是时间和空间的交换！

金健：2018 年的时候我想快速复制组织，一天到晚都在做内部培训流程，结果那一年走了弯路。我给您看了每次的开会培训记录，您一眼就看出来我没有抓客户、产品、交付这些重点问题。"要帮员工拿订单！"这是您给我开的一个方子。明白这句话后，我发现基本不再需要行政上的管理。

那段时间我们做了大量的调整，产品、客户、人员上都有所减少。

史永翔：您都在哪些地方做了调整？

金健：比如我们从产品出发去拉客户清单，从中发现还未成交的部分，然后思考用什么产品可以去交付，这样做客户的能力就更集中了。同时问题也暴露了出来，那就是我们有核心竞争力的产品不够多。这时，您让我们打造爆款，我意识到了这是一个机会，但是没有马上去做，这让公司错失了一些发展的机会，也让我更加坚定地相信要按照您所教的那样做下去。

现在，业务源源不断地进来。虽然有时订单无法交付，但我会记录是哪些客户的。公司目前没有精力去做，等公司把能力提升起来，再去把这些单子找回来做。这也是您教给我的。

史永翔：企业家要学会站在外部看公司，要以客户价值为导向。企业经营管理始终要去解决离客户最近的问题，以及客户最关注的问题。

金健：2018年10月，您辅导我们公司做整体战略调整，按照您的战略打法，2020年我们仍将做到3亿元的营业额。但那时我还不知道什么是SKU，也不知道产品要设定场景，公司的产品没有一根主轴串联，都是散的。经过您帮忙梳理后，我们把产品定位在家居和花园户外产品上，第一个战场先从德国市场的"网店—中间商—商超"渠道开展。一下子我们的产品定位、客户、要扩的SKU就非常明确了，我们不再随意接一些不属于场景里的产品订单，交易型的产品也不再做扩展。

原先我们对主动找过来的客户都不太上心，觉得我们不赚钱的订单不能做，付款方式不好的订单也不能做。其实，客户主动找过来一定是因为我们有他最关心的产品。于是，我把2017~2018年客户主动找过来但我们没做的单子整理了出来，竟然发现现在的客户数量比原来翻了一番。新客户还没扩展，但老客户那里的品类我们已经上升到一个更高的层面了。

上过您的课程的企业家一定知道有个词叫"爆款"，简单地说就是集客产品。我们公司也有几个爆款产品，基本都是平进平出不赚钱的，但这些产品帮我们敲开了客户的大门，让我们有可能用20个或30个其他的产品拓展与客户的业务。同时，这些爆款又跟公司其他客户的需求有交集，这样业务员自然也可以拿到更多的订单。这些是我学习完YTT课程，您辅导实践后的深刻体会。

永翔说——
企业一定要有客户的导向思维，学会绑定客户，巩固企业自身的竞争地位。∎

如何打造客户黏性

金健：拿前面的爆款举例，采购这个爆款的客户可能有1~50个，当我们拿下一个客户时，可能会发现这个客户在同一场景中有30个产品跟我们是有交集的。

我们的业务员会有一张大表，哪几个产品跟进了、拿下了，他们就在表中标记一下。对于暂时没有跟进的产品，业务员稍后会主动去跟进，联系客户，这样客户黏性自然就有了，同时业务员的业务指标也容易完成了。公司只需要做好后面的交付。

现在客户给的订单有的可能不赚钱，但我按照您给的方法看"总毛益额"，很快就能定下来这个项目能不能做。后来客户有其他需求的订单也会发给我，因为客户也喜欢用更少的供应商提供更多的、优质的产品。

现在我们会定期把会议记录拿给您做诊断和辅导，也会把公司的战略发给一线员工，从上到下指导每一个员工，让他们知道公司到底在做什么。我们做工厂最重要的是产品的交期，经过梳理，现在我们的小柜出货时间压缩到了30天。我们会对每一个产品"报价—下单—生产—出货—运输—到港—入库"的一系列过程全部做记录，也会将这些产品在其他同类客户那里的销售情况的反馈发给客户知晓，同时也让整条线上负责的人知道现在货品到了哪一个环节。这样客户的黏性增加了，员工的主动性也增加了。管理者应负责帮下属拿订单、帮客户做好交付，真正地去了解客户的思想，让业务回归到客户身上。

如何做好一家好公司

史永翔：对创业者有哪些想要说的话？

金健：第一点，所有的精力一定要放在产品上，不能放在其他地方！要把产品做透了，卖给更多的人。

第二点，所有的事情都要以财务数据为基准，这一点从创业之初我就深有体会。

第三点，最好身边有一两个靠谱的人。这种靠谱表现在哪里？比如，这个人无论做任何事情都要坦诚，哪怕是犯错了也要坦诚，因为只有这样我们才不会在错误的地方花时间和精力。

以前我们公司有人建了小团队，工作上出了一些问题，之后他们不是想办法去改正，而是推脱责任。有了这个前车之鉴，我们要求公司所有人达成一个共识：犯了错要坦诚，损失了多少钱公司承担。这时员工跟着老板做事，中间就减少了沟通成本。

第四点，做公司要扎实。比如一件事情，我们开会说什么时候要完成，我就让秘书记录下来。快到约定的时间了，秘书会先检查，因为到了约定的时间我肯定会向相关负责人要结果。我们有一个任务单表格，我觉得这个挺管用的，这样的话下属都会按时给公司交作业。说得直接一点，老板查什么，下属就会做什么。

第五点，积极的态度。我们公司有一个口号是，遇到困难要把它看成机会，有机会整个人的态度就不一样了，就不会产生抱怨。我这个人也是这样，积极、乐观，没有那么多时间去给谁解释什么，因为方法总比问题多。

10.1 如何提升战斗小组的执行力

结合案例 35 中山东公司取得成功的案例和对话 12 中苏州宏茂公司的案例，有三点实操方面的经验跟大家分享一下。

第一点，战斗执行的目标分解到中基层人员实施时，已经很难用财务指标来衡量了，因此管理者需要抓取重点指标，尽量引导实施执行人员自发提交考核标准，这样能最大限度地调动其参与性与创造性，以便于实施执行。

第二点，人岗匹配问题是让所有公司都很痛苦的事情。案例 35 中的山东公司在三线城市痛苦经营了十多年，最后的解决方案还是把复杂的工作划出去，在青岛、上海、北京等成立了相关机构专门去做。说到这里有些人可能会担心，这样的扩张是否风险很大。其实，该不该扩张是战略价值问题，能不能管好是战术组织能力问题，当有了利润计算工具，这些决策都很清晰。能力很强的人大多是不需要管理的，企业家只是规则制定者，要知道企业最大的风险是战略决策失误与战略不能被实施。

第三点，时刻关注执行中的变动信息。这是对公司最有价值的信息，无论是超额完成还是无法完成，都要进行分析。管理者通过掌握这些信息来优化战略与战术，这样战略、战术、战斗就形成了完整的闭环体系。

所有的成长都会伴随烦恼和痛苦，所有的安逸都将导致平庸和灭亡。对于创业者来说，更重要的是选择成长。

每当有身处组织变革中的企业家来找我取经时，我都会送给他们一句话："不拘泥于人，紧盯大目标。"既然选择了痛苦，便要接受选择所赋予的阵痛。任何变革都会带来痛苦和代价，我们要做的是忘记过去的组织积累，学会用乐观的态度去接受变革。

10.2 从单店到扩张，如何提升营业额

做企业一定要有营业额，也就是说企业一定要卖出去货才能存活。要想获得较为理想的营业额，需要有一个和营业额相匹配的企业经营模式。但是企业在做大营业额的时候，是不是能同时获得好的经营结果呢？答案是不一定。这是因为营业额和利润往往不成正比。那么，如何才能提升企业的营业额呢？

永翔说——
战斗来自勇气，战略来自布局，战术来自归纳。■

企业没有营业额,就一定没有利润,这一点是肯定的。但是,在现实中我们会发现有下述一类情况。

【案例40】
规模扩大10倍,利润原地踏步怎么办

有位企业家学员来问我,当他的企业规模是3000万元的时候,赚到的利润是300万元。后来他的企业规模做到了3亿元,却仍然只赚300万元的利润。这是什么原因呢?

这个问题取决于两个要素:第一,企业的经营模式对资产的利用程度;第二,企业经营模式跟客户之间的对接关系。

当企业的营业额成长到一定程度时,会出现一个现实的问题,那就是营业额冲不上去。一个企业如果营业额做不上去,通常是在三个地方出现了问题(见图10-2):

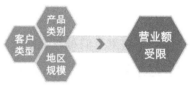

图10-2 营业额受限的三个因素

一是企业的地区规模受限。比方说企业只在某个区域内做业务占领市场,肯定会受到地区规模的局限。

二是企业的客户类型受限。比方说企业将某一类型的客户做透了,可以考虑还能不能再做新一类客户。

三是企业的产品类别受限。也就是说企业的产品类别已经被市场客户所熟知,企业应考虑是否需要开发新产品。

上述三个限制阻碍了企业营业额的进一步上升。这时,有些企业首先想到的是采取增加业务的方式来应对。比方说扩大销售地区,但是这个方法会增加企业的组织成本,无形中还会吃掉企业的利润。再比如说增加客户的类型,客户类型的增加会使得沟通的属性产生变化,无疑会增加组织的沟通成本。那

么，开发新产品又如何呢？我们知道，任何一个产品的背后都需要组织能力的支撑，而任何一次规模的营造需要从销售上去拉动，这对企业组织的支撑力提出了更高的要求。

【案例41】

小小理发店，扩张大道理

记得有一次我到我家楼下去理发，这家理发店在当地已经有了10家连锁店。去的时候正好碰到老板过来巡店，他急忙邀请我进店并不由分说地谈起了自己的经营思路。

原来，自从有了10家连锁店后，他们发行了理发卡并拥有了大量会员。目前，他正打算增加产品经营，思前想后决定先上美容院，再上养生馆。

看到这里我们可以发现，这位理发店老板的选择是围绕客户做更多的产品，这种做法在现实生活中可能会比较容易成功，但是未来要把店铺规模做大就有难度了。

假如他在某个地区拥有10家理发店、一两家美容院，这时老板个人还有精力来盯着经营，但问题是组织规模不能太大，也不能跨地区经营。

但接下来他又说到，他的目标是在全国开1000家店……说到这里我忍不住打断他并告诉他，这个目标太难实现了，因为地区经营和跨区经营是两种截然不同的经营模式。小企业最容易做的一种模式是围绕客户组合产品，也就是说针对同一地区的消费者，企业可以通过减少组织的沟通成本，将新增客户的开发成本降到最低。但如果要跨地区进行扩充，问题就来了：如何才能让理发店经营的产品保持持续的竞争力？企业开发经营的产品越多，组织能力的支撑度要求就越高，而且跨区经营一定会加大企业的组织成本。最大限度地降低组织成本就是采用可复制的企业经营模式。在现实企业经营中，产品越复杂，其运营模式的可复制度越低。

另一种企业经营模式则是用同一种产品找不同的客户，这种模式比产品复杂模式更容易做到规模扩张和可复制。但是如果只做一种产品，产品要卖到不同的地区也是有一定难度的，其难度就在最初的客户开发成本控制上。

企业的产品力和营销开发力之间是存在互为支撑关系的，当企业不断透支营销力的时候，企业的产品力会相对落后，无法支撑快速扩展的营销投入。做企业实际上是在产品力和营销力之间找平衡。因此，围绕客户找产品，还是围绕产品做客户，这是企业自身一开始就需要考虑清楚的。

第 11 章

利润定律十：企业高增长定律

【对话 13】

广州时易中

6 年成长 20 倍，真正盈利的跨境电商

采访嘉宾：贾卓，广州时易中信息科技有限公司（以下简称广州时易中）总经理

行业标签：跨境电商、户外用品

主营业务：汽车配件、摩托车配件、户外运动产品、瑜伽服、办公设备

创业时间：2007 年

YTT 辅导成果：学习 6 年多的时间，销售额上涨了近 20 倍

（以下内容来自贾卓自述，经授权后编辑）

创业契机

史永翔：贾总是在什么契机下开始创业的？

贾卓：我在 25 岁那年和前老板一起合伙创业。在懵懵懂懂的状态下，我向家里借了 5 万元钱开始了创业项目。这听起来也许不像一个正常的创业该有的样子，完全是靠胆子大。

创业之初，公司以经营摩托车配件为主。有一天我们突然在阿里巴巴网站上接到了一个询盘，客户要找一个品牌的摩托车外壳。当时我也没见过这个产品，通过百度搜索了解到全国只有两家工厂做这个产品。后来我们构建了从客户需求到组织产品的经营模式，帮更多的客户找到他们理想的产品。

公司的快速增长期

史永翔：公司的增长期是在什么时候？

贾卓：创业 3 年后，公司的营业额达到了 1000 万元。公司的经营模式开始从 B 端转向 C 端，当时我们开通了 eBay 账号。两年过后，C 端的销售额超过了 B 端。我们判断随着网络和物流越来越便捷，更多的 C 端客户会通过跨境电商平台购物。

第二次营业额增长来自品类的扩充。2012 年，我们增加了汽配类产品。当时我也不清楚要做什么产品，就去征求我父亲的建议。他以前经营一家小旅游公司，比较懂车。他告诉我可以尝试电子配件，因为电子配件的附加值特别高。后来我去了解了一些电子配件类别和数据，发现 70% 的客户都是自己更换电子配件。这一方面是出于客户喜欢 DIY，愿意自己动手；另一方面也跟人工费用高昂有关系。客户可以在 YouTube 上找到安装视频，自己学习安装，用不着去维修店。再说，国外的汽车修理店也嫌弃这种小订单。于是，我们在汽配这个行业里选择了门窗开关按钮这个品类，当年销售额就增长了 3 倍多。

第三次爆发期是在 2016 年，增长源于亚马逊平台。我们 2014 年开通了亚马逊账号，以一个新项目的形式交给了一个小姑娘去打理。结果一年过去了，两年过去了，一直没有大的动静。我同行的朋友都说亚马逊很不错，我想为什么我们就一点儿效果都没有呢？后来有一次我跟一个总监去浙江出差，路上车的玻璃开裂了，需要去4S店换玻璃。当时正好赶上G20峰会，4S店没有现货，我们就在当地酒店住了下来，这一住就是4天。也就是这4天，我自学了亚马逊的教程，花时间把自己之前不懂的东西弄明白了。从那次出差回来，亚马逊的销售额基本每年都翻番，等到2017年的时候，光是利润就有1000多万元。

经营中的危急时刻

史永翔：创业中最艰难的时期是什么时候？

贾卓：2008年，我们刚赚了点儿钱就遭遇了经济危机，当时我跟大部分人的心情是一样的，非常恐慌。记忆犹新的是那时我们团队就两个人，也就是我和另外一个员工。

当时发生了一件很有趣的事情。我们两个人租了一间两室一厅的办公室，他的办公桌在我前面。有一天中午休息的时候，我看到他打开了一个写着"简历"两个字的文档。我心里想：他是不是想找工作了？要离开了？后来我终于忍不住，在吃饭时就问他：你在准备简历吗？他说不过是帮同学修改而已。他一直没有离开，直到今天我们依然在并肩奋斗。

后来我们复盘时发现2008年其实是个好机会，但是我们没有抓住这个机会，可能是被恐慌给吓着了。那一年大多数公司的人才都流出来了，就像现在这个时间一样，可以吸纳到一些平时招揽不到的优秀人才。

YTT的利润实践

贾卓：2014年经朋友介绍，我加入了YTT利润体系学习。从第一次上预算课到现在，6年的时间我一直在跟随YTT。在这6年时间里，公司的销售额上涨了近20倍（见图11-1）。

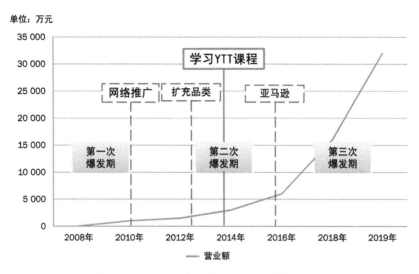

图 11-1　YTT 实践给广州时易中带来的变化

虽然我们是做出口电商的,但是本质上和国内电商是一样的,既然选择了做零售、做电商,就不要怕麻烦,怕麻烦就不要干这个活儿。我觉得前 10 年我们基本是靠运气做企业,但自从跟您学习 YTT 以后,才发现它对公司产生了真正大的影响。

史永翔:能不能具体说一下表现在哪些方面?

贾卓:举个例子。比如以前在投机方面我觉得自己很厉害,什么都能卖,我估计大部分创业者也是这样,头脑比较发散,想干什么就干什么,没有一个边界。接触 YTT 以后,我更加重视自己的主业了,主业的发展速度也更快了。核心主营业务发展快了,核心产品的产品力就出来了。

我觉得公司往大方向上走的时候要有定力,这是公司规模过亿元以后要特别重视的一件事情,否则就把公司的资源和资金耗散了,这是近两三年我特别大的感触。我明显看到,近几年我们开发的产品品类,无论是在销售额、利润额还是在现金方面,都是最好的,这是 YTT 学习效果的体现。

史永翔:在经营过程中,您增项目和砍项目的标准是什么?

贾卓：针对砍项目，我觉得源头还是在于标准的设立。还记得和您去瑞典的电信公司学习那次，对方的创新事业部一般以3个月或6个月为一个周期，每个周期都进行复盘，看每一个项目达到了什么标准。当时我的感受很深刻，因为自己在做项目的时候没有这套东西，稀里糊涂地就去做了。后来我选项目就围绕着大户外类相关的产品做，所有的东西都聚焦在自己有能力做好的品类上。

2018年YYT商学院对我们进行专项辅导，当时公司有一万个SKU，辅导老师对我说，一定要单独看每个SKU的盈利状况。在老师的辅导下，我们对每个SKU进行利润分析，建立了SKU淘汰标准，淘汰完之后剩下一千个SKU。

在YTT商学院跟您不光是学到了知识，也真的做到了一件事，就是走正道。

有些商人的思维是无利不起早，总是想偷奸耍滑，但跟着您做企业是可以走正道的，而且走正道增长速度也不慢，真的用心做，后面不仅不慢，还可以做得很持久。时间越久，我们的项目越值钱，用户也越喜欢我们。

YTT在经营层面上对我们的帮助太多了，比如目标导向思维。我们以前开会更多的是问题导向，结果总是纠缠不清，不了了之。有了目标导向思维，大家对自己要做什么更加清晰了：

- 我们这个月的目标是什么？
- 这周的目标是什么？
- 距离完成这个目标的差额是多少？
- 我们怎么去改善？
- 怎么朝目标去努力？

还有用户导向思维、打造产品力的思维，这也是我这几年来跟您学习以后，跟同行之间很大的一个差异。

2017年我们去日本游学的时候参观了丰田工厂，在大巴车上您说，产品力一定是贸易型公司需要打造的,否则我们给社会、给整个产业链条的价值都是小的,因此一定要去打造公司自己的产品力。从那以后,我们自己更专注产品的改良和改善,这最后让我们在产品力方面超越同行,更胜一筹。

不难发现,好的销售结果首先应该来自一种正向的思维,否则我们在做决策或者在做判断的时候,只用手段和方法做事情,很容易偏离正向思维和商业的本质,陷入迷局之中。

11.1 如何实现高速规模性成长

首先,我们拿小米来举例。很多人都说小米是靠做手机成功的,但现如今小米能做的绝不仅仅是一部手机那么简单,它其实是在做"遥控器电商"的生意。因为手机产品对小米来说好比一个遥控器,小米在这部手机上植入了电商的各种入口(见图11-2)。

图 11-2　小米对市场的洞察

小米电商到底在卖什么?有人说,它什么都卖。事实并非如此。拿热水器这款产品来说,小米卖热水器,是让商家自己带客户、自己研发、自己推广,而小米也为他们提供客户支持。从这个模式我们可以发现,小米经营的是一个生态链系统,做的是"动车组生意",也就是小米的背后,不是一节一节的货厢,而是一节有一个节能自发驱动的火车头。商家自带流量来,小米也导出流量给商家，大家都是发动机自带驱动，这才是它真正厉害的地方。

当小米的客户越来越多时，它也有很多商品不需要其他商家来提供，比如毛巾。你能想到小米为什么要经营生活耗材吗？那是为了能让客户产生重复购买。这种让用户重复购买的理念非常符合小米的产品风格：标准品、实用性、品质好。我把这种经营形态称为"烤红薯生态"。意思就是，炭火烧得很热的时候，为了不浪费资源，旁边顺带丢几颗红薯。

这也给了众多企业经营者一个启示：当企业嫁接资源的时候，要注意是不是把主能源消耗掉了。对于小米来说，它的主能源是小米手机，因为那是用户的入口，只有控制了入口，流量才会越来越大。

那么小米在短短 6 年间获得诸多成就，背后的原因究竟是什么呢？

我们一起来看看小米在短短 6 年间获得成功背后的真正原因（见图 11-3）。

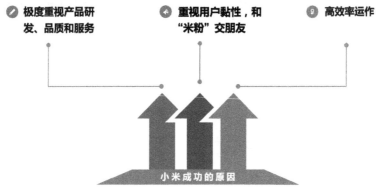

图 11-3　小米成功的原因

第一，极度重视产品研发、品质和服务。

话虽这样说，但产品研发更多的是压在了供应商身上。从前文的叙述中大家不难发现，小米实际上是让更多的供应商和他们一起对产品做研发的。

【案例42】

小米的"遥控器生意经"

儿子自从购买了小米的净水器之后，一直在买小米系列的其他产品。有一次他打电话告诉我，之前给家里买的净水器要换新了，我问他是怎么知道的，他说："我手机的App上已经显示红灯了。"于是他花了两千多给家里添置了一个新的净水器。

我认真看了看这款新产品的介绍，发现它的App产品说明里有六颗星，每颗星代表一款其他的产品。只要你想了解哪一款产品，按下去，手机里的App就会自动发送产品介绍给消费者。我试着点了其中一颗星，发现这是一款美的热水器，是小米和美的做的联合研发品牌。

这就是小米的"遥控器生意"，和品牌供应商联合，也恰恰说明了他们对产品的极度重视。

第二，重视用户黏性，和"米粉"交朋友。

有个怪现象，越是创业成功的经营者，和客户在一起的时间越少，也越来越不重视和客户做深入的沟通。

第三，高效率运作。从小米的人才招聘中可以看出他们对产品经理以及对产品管理效率的重视程度。

我们再来学习一下小米的生态链条：首先以用户为中心，通过MIUI，也就是小米的沟通平台，和用户一起互动、娱乐，最终卖小米手机给用户。通过小米手机这个载体，形成小米网，加载更多的硬件产品售卖，比如电视、路由器、充电器、音响等。这些硬件产品最终要通过小米网电商来形成新零售体系。而上述这些用户的数据通过MIUI后面的云服务进行沟通分类，为庞大的用户推荐硬件如何卖、电商怎么玩、娱乐业如何介入。举个例子，小米有庞大的用户群体，可以实现电影票的提前售卖，甚至是可以用提前收上来的用户资金来投资拍电影。这样小米通过整个旋风图（见图11-4），把硬件、互联网和新零售构建成了一个生态圈。

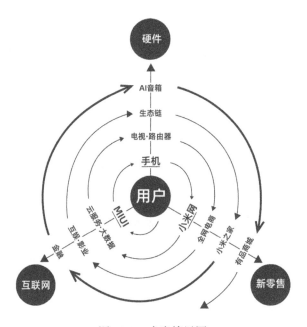

图 11-4　小米旋风图

这其中，用户经营是核心，手机嫁接是入口。小米网体现了强大的延展性，实现了更深层次的客户服务。解读小米成功的关键，很重要的一点是要充分理解小米的旋风图。它体现了小米的三个成功因素：一是"米粉"文化及与用户交流；二是感动人心、价格厚道的好产品；三是实业加投资，用生态链完善产品。小米模式"铁人三项"，如图11-5所示。

永翔说——
做金融投资一定要有实业拉动。没有客户、没有实业做支撑，投资的公司未来是没有成长性的。■

第 11 章 利润定律十：企业高增长定律　217

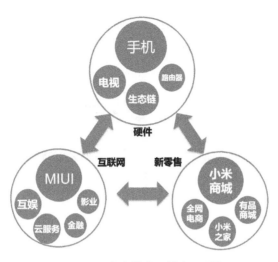

图 11-5　小米模式"铁人三项"

对小米而言，它投资的公司完全可以做到导出客户流量，提供用户生态链，用金融拉动公司成长，用实业推动公司前进，形成"一拉一推"健康的产业链循环结构（见图 11-6）。这个时候我们可以发现，投资也是一种组织建设。

图 11-6　小米的推拉生态链结构

客户、产品、组织三者之间的关系，不是一个简单的商业生态，它们之间是互相有价值牵引的。关系和价值要构建在一起，用关系构建价值，用价值推动关系。

那么，形成了这样一个生态体系之后，小米又是如何行动的呢？首先小米抢占了优质的制造业资源。小米要的是优质的制造业品牌产品，它联合有原型的创客和拥有核心技术者提升产品技术，联合大企业高管整合资源等，这些全是小米成功的重要原因（见图11-7）。

图11-7　小米的行动指南

【案例43】

7-11的盈利模式解读

众所周知，日本7-11是一家盈利能力极强的公司。它每家店铺每日的平均销售额（日销量）高达约67万日元，与其他知名便利店相比多10万~15万日元，拉开了很大差距。

7-11作为全球最大的连锁便利店，其影响力是非常大的。目前它遍布中国各大城市，主要销售食品和日用品系列。在日本，有16 000家以上的7-11商店，可以说是与日常生活息息相关。

那么7-11是如何实现扩张的呢？

说来也简单，它并不是自己去开店，有人说是靠加盟，实际上它的加盟也是有策略的。它的经营者会去看哪个地方的位置好，如果这个地方正好有小店，就和小店的老板商谈："我需要你的黄金地段，你需要我的经营技术。7-11能让你赚更多，小店还是你们的，7-11会为小店提供产品，安装系统，分析卖什么更赚钱，前提条件是把小店变成7-11的加盟店。"

我把上述 7-11 的经营模式称之为"共享模式",这是它之所以成功的关键。从这种做法中我们可以延伸思考:我们所经营的企业能不能做到这一点——和代工的制造商资源共享,取用他们的制造和技术,输出自身的销售和设计。

第一,7-11 的成功取决于它线下的黄金位置。这里要提醒大家的是,最好不要和尝试从零开始的人合作,因为很有可能他们连最基本的商业规则都弄不清楚,最好是寻找那些已经经营过一段时间,而且有黄金流量的商家合作。

第二,7-11 的成功取决于它能洞察客户的需求。家庭用餐消费主要有两种业态:内吃和外吃。内吃是在家里吃饭,外吃是在外面吃饭。除了内吃和外吃,还有一种中间状态,7-11 把它称之为中吃。所谓的"中吃"就是既不想完全在家里面吃,又不想完全在外面吃,于是大家在外面买半成品或者成品回家加工一下再用餐。随着社会上中吃的比例大幅度上升,为了满足更多消费者的需求,7-11 开始导入了更多品类的即食食品。顾客只要用微波炉稍微加热一下,就能在店里吃或者带回家直接享用。

7-11 有一句格言:零售的本质是满足顾客的新需求。在这句话的引导下,7-11 不断创新并且做到了千店千面。比如社区店卖即食食品,有的商务区店铺提供代缴税服务,有的店提供考驾照服务,有的店提供老年人服务等。7-11 不断贴着客户的需求做完善和创新,而且为每家店配备一名指导员,目的是不断琢磨和改进经营的技术,做好千店千面的格局。

第三,7-11 的成功取决于它的每个商品都可以是爆款。它的店面面积大多是 100 平方米左右,摆放 3000 个单品。7-11 在日本拥有 150 个商品研究团,每天通过分析数据,研究哪个类型的店面哪种商品卖得好。对于销量不好、利润不高的商品,立刻撤掉;对于销量好、利润高的商品,立刻加大供给;对于销量不好、利润好的商品,建议进行调整以扩大利润;对于销量很好、利润不高的商品,用来导流(导出客户)(见图 11-8)。

正是因为 7-11 的上述做法，使得它推出的每个商品都是爆款，让每个商品在店铺里都能找到其存在的理由。

第四，7-11 的成功取决于大数据。正如上文所说，7-11 的千店千面能满足周围特殊人群最大程度的需求。7-11 认为每个店面周围都有特殊人群，比如社区店供应蔬菜和调味品，街边店供应早餐和午餐等。

第五，7-11 的成功取决于它认为自己并不只是一家零售公司，更是一家培训咨询公司。咨询就需要分析研究，培训则

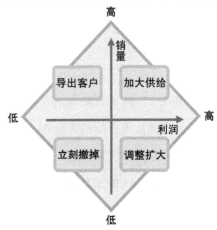

图 11-8　7-11 的爆款模式

需要输出能力，也正是因为这个定位，7-11 的规模扩充很快，便于布局，进退有度。即便是最后有的店经营不好关门了，对于 7-11 来说损失也并不多，因为它就是一家咨询公司。在日本，7-11 有 2500 个店铺经营指导员，每个人负责 7~8 家门店的培训和咨询辅导工作，这也是 7-11 的核心能力所在。

第六，7-11 的成功取决于它能改造产业链中的每一家企业。7-11 在日本"团结"了 1.8 万个门店、175 个工厂、140 个配送中心、拥有 2300 个 ATM 机，涉及制造业、金融业和物流业。说到这里有人会问，为什么会要经营 ATM 机？7-11 主要还是为了能让用户到店里买东西的时候更方便，而不是为了赚所谓的手续费。又比如 7-11 为什么要经营物流公司？它其实是为了满足货架的需求，让货物永远新鲜。我们可以发现，7-11 的店很小，却把货囤在路上，用卡车来解决店面库存问题，这是非常厉害的。

7-11 的案例给我们的经营启示是：应该建立在对我们的用户的数据分析的基础上指导各个门店的经营。这里要注意的是，客户流的数据来自门店，门店又为经营提供了客户流。因为这些门店大多占据好的地段，好地段能提供充足的人流量，人流量可以提供数据分析的依据，数据分析又能提供商品指导，商

品指导又能为供应链管理提供数据支持（见图 11-9）。

图 11-9　7-11 的经营启示

11.2　保证收入持续增长的三力原则

11.2.1　如何保持项目的持续增长

业绩是不会自动实现增长的。随着多年来国内经济的快速发展，大多数企业都靠自然增长获得了很大的市场份额，换句话说是机会大过于能力。但是近两年传统经济受到了很大的挑战，互联网企业日新月异，竞争压力已经逐渐传递到了企业内部。

面对竞争，大部分企业都看到了它源于"外部"这一属性，却对它的内部竞争属性视而不见。企业的内部竞争属性指的是要在企业内部建立一个让业务脱颖而出的机制，它主要包含以下三个方面的内容。

第一个方面，企业家是否能真正发现公司的下一个蓝海？如果不能发现业务增长的下一个蓝海，公司只能在原来的业务上疲于奔命。

第二个方面，经营者有没有开发新事业的能力？开发新的事业，这要求经营者必须有敏锐的眼光，更重要的是要不断去探索，这个过程中还要有适度的冒险。最好的方法是每年都有一定的预算去测试某些新事业的可能性，这种可能性往往需要经营者亲自带头去尝试。

第三个方面，经营者有没有勇气扫清内部的障碍？有一种体育项目叫掷冰壶。一个选手掷冰壶，另外三名队员在冰壶的前方快速地左右擦拭冰面，使冰壶能够准确地到达营垒的中心。优秀的领导者应该像擦拭冰面的选手一样，竭尽全力地帮助下属扫清前进道路上的障碍。

有些老员工比较抵制新的计划，因为在他们的思维中制订新的计划必然意味着新的风险，一旦有风险，往往会影响他们的收入。从自身安全感角度来说，他们自然会抵抗新计划的产生。在这个时候，企业家应该把这项新的计划单独拎出来，把它当成一项新事业去开拓，这可比经营一项老事业要困难得多，它需要新人力、新事物、新职能、新的激励方式。如果不能做到这一点，那么调动任何一个老员工，他都会告诉你，还是原来的工作更好做。

我们也看到还有一些中小企业家对新事物不敢投入，对新业务的增长不够关注，一直深陷在原有的业务之中。

要想达成一个新的增长，经营好一份新的事业，我认为要在三个方面做到很彻底。

第一，企业家亲自带队去寻找公司的蓝海。

第二，要敢于选择新人。选择新人的标准是选那些有更大进取心、拥有新思维、充满干劲儿的人，而这种干劲儿的产生往往是因为领导者自己要破除原来的旧思维。

第三，帮新人扫除障碍。公司内部的旧制度往往会影响创新甚至阻碍创新，这个时候新计划要单独列出来，公司要敢于投入资金、精力和承担风险，甚至要改变一些公司原有的制度，才能够让新的事业得到更好的成长机会。

11.2.2 突破收入增长的产品力原则

YTT利润管理思维总结了让企业保持持久竞争力、突破收入增长局限的三

个支撑力,我们把它定义为"保证收入持续增长的三力原则"(见图11-10),它的公式是:

$$收入 = 销售力 \times 产品力 \times 品牌力$$

先来说说企业的产品力。

做企业的过程,就是不断回归到产品力和服务力上的过程。那么要提高企业的产品力,到底应该从哪几个方面入手呢?我们用五个关键词来概括就是:拉(客户拉动)、合(联运协作)、整(管理整顿)、控(环节控制)、高(动态的价值)(见图11-11)。

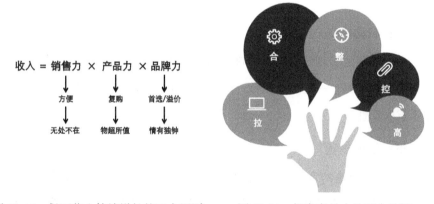

图11-10　保证收入持续增长的三力原则　　图11-11　提高产品力的五个关键

拉:客户拉动

我们把企业内部的供应链看成一个产品链(见图11-12)。现在把这个链条比作一根绳子,大家都站在这根绳子的两边,如果要把它捋直,最好的方法是什么呢?很简单,拿住两头一拉绳子就变直了。在企业里也是如此,拉动它的关键不是在每个点上用力,而是在两端。但现实情况是,企业中有99%的人在供应链管理这根绳子的两边,他们就是企业内部的各个职能部门的人员。如果每个人都在自己所处的位置上拽绳子,必然会出现绳子受力不均匀很难拉直的情况。

图 11-12　产品链的牵引力模型

不难发现，企业内部供应链管理混乱，交期也很难得到保障，其中一部分原因是内部各职能部门在做自己喜欢的事或在做内斗。企业归根结底一定是为客户服务的，因此产品竞争力和供应链管理的核心是靠客户来拉动所有的管理行为。

合：联动协作

企业的职能管理效率低，反映在部门各自为政上。做企业要敢于打破各个部门的势力范围，一定要有"合"的概念，让各个部门在产品力提升的这根链条上有联动性。

整：管理整顿

"整"是快速的意思。不管这件事情是自己干，还是交给别人干，首先考虑的不是成本，也不是能力，而是是否能快速反应去做，如何给客户提供更短的交期。

【案例 44】

管理权为谁而用

有位企业家 W 告诉我，他做了一个很艰难的决定，要把全国 200 家连锁

> 永翔说——
> 客户的拉动力才是企业生存的关键，也是供应链管理和产品力提升的关键。■

店全部收回自己干。

史永翔：如果自己干，要想实现企业规模的快速扩张就更难了，为什么要这样选择？

企业家W：这200家店之前是给代理商打理的，管理团队说代理商做不好，我就打算收回来重新投入去做直营店。

不难发现，这位企业家的经营逻辑出现了问题。我们都知道，企业的内部管理者最喜欢做更容易的事。但要想让企业获得更快更好的发展，这家连锁企业的老板应该先更换管理团队，而不是屈服于管理团队的低层次经营能力。最好的管理是能力的输出，而不是权力的集中，"整"是为了提高企业快速发展的能力。

控：环节控制

企业家做事不能懒惰，操心到什么程度就会收获对应这个程度的结果。

打个比方，企业最容易产生存货的地方是哪里？答案是在每道工序的交接环节上。我们都知道，产成品库存发生在生产部门和销售部门的交接环节，原材料库存发生在供应部门和制造部门的交接环节，各个工位之间的交接环节更容易产生残次品……所有的交接环节都是减慢企业对市场反应速度的关键，也是最容易造成浪费的地方，同样也是造成质量问题的关键所在。因此，我们一定要设计好对企业中各个关键环节的控制。

【案例45】

一张跟踪单，解决大问题

2010年我为一家纺织厂做咨询项目，这家公司规模很大，年收入上百亿元。

有一天我和这家公司的高管一起开会，会议快结束的时候，行政副总无意中说起一件事情。在不久前的一天，下班时门卫处的保安抓到了一个伪装成大肚子的女工，当时这位女工正怀揣着公司的原料想要混出厂去。后来公司陆续又发现了几例，大家正在讨论应该怎么处罚这些女工。说罢，会上所有的高管都笑了起来，开玩笑似的说以后要招聘几个女保安来专门检查女工的大肚子。

听到这里，我觉得这件事情不应该仅仅是想办法弥补管理上的漏洞这么简单，而是应该找出为什么女工要装成大肚子偷原料。于是我问道："这些女工为什么要装大肚子呢？她们的肚子里塞的是什么原料呢？"

行政副总顿了一下，回答道："她们肚子里塞的是残次品。也就是纺线产生的次品。她们想尽办法要带走，是因为这样能降低统计的次品率，这样公司就不会扣她们的奖金了。"

听到这里我立刻反应过来，回答道："这正说明了公司的管控导向出了问题，怎么能用次品的统计来反推正品率呢？"

行政副总一脸无奈地告诉我："史老师，这个行业就是这样，公司从一开始就没管好过，都是用次品率来反推的。"

听完他的解释，我摇摇头说道："公司的次品率那么高，质量问题为什么不追溯呢？在源头没有做好统计，用最后一道工序来反推，这样质量就没办法追溯，次品也没有办法去查证到底在哪个环节出现了问题，这就是环节控制没有做好啊。"

让我想不到的是，自从那次会议结束后这家公司大肚子女工的事情一直没有得到解决。两个月后我驻厂开展咨询，想着要帮纺织厂彻底把这个管理隐患给消灭。于是我采取了一种很简单的做法。我带着两个助理，称了200公斤重的棉花做实验。我们从棉花的染色开始到最后的纺纱做线，一道工序一道工序地跟下来，最后设计出一张管控流转单，用它把每个环节的交接都连接起来，让这张单子从头跟到尾，结果大大提高了控制纺纱的良品率。

高：动态的价值

我们在管理整个供应链条的时候，不能只看某一个环节。因为管理是个动态的过程，所有的货物和产品都是流动的。管理者必须想办法在流动的过程中让整体效率最优化，这样才能把整个供应链的管理抓到位。

11.2.3　突破收入增长的销售力原则

再来看看销售力原则。产品越多，企业对营销能力的要求就越高。因为产品越复杂，产品模式的可复制性就越低，全靠透支营销能力来支撑高增长的需要。

销售力的含义是让客户感觉到更方便。有人说销售力不仅仅是让客户方便，还要加上服务，但是服务说到底也是要满足客户的方便需要。我们在做销售的时候，市场如何覆盖？如何让产品覆盖到目标客户群？是直销，还是通过网络平台或代理商去覆盖？这些问题的最终答案还是让终极消费者感觉到购买产品非常方便。

不难发现，产品力和销售力两者之间是互补的。当企业不断透支营销力的时候，产品力会弱化，做企业要在这两项能力之间找到最适合的组合方式。至于到底是围绕着客户找产品，还是围绕着产品找客户，需要经营者自己去想清楚。

11.2.4　突破收入增长的品牌力原则

最后说说品牌力。推出品牌与推出产品不同，企业必须以真正的品牌战略为原动力。什么是品牌？实际上品牌是为了满足消费者的心理感受。只要企业的产品一经打出是知名度高的品牌，就有了定高价的优势，而消费者愿意为了这种内心的愉悦多付钱，品牌的价值自然也实现了。产品的定价水平又和它的市场定位有关，两者在时间上的契合度越高，企业的利润率也会越高。

说到底，产品力的重点是形成客户的复购，让客户感受到物超所值。销售力就是要让客户感觉到购买更方便，让产品无处不在，很容易买到。品牌力的关键是首选和溢价，并对所购买的产品保持持续关注，情有独钟。

11.3 互联网经营高增长的四个要素

互联网生意从本质上来说，无外乎四件事情：流量、转化率、客单价和复购率。万变不离其宗，所谓的互联网爆发式高增长就是要分别提高这四个参数。那么，如何提高呢？

我们先看互联网生意的黄金公式：

$$销售额 = 流量 \times 转化率 \times 客单价 \times 复购率$$

流量

无论做 2B 的生意还是做 2C 的生意，一个绕不开的关键是客户的数量。

在互联网上，客户的数量有另一种说法——"点击率"，这是企业业绩实现高增长的基础参数。没有点击率，后面啥事儿也干不了。比如阿里巴巴，它实际上是一家有产品缺流量的公司，它之所以成功是因为它靠淘宝客的产品把客户流量吸引了过来。腾讯正相反，腾讯拥有强大的流量池，但缺少的是把这些流量转化成营业收入，也就是缺商品。

最近几年，今日头条、抖音等各平台也涌进了强大的客户流，它们也正在试图通过开通商城客户把流量转化为营业收入。不过要注意的是，不是所有的流量都能为企业带来营业收入，要警惕互联网业务下的流量陷阱——到底是平台的生意还是你的生意？

到底是平台的生意，还是你的生意，这是一个陷阱。外贸型企业经常错把平台的生意当成自己的生意，但钱却被平台赚走了。比如有人在淘宝上做生意，产品的广告费高达营业额的 40%，除非产品的毛利率能达到 60%～80%，否则生意基本上是亏损的。在淘宝上能赚到钱的必定是那些毛利率很高的行业，比如化妆品行业，"进货按公斤，卖出去按克"；服装行业，进货价一般在3折左右，净利润空间比较充裕；医疗用品行业，一直备受国家政策保护，也能获得盈利。

我身边有很多家做外贸电商的公司在亚马逊上做生意，这些企业家都跟我诉过苦，说亚马逊不把客户资源给他们，而且一旦发现店铺经营有问题，亚马逊就立刻封店。为什么亚马逊不给客户资源？因为在亚马逊看来，客户是第一位的，而这些卖家只是它的供应商。供应商的产品有问题需要立刻封店，是因为它要保护客户的权益，帮客户选择更好的产品。对于这些外贸公司来说，只有弄清楚做生意到底是为了什么，才能更好地利用平台的流量来赚钱。

当然了，依托平台在线上做生意，如果跟着平台走，也可以赚到一定数量的钱。但如果想要赚到更多的钱，就要想清楚：这些平台上的客户到底是谁？如何跟他们产生联系，实现让客户重复购买？

转化率

转化率是指交易谈判，客单价是指销售收入。

有流量不代表全是你的客户群，客户群也不代表一定能产生交易。从流量变成客户，再从客户到形成购买，还有一个漫长的过程。

从2019年开始流量急剧向两大平台转移，一是腾讯平台，二是今日头条系。为什么互联网创业越来越难了？那是因为流量口已经发生了急剧地转移，娱乐化、集中化、控制化的互联网特性导致了流量越来越向这两大平台集中。

我们对流量要保持谨慎。有些流量是无效流量或虚假流量，当你感觉广告费有一半以上被浪费的时候，一般人的想法是，找出来浪费在哪些地方。其实这不是最重要的，最重要的是有些广告根本没必要，因为有些流量企业根本不需要。要记住，不是所有的时髦都要赶，不是所有的流量都能产生交易。

客单价

换个说法，我们把客单价理解为提高客户的采购额，这样更方便大家理解。

提高客户采购额要面临的第一个问题：我们是不是找到了大客户？一个普通人想要嫁给豪门望族可没那么容易，因为这个家族往往会对你提出很多要求。但是我们仍然对这种美好的生活保持向往，做企业也是一样，要向高处看。曾经我在为一家互联网上市公司做咨询时向他们的总经理提议，企业的营销目标是国内排名在前100的企业，也就是抓住各行各业的领军企业，因为只有跟这些大客户交往，才能更好地训练自己的团队。要注意，战略性的客户是能够带动企业成长的，向大客户学习、用大客户的高品质严要求来提升和训练自身企业团队的能力是最快捷的方法。

第二个要面临的问题是，企业对客户的终极需求是不是有了足够的理解？

第三个要面临的问题是，企业有没有弄清楚客户的采购流程，能不能打破企业原有的内部体系？比如有些客户要采购两件产品，一件产品由A负责，另一件产品由B负责，A和B各自守着自己的利益，互相不往来，这对提高客户的单次采购额非常不利。这需要经营者敢于打破内部的组织体系，用极强的组织力去提升客户的单次采购额。

有时候为了提升客户的采购额企业会增加产品的品类，有些经营者对此深恶痛绝，认为这一定会加大企业的成本。但事实上，客户在企业中停留的时间越长，越有利于企业去为客户组织产品和服务，还能额外增加客户的复购率。尤其对互联网企业来说，增加产品的SKU不会增加成本，反而能延长客户在平台上的停留期，这更有利于提升成交额。

复购率

我们也称复购率为客户的回头率。大家对互联网线上业务有一个很大的困惑，那就是大多数产品的客户回头率很低，因为网络上的产品太多、诱惑更多。客户的回头率来自平台对产品价值的塑造，来自企业真正为客户创造的价值，从而才能让客户一直跟随下去。

我辅导过一家做外贸的电商企业，这家企业之所以缺少客户复购，很大一部分原因是产品大多卖给了那些不熟悉的客户，而且企业没有跟客户建立起关系。这家企业在亚马逊平台上卖产品，客户数据被公域流量所控制，企业自己手上没有任何客户。那么如何把平台的公域流量变成企业的私域流量呢？这里有一个很重要的技巧，那就是增加为客户提供的服务。

为客户增加服务有很多种方法，比如用易耗品去黏住客户。最典型的例子是一家乳业包装霸主企业——利乐包装。一开始乳品企业向利乐购买生产设备只需交付20%的货款，但客户需履行若干年只向利乐购买包材的承诺。利乐让客户用少量的钱先付定金，然后用包材来不断抵消包装机器的投入，这就是用融资的价值来撬动客户的重复购买。

互联网企业的四大属性：流量、转化率、客单价、复购率构成了让营业额保持高增长的关键。平台端起到了连接人与货的功能，是商品展示、咨询、交易、服务的中间环节，需要非常精细化的运营，也更需要通过数据来加以指导。这四个指标无疑是各互联网企业引进客户、留存客户、达成用户价值裂变的终极参考。

第 12 章

利润定律十一：企业高效率定律

有这么一家公司，它既不是高科技公司，所在行业现阶段的集中度也不算高，顶多算是行业里的龙头企业。老实说，很多人都不会将它作为自己关注的目标。但恰恰是因为它不显山不露水，它的这种朴素、实用且有实效的企业经营精神才显得更加难能可贵。

【对话 14】

坚朗五金
中国建筑五金行业上市公司第一品牌

采访嘉宾：白宝鲲，广东坚朗五金制品股份有限公司（以下简称坚朗五金）董事长
行业标签：建筑五金、金属构配件
主营业务：中高端建筑五金系统及金属构配件等相关产品的研产销
创业时间：1999 年

YTT 辅导成果：学习 YTT 6 年，把小单做成大事业，一年处理 70 万个订单，平均每个订单价值 0.8 万元。

（以下内容来自白宝鲲自述，经授权后编辑）

创业契机

史永翔：白总是在什么契机之下开始做小五金生意的？

白宝鲲：1997 年，我国完成了商品房的产权改革。当时随着我国建筑业的高速发展，我在做设计师时发现国内最缺的是这种小五金。我还记得公司当时从英国买了一把锁花了将近 3000 元钱。其实这把锁在设计师眼里，根本不值那么多钱。因为我国也有类似的制造业，但是没有人先深入了解或者理解建筑业的需求再去做东西，这就是我所看到的巨大的商机。

凭借我多年来对技术的钻研和琢磨，在 2000 年坚朗五金刚创立时，我们就推出了自己研发的不锈钢连接件。加上正好赶上了建筑业的高速发展，客户的订单供不应求，当年公司销售额突破了百万元，到 2003 年已经实现了一亿元（见图 12-1）！

史永翔：坚朗五金的高增长赶上了好机遇，这也正应了一个商业规律：迈开第一步要靠点儿运气，后期要靠实力。

盈利能力十强冠军的基因

史永翔：白总认为，是什么原因成就了坚朗五金？

白宝鲲：我在创业之前是一名设计师，在建筑五金行业有丰富的工作经验并对该行业有充分的认知，这些宝贵的经验和认知都来自我创业之前七八年的工作积累。我在向公司提出离职创业时，在公司里已经算是中流砥柱了。我觉得自己的智商、情商都偏中上，不是那种天才型的，但是交代给我做的事儿是都有着落的，这也是我能在第一家公司工作这么久的原因，我沉得下心来钻研一件事。

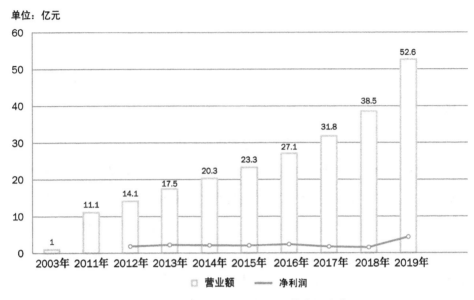

图 12-1　YTT 实践给坚朗五金带来的变化

"年轻、靠谱、核心技术骨干、心思单纯、白工",这是辞职创业前单位领导和同事给予我的评价和标签。一般来说,公司里的老人赢得尊重靠资历,而在我身上,赢得尊重靠苦功。当年我还做技工时,有一次去北京的中国建筑科学研究院的图书馆,在里面我看到一本外文文献 *window*,我把这本书借出来,并花了很大的代价全部复印下来钻研。那时我的英文不好,我就一个单词、一个单词地查阅,然后全部把它翻译了出来。后来在很长一段时间内,那本书放在我的床头都被我翻烂了,里面密密麻麻地写满了工作笔记。

那本书对我的影响特别大。后来我每次出国都会去逛当地的图书馆,千辛万苦去找一些书进行翻译,以学习发达国家的技术,然后一点一点去琢磨。我想也正是缘于这种钻研精神,我把所有文献里的研究内容重新过了一遍,感觉自己变通透了,一两年后我成了行业内的专家。这种系统思维能力一直让我受益到现在。

史永翔：不是刻意去下苦功夫，当想干成一件事时我们很容易沉在里面，靠的就是这一股钻研的劲儿。这些品质奠定了白总现在做企业对产品的重视。

白宝鲲：我十分认同您这个观点。长期聚焦的能力是训练出来的。身边越来越多的年轻人很容易就转移兴趣，是因为他们缺乏长期聚焦的能力。比如，有人经常刷抖音上十几秒钟长的短视频，并把它当成一种娱乐。娱乐内容看多了，就没有思考力了，而思考是一件很漫长、逻辑性很强、很系统的事情。当你拥有这种思考的思维时，学东西会很快，你也会觉得很有乐趣。

史永翔：思考力会影响企业家做事的能力。企业家的思维力的定性不够，就会导致做事有跳跃性，而做事有跳跃性又导致了好的能力无法得到复制和借鉴，最后导致企业缺少竞争力。

越走越踏实的盈利之路

不难发现，一路走来坚朗五金的增长曲线很漂亮，也很平均，几乎每年都是匀速高增长，这和白总的经营理念不无关系。白总说，他不太喜欢那种很快速的拔高式成长，是因为受到了两个人的影响。

白宝鲲：第一位影响者是杰克·韦尔奇，他让我对领导者这个词有了新的认知。这里面有个小故事。之前我们向通用电气的广州分公司购买一种聚碳酸酯的板材，通用的伙伴告诉我说，杰克·韦尔奇要求通用电气所有部门的业务都做到全世界第一或第二。如果做不到，无论这个业务能不能赚钱，都要把它砍掉。我当时很好奇，为什么会这样说呢？通用电气的伙伴告诉我说，因为在年景好时，一个很小的企业也能赚钱；但是当年景不好时，仅有第一名和第二名才能活下来，最后规则是由强者来制定的。

这一点对我的影响非常大，我就想我做什么才能做到第一或第二，于是最终选择了小五金。因为在当时创业时，中国遍地是黄金，稍微有点能力的人都会去做房地产，没有人去做小五金。我经过细致的分析后，亲自考察了国内的五金工厂，并和这些五金工厂的老板聊天。我觉得，无论从能力还是机会上来看，我都要比他们强很多。等公司真正步入正轨之后，我更是立志要做这个领域的全球老大，多年来我一直坚信世界小五金最大的体量一定在中国。

我至今还记得之前拜访鲁冠球先生时，鲁先生给我讲了一句话：当你想一年干成一件事儿时，全国十几亿人都这么想；当你想10年干成一件事儿时，已经只有1/3的人这么想了；如果你想一辈子干一件事儿，中国抱着这种想法的不超过10个人（见图12-2）。

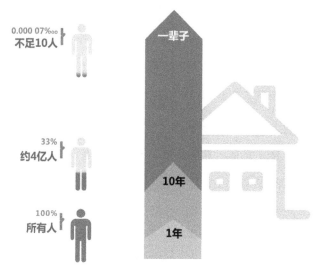

图 12-2　坚朗五金成事的时间法则

史永翔：怎么做才能做到第一？那就是一生专注做一件事儿。第二位影响者是谁？

白宝鲲：另一位影响我的人是彼得·德鲁克。在他的书中，我翻看最多的是《管理的实践》○。我喜欢书里那种朴素的风格，真正的企业管理大师会把很复杂的管理的事儿，用很朴实的语言表达出来。我读他的《德鲁克日志》，就好像在听管理大师将深刻的思想娓娓道来，有一种和作者心灵相通的感觉。德鲁克先生的管理实践告诉我，正因为你做得多了，对许多问题会有自己的预

○　本书中文版机械工业出版社已出版。

判，也就不至于感到那么困惑了。

对于国内的管理书籍，史老师您的书我也经常拿来看。您能有自己独特的思考且不从众，这对我们企业家的贡献已经非常大了。在中国，学财务的人很多，学管理的人也很多，但是管理和财务本来是相通的，YTT站在财务的角度看待管理，把原本属两条线的问题打通了，把管理中边缘地带的问题说清楚了，这一点让我十分佩服。

史永翔：22年来，YTT一直坚持做利润管理这件事。它把管理跟财务结合在一起，给予中国的企业家看待问题的不同视角，去把企业问题剥离出来，又用财务将中间打通。这种思维并不能让人在学完以后马上赚到钱或者马上得高分，而是作为一种方法在无穷无尽的工作中去演变，去实践。

最艰难的坎儿

史永翔：白总在经营企业的过程中，遇到过的最艰难的事发生在什么时间？

白宝鲲：我自己认为比较苦闷的一个阶段，是企业做到10亿元左右规模的时候。企业从一开始的高歌猛进，到迅速发展到10亿元，我发现有些问题已经不是单凭努力就能解决了。尽管在外界看来，公司的业绩表现依然稳扎稳打，但我凭借自身敏锐的经营感觉，已经察觉到公司的各项管理效率开始下降了。

当时只有身为坚朗五金核心创始人的我，才知道自己的内心是多么焦虑，大部分初出茅庐的创业者只知道如何去开发客户，怎么去搞定竞争对手，但缺乏一套系统的、掌控大型企业的方法。2010~2013年，我们一直在摸索实践，结合前端业务摸爬滚打出适合坚朗五金的管理模式，2014年公司上线了甲骨文系统，坚朗五金在这4年里完成了业务与信息化的结合，大大提高了管理效率。也就是在那个时期，我结识了您，通过您的YTT课程学到了很多财务与管理方面的知识，这帮助我认清了公司管理上一些模糊的边缘化的东西，让我在公司管理上更加有逻辑了。

从创业家到企业家，再到信息化专家，身份的变化趣味性地在我身上发生了。到现在为止，我身边的企业家朋友都说："信息化听白总讲就行了，大多数专家讲的是方法，白总讲的是为什么要这样做，只有他讲得最清楚。"

史永翔：做企业的过程就是克服一道道坎儿的过程，越过每道坎都是为了帮企业找到一个新的跳跃的支点。管理者、领导者永远都是在表面的平静中去找危机，这才是身为领导者的战略眼光。

白宝鲲：我想，能够成为别人眼中的一名信息化专家，是因为我思考的纬度比专业的人更高，我是站在企业经营的角度去看整个大局的拉动的。但实际上，我不算真正的信息化专家，我才懂那么一点点儿，但是是恰恰懂得一点点儿，这就是从企业家的视角去看信息化，因为大多数人是站在系统开发的角度去看待的，但是企业家又没有人真正地去研究和理解信息化。

史永翔：企业做到了一定规模，很多企业家就不会再去强化企业优势，转而去追求体制的优势，把大量的精力投放在关系建设上，投入到政府资源的构建上，这是很多企业做大以后不能做强的主要原因。

白宝鲲：信息化手段是一个"如何做"的问题，是个方法问题。方法一定要回到"我为什么这么做"这个问题上。信息化真正要达成的话，它不仅仅是管理工具信息化，而且是对公司的组织作业流程和管理机制的大变革。企业往往通过信息化来推动内部的变革，从而实现规模化集成效应，甚至能影响到企业的战队和战略。

如何把企业做好

史永翔：在白总看来，如何才能把企业做好？

白宝鲲：在回答这个问题之前，我首先要说的是，一个企业的文化，说白了就是核心的第一人的文化。老板是什么样的人，企业就有什么样的文化。在中国最不缺的就是销售型的人才，但是大多数人喜欢去做很应景的事情，比如疫情之下，大家都纷纷转型去投生产线接口罩订单。而对于我来说，我就往前看，根本不为所动。基于自己长期的思维习惯，我很容易打造把自己聚焦在一件事情上的系统能力。

"我是谁？我从哪里来？要到哪里去？"我认为哲学中这三个问题是所有问题的根源，最好的解决方法就是读书。比如当你读了历史类书籍，你的思维的纵深感就拉开了，你看问题的宽度就跟别人不一样，就像自己所经营的专业一样，站在历史的角度把行业的纵深打穿，从历史的前后左右看看自己，才知道自己的位置。

史永翔：正是读书，让白总理解了事物本质的规律。相比那些靠一股冲劲儿和单纯地依靠商业嗅觉来经营企业的老板来说，这都不算冠军企业，谁才算冠军企业！

白宝鲲：大家都在关心，如何才能把企业做好？大家不难发现，国内企业更多的是短跑冠军。为什么短跑冠军多？从设计师的角度来说，做企业它不是一件很应景的事儿，它是一个系统的工程。"买设备就是战略，买材料就是经营。"这句话是您在课堂上告诉我的，在更多人耳里是随便听听，但在我听来，就知道了原来企业里的事都可以用战略和经营去细分，而这句话的意义也就在于如何用它去理解经营的行为。

我一直强调，我是用设计师的系统逻辑性在做企业。什么是系统的逻辑性思维？这好比同样是设计一辆汽车，有人要做最快的车，有人要做最舒适的车，有人要做最安全的车，有人要做节能环保的车……但在我看来，我们就是要把这些别人眼中单一的要素叠加在一起，取得一个平衡，而不是只做一个单向的指标设计。就像设计一台机器，不一定要用最好的零部件，一台好机器所需要的零配件要跟它设计的马力、传速和强度等相互匹配。

做企业也是这样，企业家慢慢地把长期经营的思维还原出来，做企业就会

永翔说——
买设备是战略，买材料是经营。■

越来越得心应手。不去应景式地服务于眼前,才能取得长期的胜利,这一点我感受特别深。

史永翔：无论做企业,还是做设计,中国最不缺的就是天才型人才,最缺的是有逻辑思维能力的人才。

坚朗的核心竞争力和未来愿景

坚朗五金的白宝鲲先生非常坚定地告诉我,未来坚朗五金的目标是成为全球五金行业的老大。

首先,这种坚定源于行业集中度大趋势。在未来的行业中,高端是趋势,中小企业对中高端市场的把控能力较弱,而坚朗五金无论是从市场规模来看,还是从领导团队来看,都具有先发优势。

其次,坚朗五金在中国的小五金领域绝对是佼佼者。白宝鲲先生在这个行业里摸爬滚打了近20年。无论是从领导者的专业素养还是前面所介绍的思维方式来看,在这个领域里全球老大非坚朗五金莫属。

坚朗五金立志成为全球小五金的老大,用白宝鲲先生的话说,更多的是一种荣誉感,而不是说要赚多少钱。这次疫情也让他更加深刻地理解了,作为龙头企业的优越感和能量是国内中小企业根本比不了的。越是危机的时候,龙头企业越能成长,反观小企业就不行。

12.1 三大效率管理工具

企业经营到底要达成什么样的成果,这是企业家在开始布局前最关心的问题。在这里,我建议大家在布局前先做好三个方面的保障。

首先是收入保障。企业经营的一个定律是要变化、要增长。缺少增长,便无法持续地解决未来会面临的各种问题。

其次是利润保障。当企业获得增长动能之后,能不能保证利润？增长是手段，利润才是要达成的最终目的。

最后是现金流的支撑。收入、利润和现金三者之间的关系是评估经营成果、对项目进行取舍以及对资源进行调配的重要考虑因素，同时也是企业提升经营效率的关键。

这里我要给大家介绍三个提升效率的关键工具和指标。

第一个指标：经济利润。

经济利润又被称为EVA（economic value added），指的是税后净营运利润减去投入资本的机会成本后的所得，体现了企业在某个时期创造或毁灭的财富价值量，通常也反映了一家公司的管理能力。EVA值对于投资者而言可以作为参考，但我们不能盲目推崇这个指标的作用力。毕竟对于任何资本来说，风险和价值的理念是相互依存的，投资需谨慎。

EVA有一个非常重要的理念，是提醒企业家要考虑投资的成本。举个例子，有一家公司某年度的营业额为1000万元，净利润为500万元，投资回报率为50%，那么你愿意为之投资吗？有人看到这里便立刻着手准备要大赚一笔了。但是如果我告诉你，这家公司之前已经花掉了10亿元，你还愿意投资吗？这是EVA告诉我们的一个秘密，不要被利润表的表象给欺骗了。

还要提醒大家注意的是，我们不能仅仅以EVA指标绝对值的高低来评价和衡量企业的经营业绩。EVA不是一个看正负、比高低的指标，而应该是一种企业能否持续改善与挖潜的表现。

第二个指标：资本周转率。

资本周转率表达的意思是如何把现有的资本用好。也就是说，企业获取资本之后，这些资本一年到底周转几次。我们可以用这个指标来避免盲目融资。如今有些上市公司的经营质量并不高，原因就出在过度融资上。近年来大多上市的中小板企业融到的资金，有70%以上没有花出去。其实它们完全可以实现阶段性融资，花多少钱就融多少钱。我一直和身边的企业家朋友讲，用资本来扩大资本,进而再去找资金的行为,成本是最高的。资本周转率太低,是因为资本扩充太快,净利润来得太少,这直接导致了资本的周转率不高。

第三个指标:资产周转率。

经营不好的企业,大多都有一个好的"面子",比如雄伟的大楼、庞大的车间和厂房,而开工率却屡创新低,这便是资产周转率低的表现。资产周转率应该成为企业日常管理的控制指标。

刚才所说的经济利润、资本周转率和资产周转率,是实现企业高增长的三个工具,在这个基础上我们引申出企业实现高效率经营的三条路径。

12.2 实现高效率的三条路径

第一条路径:产品管理。

产品管理就是要做好产品研发,从产品端开始着手,有了好产品企业才会有好业绩。

企业成长的过程,就是不断回归产品力和服务力的过程。企业赚到的钱要学会投回来,因为做企业归根结底还是要回归到产品上。有企业家跟我抱怨说,产品开发难,企业只好靠模仿、靠低价来维持可怜的市场份额。但企业如果没有持续的产品力,便好像一艘小船在大海里乘风破浪时少了一张帆,只能受风力自然驱使飘来飘去而无法主动加速航行。

企业的产品管理会受到四个方面问题的制约。

第一个问题是产品没有差异化,企业缺乏自主的知识和技术产权。对于大多数企业来说,技术研发是一个长期的投入过程,经营者要善于利用销售赚来的第一桶金,把钱再投回去,花在产品力和价值塑造上。可以说,产品的差异化和技术含量是一个衡量企业愿不愿意再投资的过程。

第二个问题是产品的质量问题。现在人们喜欢在网上买东西,难免会遇

■ 2019年7月，杭州授课现场

■ 2019年10月，杭州授课现场

■ 2019年11月，广州授课现场

■ 2019年12月，上海授课现场

■ 2020年8月，深圳授课现场

■ 2020年9月，深圳授课现场

史永翔和 YTT 利润管理实践

史永翔先生结合 22 年管理实战经验,将企业战略管理、营销管理、运营管理和财务管理相结合,创造性地研发出"YTT 利润管理实践体系",为企业提供战略设计利润增长的解决方案,提出了系统化的企业管理策略和方法,推动企业整体效益的快速提升!

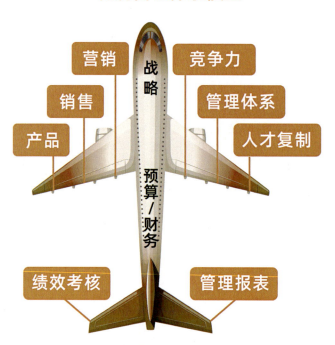

YTT 利润管理体系模型®

YTT 利润管理体系受益企业品牌

坚朗五金　科达股份　佳农食品　洽洽瓜子
创维集团　片断女装　中国联通　齐心文具
美的集团　日立挖掘机　爱立信　阿里巴巴
晨星软件　亿莎连锁　……(排名不分先后)

学习史永翔利润管理

官方微信公众号:YTT1998
电话:0512-62807962
邮件:shiyongxiang88@sina.com

到质量差的货物。从长远的角度来看,在网络上卖低价值产品的商品的商家不可能长期生存下去,因为低价值注定要让商家吃下没有回头客的苦果。尽管看似低价在短期内把客流量拉起来了,但最终的结果只能是无良商家为电商平台做了贡献。

第三个问题是产品的交付问题。供应商管理的第一原则是质量稳定,而交付过程管理的第一原则是交期稳定。影响产品生产交期的因素很多,对生产交期的改善往往需要协同研发、生产、采购、销售等多部门一同进行(见图12-3)。尽管如此,大家还是要清楚生产交期的意义绝不仅仅是为了让客户满意,留住客户。

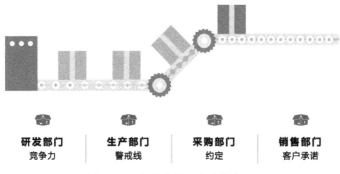

图 12-3　企业中的生产交期管理

第四个问题,反向管理能力。

有的企业往往过度重视硬件的投入,比如盖厂房、建楼房,但是真正影响一个企业经营能力的是供应链管理能力、生产管理能力、技术管理能力,而不是资产有多"壕"。

【案例 46】

宜家教你如何高效管理供应商

有一家做椅子的工厂,做出的椅子的质量很好,因此成了宜家的代工厂商。有了宜家合作的经验，这家工厂陆续接到了很多国内企业代工的合作。令人不解的是，它只有在给宜家做代工时产品质量很好，给别的企业做代工时质量就不稳定，时好时坏。这是什么原因呢？

原来质量好坏不是由这家代工厂自己决定的，而是由宜家的反向管理能力控制的。什么是反向管理能力呢？比如宜家请这家工厂代做一把椅子，会出16张设计图纸来告诉工人如何做，可谓面面俱到。而工厂给其他家代工做椅子时，别的厂家最多才出两张设计图纸。两下一对比便可以发现，宜家表面上看起来只是一家商品销售公司，但是宜家同样有着十分强大的供应链管理能力。

读到这儿，相信会对做贸易型公司的经营者有很大的启发。当公司想有进一步发展，却始终在供应链管理上不得要领时，大多是因为企业对供应商的管理能力不足，无法输出供应链管理能力，也就无法每时每刻地保质保量从而实现对客户的交付。企业的供应链和产品力的问题，是关系到企业核心竞争力的大问题。

第二条路径：需求管理。

需求管理就是把营和销分开。一般中小企业中只有销售管理，没有营销管理，这是缺乏市场整体概念的体现，致使企业没办法围绕竞争对手打歼灭战，围绕客户打围剿战，导致努力经营多年的企业的增速仍很慢，无法突破规模瓶颈。当行业竞争出现红海时，企业可能会因为缺乏布局而无法切入一个细分的领域去凸显差异化，更有可能会因为长期缺乏有效的营销手段导致客户订单逐年下降、客户流失率居高不下或新客户开发率上不去。

还要明确的一点是，客户的需求是无限的，而企业的资源是有限的。经营者要做的不是发现所有目标市场客户的需求，并从中做出遴选，恰恰相反，是要用有限的资源尽快找到突破口和卖点，找到一个值得深耕的市场去做销售管理和营销布局。

第三条路径：供应链管理。

供应链管理是以产品为依托进行产业链的整合。企业除了自身要做好生产和制造，其经营管理还必须要把供应商涉入其中，把企业纳入整个社会体系中去看待。在信息化时代，调动社会资源变得越来越容易，也正是因为这个转变，供应链管理的重要性才逐渐凸显出来。

一家企业要做到整体发展，便要在产品管理、需求管理和供应链管理这三条路径上找平衡。

12.3 提升效率的八个秘方

以上面跟大家分享的提升企业经营效率的三个指标为导向，企业如何做到对阶段性的经营成果进行调整呢？在这里我给大家八个秘方，这其中既要有高超的战略思想，还需要有现实性解决问题的能力；既要求企业家能够看到眼前，还要兼顾未来。

第一个秘方是未来和现实要平衡。未来是牵引，现实是路径，未来和现实之间要平衡。

第二个秘方是全局观。光看到推销，看不到市场，必将是一将无能累死三军，企业只能拼命地让业务员做销售。身为经营者必须负有一个责任，那就是要为业务团队找到新的蓝海，而不是简单地拼人力、拼物力。

第三个秘方是前端防杂。前端是指客户端。客户端的信息是非常杂乱的，企业没办法抓住需求，也将没办法明辨需求，因此前端要防杂。

第四个秘方是终端防乱。终端是指企业的内部运行，内部运行一定要防止出现混乱的局面。谁都在做，最后的结果往往是谁都没做好。

第五个秘方是后端防重。后端过重是指企业的整个供应链上整体资产、产品规模、固定资产投入过大，或供应商太多、产品品类太多。后端过重，对企业来说整体效能是下降的。

第六个秘方是数量和质量要平衡。没有质量的数量是无法持续的，过度的质量又不能满足顾客的真正需求。在这里我们要做到数量和质量的平衡，数量一定要建立在质量上，这样企业才能保持高速发展和未来的持续性发展。

第七个秘方是现金经营。这就要求企业在整个经营管理中要用现金思维来贯穿，如果现金流支撑不好，将出现灾难性的后果。有人认为不断去融资就不缺现金了，但当有一天找不到新的资金来源时，企业也会树倒猢狲散。甚至还有人说只要能买到流量，企业就能立于不败之地。这里的问题是，当企业把大量资金投入前端买流量时，如果客户没有后续的复购，买来的流量也只能是买一次消耗一次，最后导致企业成本居高不下，得不偿失。

第八个秘方是精简。几年前有一家做涂料的民营企业，其规模做到了30亿元。我问这位企业家朋友，公司有多少种涂料？他回答说有三四百种，还向我请教如何精简。我告诉他一个例子，立邦涂料在终端提供的产品颜色多种多样，原因是他们给代理商、经销商提供了一个配色机，而总工厂出品才只有五种颜色。可见，做企业要不断学会如何去做精简。

用更少的产品卖出更大的营业额，这就是精简的智慧。大家都知道，以前的诺基亚手机有很多款式，这些多种多样的款式面对着不同的客户群体和市场。但苹果只用一款手机，瞄准了一个市场，就坐上了手机行业的头把交椅。

精简是一种智慧。在做企业的过程中，一定要善于做减法，无论是从组织上、产品上还是客户上，都要学会取舍和聚焦，只有这样才能够达到最优的成果。

第 13 章

利润定律十二：企业高壁垒定律

【对话 15】

北京青青淑女天地

中国杭派服饰领先品牌，舒时尚的践行者

采访嘉宾：蒋永青，北京青青淑女天地有限公司（以下简称青青女装）创始人
行业标签：服装零售
主营业务：秋水、三彩、衣香、片断的品牌代理
创业时间：1995 年
YTT 辅导成果：不到 5 年时间，由濒临倒闭发展到持续 3 年保持 50% 以上的增长

（以下内容来自蒋永青自述，经授权后编辑）

创业契机

史永翔：蒋总是在什么契机下开始创业做服装生意的？

蒋永青：我1995年大学一毕业就开始创业了。那一年正好大学生不包分配了，父母托关系把我安排到一家商场做前台。我在实习时到广州出差，发现南方批发市场上衣服的价格和山东当地相差很大。看到了这个机会，于是我暗下决心一定要闯出一番天地来。

创业时我选定了一家商场的精品屋，租下其中的一节柜台卖服装。当时我手里根本没钱，更别说跑到广州去进货了。一次偶然的机会，我打听到当地有一家服装厂。当时这家工厂有很多的外贸尾单，于是就在工厂的仓库后面临时建了一个销售处卖尾货，衣服堆放在那里，卖得很便宜，我就从里面捡漏。那里面有些外国订单的款式还挺洋气的，搭配起来也挺好看。

在短短一年的时间里，我就从在一节柜台卖尾货，发展到了开一家门店。从1996年起，我开始去北京等地的批发市场选货，专门在自己的门店卖当时最火的服装品牌。在我的印象中，当时有一个女装品牌——上海的蜜雪儿，那时看到它的价格我觉得太贵了，于是我开始特别留意起精英人士的穿着打扮来。我发现大家都喜欢穿品牌服装，不喜欢穿散货，于是我开始出来寻找品牌。

从散货女王到品牌代理商

史永翔：杭派服饰是从什么时候开始经营的？

蒋永青：1998年，我去杭州旅游。一个偶然的机会，我走到了当时杭派服饰的发源地，看到了延安路口的三层独立小楼。那些老杭派的服装品牌都在那栋小楼里，它们在游客的眼里充满了诗情画意。我当时跑进去，找到秋水伊人的老板，问他："我想做你的加盟商，怎么做？"我对他的印象特别深刻，当年他穿着拖鞋，把脚高高地翘在茶几边上晃啊晃，说："怎么做？你拿钱，我给货，还怎么做？简单！"

就这样从1998年开始，我的店从散货店转型为品牌专卖店，店面也从一个小门店换成了100多平方米的大店铺。

史永翔：当初在山东淄博发展得这么好，怎么想到去北京呢？

蒋永青：2000年年初，有两件事情刺激了我。一件事情是，当时秋水伊人在河南的代理商和我一样都是从一个小城市的小零售商做到了代理加盟，后来她去了郑州做批发，体量一下子就增长起来了。另一件事情是，当时有高端的品牌也来和我们争山东地区的代理权了。

正好那个时候秋水伊人参加了北京服饰博览会，我以前做散货时对北京市场也比较熟，就跟秋水伊人的老总提出做北京市场。在他的支持下，我在北京动物园旁边租下了一栋楼，从小型品牌零售商转型为办事处，为这些博览会上的代理商客户做全职指导。

2003年非典时期，大家都不敢出门，但也恰恰在这个时候我们有了发展的机会。当时北京的情况很严重，一些地区实施了隔离，但是周边的城市和城市之间还是流动的。那时我们的货备得特别多，于是我就想办法开车到高速收费站，让县城的代理商从高速路口接货。就这样在3个月的时间里，当地冒出来一批优秀的零售商，后来的一些铁杆粉丝客户就是在那段时间里培养出来的。

史永翔：您是在什么契机之下跑到杭州来做片断品牌的？

蒋永青：2006年，我深深感觉到做代理商的危机，觉得这个生意不长久，因为两头的成本都在增加，那么自己存在的价值是什么呢？

在思考的过程中，杭州有个生意伙伴提出想和我们合作。正好当时我也没有精力去做杭州市场，于是我就给他提供款式，然后我们一起联合想了品牌的名称——片断。当时他给了我一些股份，但是前期我很少参与管理。没想到连续两年片断发展得很好，于是我就介绍了好几位朋友来一起做片断的总代理。但2009年片断的业绩开始直线下滑，因为合伙人之间出现了矛盾，影响到了货物的品质。当时片断的主要销售渠道是省级代理商。收入偏低、成本占比高、渠道流通费用多、利润空间严重不足，这一系列难题压得片断奄奄一息。当时在北京总部，片断是所有部门中销售额最低的，仅仅是其他部门的零头。每次开会时片断的干部也都是最后一个汇报的，感觉在大家面前抬不起头来。

后来我和团队都感觉到，必须把青青的代理板块和片断彻底分开，如果不分开，按照代理的模式，片断永远不会发展起来。2010年，片断忍痛砍掉了工厂，专心把生产成本降了下来。从2012年开始，片断扭亏，接着就再次盈利了。

现在我的主要精力放在北京代理和片断两家公司的经营上，现在的想法就是：业务要单纯，指标要聚焦，然后降低成本，提高存量资产的运营效率。

YTT利润管理实践

史永翔： 您和YTT结缘是在什么时候？

蒋永青： 2005年，我经朋友介绍认识了您，那时我们正打算转型，学YTT的时候也是糊里糊涂的。

那时我的公司裂变成了三家公司：山西公司、山东公司和北京公司。高峰时一年加起来，光秋水伊人这个品牌的批发额就达到了2亿多元，全部品牌加在一起有5亿多元的批发额。但我们的零售直营管理得不好，再加上那时公司又做了一些七七八八的品牌，有的品牌赚了，有的亏了，不聚焦。通过YTT的学习，我意识到公司的管理太粗放了，要是稍懂一点财务管理和资金运作的话，公司的钱就不会浪费掉了。

尤其是在片断的转折期，我们终于尝到了库存变现金的甜头。2012年，片断的库存压力特别大，我们就在北京的商场做特卖，总代理、大区经理、商品主管齐上阵，每个人都忙得不亦乐乎。经过几次特卖，回笼的现金让我们感到无比兴奋。到了下半年，库存清理得差不多了，我们又请来库存专家对团队进行培训，想办法加快理货的速度，更关键的是改变了发货的流程，调整了发货

永翔说——

企业家有的时候要敢为人后。你不是科研人员，不需要创新领先。当你在对事物的客观性了解不够时去做事，就太早了，这往往会导致企业家内心极具恐惧感。■

的路径，逐步开始梳理供应链的各个环节。接下来随着顾问老师的入驻、优秀人才的进入，片断的供应链从以前的散乱走向了强大，管理层也从原来的懵懵懂懂变得更加专业了。

YTT实践给青青女装带来的变化，如图13-1所示。

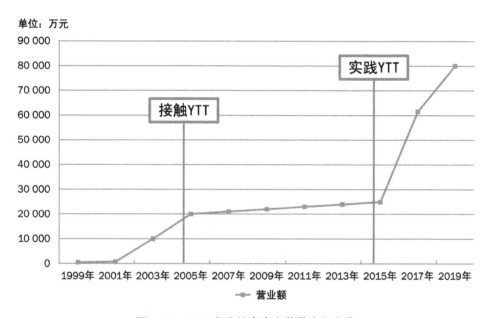

图13-1　YTT实践给青青女装带来的变化

史永翔：YTT对你的帮助体现在哪些方面？

蒋永青：这么多年来我觉得YTT给我的启发有以下几点。

第一，作为企业家，要时常对自己的思路进行整理。我每次听完您讲课都会深入思考，因为之前大家都在埋头干事，经常把握不好方向。您在引导企业家思路的过程中帮大家梳理，告诉大家要把财务数字当成一种工具去看待。

其次，要重视报表数字。以前我在这一块儿是很弱的，YTT对我现在做决策的方式方法影响很大。之前我聘请过几位专业的财务人员，但是他们做的账我看不懂。原因是什么呢？财务人员说：蒋总，你赚了好多钱，公司有好多利润。我问：钱在哪里？他们讲不清楚，后来我聘请了一个脑子比较灵活的导购员来记账，他用很"土"的方法核算利润。比如，这一季我进了多少钱的货，回收了多少现金；如果成本收回来了，剩下来的货应卖多少钱，毛利是多少，然后重新定价。我们完全用现金流记账的方式来做管理。

再次，决策的依据更加清晰。以前我看报表更喜欢看结果——是赚了还是亏了。现在我就不急于看最后的数字，而是先看毛益，也就是看主营业务的盈利能力。

最后，更加关注现金。我们的管理团队更多地在资产盘活上多动脑筋，致力于在盈利模式上多创新，而不是去抱怨客户不回款。

创业体会

史永翔：蒋总对创业者有哪些忠告和建议？

蒋永青：我觉得每一次最艰难的时候，都是要做出改变的时候。比如，第一次我从淄博到北京跳跃发展的时候，眼界和见识都不一样了。第二次比较艰难的时候是，面对接手后亏得一塌糊涂的片断品牌，不知道该怎么干，我硬着头皮找思路，也干出来了。

史永翔：从一家相对粗放的批发类公司转而去做品牌，而且成功转型，这里面您最大的体会是什么？

蒋永青：首先，相对于做品牌来说，批发是赚快钱的，经营者的心态不一样。品牌经营是一个很漫长的过程，跟培养一个人的品格一样，它是有人格符号的，这个急不来。

其次，我觉得品牌要有文化、有人设。刚开始时做品牌不是做件衣服那么简单，能赋予品牌企业家自身的心态和情怀很重要。品牌就是企业家人设的代表符号。

有些企业品牌的符号变来变去，是因为它自身的风格掌握在设计师手里，而不是在企业家手里。我对片断非常重要的一点要求是，它有一种兼具舒适、包容和有趣味的特点，因为我自己内心的需求就是这样的。

随着我个人的成长和年龄的增长，我发现原来所代理的那些品牌服装不适合我了，我找不到特别符合自己心理要求的服装品牌。我平常工作很累，不想穿得过度职业化和有紧绷的感觉。我需要应酬的场合也不少，不想在那么多场合委屈和包装自己，更没有闲心思去小心翼翼地维护一件所谓的奢侈品。我就想一定要有一个能代表自己的人格的符号，将其赋予我自己真心向往的一件衣服：它既朴素又很舒服，既包容也很低调，不像奢侈名牌但又有情怀，有一定的设计情趣在里头，还有一点儿小艺术范儿。我把这些要求都提出来，并且告诉设计师，这件衣服穿在人身上不舒服不行，很呆板也不行，要动心思搭配得很有意思。片断就是我发自内心想做的一个品牌，它的核心关键词就是舒适、包容、有趣味，这些品质也一直贯穿在片断的服装设计元素里。

刚开始我也总结不出来这些词，但是我内心想要这些东西。近几年我一直在参与产品设计，也带领团队去日本看无印良品、学优衣库，我们发现这些快时尚服装品牌对产品的理解就是回归到功能上：简约、简单，并且它们牢牢抓住了这个卖点。但这对我来说过于冷淡、过于简约了，我就是要在自己的品牌上增加一些趣味性，要年轻可爱一点，要体现年轻的心态。比如，在衣服上多做一点儿小设计，让衣服穿起来看似很简单又感觉很职业；衣服的面料穿起来要舒适，必须有弹性，让人穿起来没有紧绷感；还有就是当你的手插进小口袋，口袋里面有个小小的设计，可以让你做一些小动作，觉得很好玩，有趣味。因此我告诉产品经理，不管你们做什么、改什么，都不能把我内心真正想要的东西给改了。

有意思的是，后来经过一段时间的调研和总结提炼，我发现我们的顾客群有个共同的特征：这些人看起来都很朴素。比如，她们基本不会化浓妆，也不会去夜店，其中有些人的月收入过百万元，但是她们向往这种朴素真实的生活，同时又向往一点浪漫、艺术和小情怀，想去追求一些美好的事物。她们大部分时间很忙,要在家里带孩子或是去工作,但是内心又向往这些东西,我们就把这种向往、趣味和浪漫的气息隐藏在衣服的细节里,这就是我想要的。

企业做得越大,战略要求越高。就像开车一样,车速过快,视野过宽,在高速公路上就容易出事。站在未来看现在,企业的业务一定要分为三个层面来进行管理,青青女装的经营历程在无形中正好验证了这一点(见图13-2)。

图 13-2　青青女装的业务发展推进

尽管青青女装走的这条路很长,三个层面的业务推进看起来也没有明显的区隔,但这恰恰最能代表中国民营中小企业的发展历程,也成就了青青在女装品牌中独一无二的"片断"。

13.1　高壁垒"圈"出高利润

我们想要把企业经营这件事情做好,除了定下战略、明确企业价值外,非

> 永翔说——
> 所有的品牌符号都是企业家自己人格的折射。■

常重要的一步是寻找企业发展的规律。做好任何一件事情都是有规律可循的，那么企业要成长为行业冠军需要遵循的规律是什么呢？

一般来说，企业的发展会遵循以下16条规律，下面重点介绍其中几条。

（1）利他——培养客户视角。

（2）平衡——客户和产品的综合盈利能力。

（3）价值——找到企业最具价值的盈利点。

（4）竞争力——为差异付费。

（5）品牌——客户的首选优势。

（6）溢价——客户愿意付出更高的价格。

（7）需求——找到客户需求迭代的规律。

（8）技术——市场环境的协同和进化。

（9）渠道——重回老路和走新路的阶段性选择。

（10）量变——最重要的是踩上阶梯的那一刻是不是发生了质变。

（11）资源——达到最优配置并让一切良性循环。

（12）规则——掌握行业规律才能屹立不倒。

（13）规模——决定一切的硬指标。

（14）壁垒——拿起武器保护自己。

（15）文化——激发员工真心为公司服务的动力。

（16）生态——共同受益，打造社会经济共同体。

13.1.1 利他

一个企业如果没有利他之心，就无法有效地聚集社会资源。利他原则衡量的是企业的经营有没有为客户着想，产品的设计理念有没有为客户着想。比如制造一辆汽车，有些品牌的汽车客户坐进去感觉操作界面非常友好，所有的设计细节也能为客户考虑得很周到。这里举个例子。

【案例 47】

利他：培养客户视角

  这是一位朋友分享给我的故事。有一位品牌汽车的设计总监，他在设计一款汽车之前就已经在考虑如何更好地服务客户了。为了完善自己的设计理念，他去世界各地旅行，每到一处都会租一辆汽车来试驾。时间一长他发现，日本设计师所设计的车辆有一个共同的特点，那就是前排的座位中间只有一个放置水杯的地方。这是因为日本的人口密度大，各个站点之间的距离很短，客户只需要备一杯水就足够了。但在美国，各个休息站点之间的距离很远，司机一般会买两杯饮料，一杯饮料用来直接喝，另一杯饮料放在旁边备用，因此车子上就需要设计两个放置水杯的地方。这就是站在客户的角度去思考。

  这位设计师还发现，日本的路面修得很平整，所以大多数汽车的底盘比较低，车轴间距也比较小。在美国就又不一样了，美国的路程一般比较长，有些地方的路面修整得并不好，甚至有些路段还有些坑坑洼洼。如果汽车的底盘低就会碰到地面，所以美国的汽车在设计时需要调高底盘并加大车轴间距，这样车辆在颠簸时乘客的运动幅度就会减小，从而使乘客更加舒适。

  这就是对客户利他原则的实践，我们要从客户的视角去思考到底需要设计什么样的产品。我经常和企业家讲，经营企业一定要站在行业的高度和客户的角度上去思考问题，而不是以个人的思想为主体去做决策，要以一位旁观者的视角、一位全局统筹者的视角、一个客观的立场、一个平衡各方利益的视角去看待问题。

  同样，我们对供应商也应怀有利他之心，有些企业家过于看重自己的利益，常常持有一些错误的观点，认为供应商的利益无关紧要。但我们要知道的是，如果企业缺少对供应商的利他之心，一味索要低价质优，供应商就不愿意和企业进行最优质的配合。"利他者无敌"，这句话值得我们细细品味，用心实践。

13.1.2 高壁垒

YTT 利润管理思维致力于帮助中小民营企业实现高增长，使其成为行业中的领军企业。企业在成长为行业冠军的道路上有两个不得不面临的很重要的问题：一个是规模，一个是壁垒。中小企业如果不能达到足够大的规模和体量，就会导致高额成本无法摊薄，进而毛利空间被成本吃掉，这样企业的发展会处处受限，就更赚不到合适的利润了。

我们都知道，企业的利润来自以下两个方面。一方面是市场的平均利润。只要身处某个特定的行业，大家就都有一定的盈利空间。另一方面是企业本身的差别，这种差别表现在有些企业有很好的利润，有些企业赚不到利润。而那些有利润的企业也有两种表现，一种表现在规模效应上，另一种表现在技术效率或者管理效率效应上。前面说到，规模是一个非常重要的问题，企业切入某一个行业，缺少一定的规模效应，就很难保证最基本的毛利，这也是越来越多的中小企业经营者经营越持久感觉越痛苦的原因。

我们也会发现，有些公司在短期之内会有高增长，但为什么它不能保持长期的竞争力呢？这里涉及另一个问题，那就是企业自身的高壁垒，它是能让企业在长久的竞争中生存下来，并且维持原有的利润率和市场份额的意义所在。

无论你所经营的企业处在哪个阶段，你都要从现在开始为企业的未来建立高壁垒。行业不同，高壁垒的性质也不一样，有的行业是靠成本领先，有的行业是靠技术变革，有的行业是靠管理优势，这需要我们从中找到一些规律。企业要想成为行业领先，短期之内要追求高增长，长期来看要追求高壁垒。

当年电商平台遍地开花，但为什么如今只剩下了阿里巴巴和京东呢？就是因为这两家公司在短期之内取得高增长之后，快速形成了自己的高壁垒。以京东为例，它自营的物流体系具有非常大的优势和非常高的竞争壁垒。京东的自营物流通过前置仓的构建，大大缩短了货物的运输距离和运输时间，当然也降低了运费。尽管从短期来看京东建立物流体系的成本很高，但长期来看它的成本是逐步下降的。京东的例子告诉我们，要认清楚企业的特征到底是什么，实打实地琢磨透它并创造出客户的价值，那么企业所提供的服务和产品在行业中也就很难被超越了。

13.1.3　长期高壁垒的五大领先战略

对于一家企业来说，短期内要实现高增长需要从三个方面去提升财务能力：收入、利润和净资产年度回报率。从长远角度看，企业可以通过以下五个战略来形成长期壁垒（见图13-3）。

- 产品体系领先战略
- 组织运营领先战略
- 营销推广领先战略
- 资本运作领先战略
- 资产周转率领先战略

图13-3　形成长期高壁垒的五大领先战略

先来看看产品体系领先战略。

产品体系领先战略要关注两个重要的指标——毛利率和市场占有率。企业经营者可以以毛利率的高低去判断一家企业某一类产品是否存在盈利的空间，以及如果该产品现在不盈利，将来是否有可能盈利，从而做好长期领先盈利性产品的设计。市场占有率代表对市场进行全覆盖，简单来说，市场占有率好比是在一块设定好尺寸的蛋糕中，看某一家企业能分得多少。要注意的是，销售额的增加不代表市场占有率的增加，有可能只是企业自己成长了。如果企业自身的成长速度跟不上市场总需求量的上升速度，该企业产品的市场份额有可能还会相对萎缩。

第二个是组织运营领先战略。该战略的重点是看人均产值、人均毛益两个指标，顾名思义就是一家企业要比竞争对手用的人力更少。有些企业为了寻求发展不断进入新的行业掘金，致使精力越来越分散，主业经营受到严重影响。它们的明显特征是效率低下，是创新能力缺失的"小老人"和机构臃肿的"小胖子"。未来的企业经营，一定要考虑到如何使企业自身的人均创利能力更强，把管理做成一个闭环，让管理和盈利成为日常关注的重点。

第三个是营销推广领先战略。它代表一家企业的营销能力，表现在广告资源的投入产出比和企业的成长率两个指标上，用来评估企业的高增长速度是否领先。

在互联网新媒体营销手段出现之前，营销策略运用得最好的是宝洁公司。有人曾总结为：宝洁广告＝提出问题＋解决问题。通常宝洁的营销策略是指出大家所面临的一个问题来吸引大家的注意，紧接着告诉大家最适宜的解决方案。利用这个推广手段，宝洁公司成功塑造了舒肤佳（有效消灭细菌）、佳洁士（没有蛀牙）、海飞丝（头屑去无踪，秀发更出众）、全新玉兰油（惊喜你自己）等多个品牌，然后通过广告传播不断加以强化。宝洁公司被誉为传播领域的"西点军校"。

第四个是资本运作领先战略，重点看杠杆率和自有资本回报率两个指标。杠杆越大，股东回报率越高，但条件是企业负债的利息要低于资产的盈余。

举一个例子。A 企业拥有股东资本 100 万元，没有负债，那么资产也是 100 万元，资产和营业收入的比是 1∶1，即营业收入也是 100 万元。如果 A 企业的销售利润率是 10%，那么 A 企业的净利润就是 10 万元。B 企业的股东资本也是 100 万元，但是有负债 900 万元，这时候总资产是 1000 万元。资产和营业收入的比也是 1∶1，因此 B 企业的营业收入是 1000 万元。如果 B 企业的销售利润率是 10%，负债的利息率是 5%，那 B 企业的净利润就是 55 万元。因此 A 企业的股东回报率是 10%（10 万元/100 万元×100%），B 企业的股东回报率是 55%（55 万元/100 万元×100%）。由此可见，企业经营可以借助资本的力量去撬动更高的负债，从而有可能带来更高的股东回报率。

第五个是资产周转率领先战略，它表现在固定资产投入产出比和流动资产周转倍数这两个指标上。流动资产周转倍数是一个非常重要的指标，它表示一家企业用了多少资产产生了多少营业额。

大多数制造类企业都存在资产周转慢的难题。同行之间，客户、原材料都差不多，那拼什么？拼的就是谁周转得更快。想要周转更快首先看企业的成本结构是否合理，其次看企业的产品结构。多年前我在一家制造类外企担任总经理，我们的工厂不允许同行进来参观，因为当时我们公司的周转率是同行的 4 倍。直到后来我去日本学习交流，发现日本制造业的周转率竟然是我们的 12 倍！近几年我带领 YTT 企业家学员一起参加国际标杆企业的游学，在日本丰田公司的工厂，学员被丰田公司的精细化管理和自动化操作所震撼。我们发现尽管丰田公司的营业额比大众公司少，但是它的净利润是后者的 3 倍，这就是管理的差距。

13.2　企业经营的三个业务层面

企业未来的业务一定要能够体现未来发展的张力。中国市场是一个成长性很好的市场，消费者是需要我们去教育的，而且这个市场怎么传导往往也决定着这个市场的成本。

13.2.1 聚焦主营业务

去评定一家企业如何，首先要明确企业的主营业务。主营业务的特征应该是资产和流动支出相匹配。只有把主营业务做对了，企业才能构建未来的现金流，而且主营业务也是维持企业发展的基本。

因此，主营业务要聚焦。一家企业在业务层面要敢于明确主营业务，这一点是非常重要的。如果企业的长期主营业务不稳定，它就会盲目地去找新的增长型业务，但是增长型业务往往充满了风险，企业经常会在没有得到一个新的东西前就已经先失去了最基本的东西，直至最后将自己拖垮。

企业聚焦主营业务，要求企业的业务线不能太长，否则企业短期内的现金流会得不到保证，而且较短的业务线可以使资金快速实现积累。

中国大部分的民营企业家都存在一个问题：大家都干一行怨一行，认为别人的行业好赚钱，自己的行业不赚钱。

【案例 48】

未来看不清，换一行就容易干吗

YTT 有一位企业家学员是做装饰板生意的，他对自己企业高达 36% 的股东回报率视而不见，却为了 9% 的毛利率斤斤计较，非要转行去做家具。

后来他把公司的篮球场改成了仓库，货囤得到处都是，原本公司做一块装饰板才耗费 4 个小时，现在工人们加工一套家具则需要花费两个月的时间。

企业聚焦主营业务往往能实现快速起家，这是因为在主营业务层面上企业很容易出利润，但是为什么仍有企业不愿意做主营业务呢？第一个原因是可能连企业家自己都不知道自己到底要的是什么；第二个原因是企业家不知道自己的定位是什么。聚焦主营业务就是明确未来发展的动力，把这个弄清楚以后，再制定相关的实施时间表，并推测未来5年的成长业务是什么。

13.2.2　打通成长业务

做企业还有一点很重要，就是企业家需要不断地去发现，并拒绝诱惑。因此，成长型的业务往往是主营业务的延伸。

【案例49】

惠普打印机业务的自我保护

当年我所任职的公司跟全球排名第三的打印机生产公司合作，准备做中国大陆的数码打印机生产业务。前期我们投入了5000万元的资金，也准备了一年之久。

正要开始大干一场的时候，惠普却做了一件事情：他们把同样的打印机从2000多元每台降到1500元每台，后又从1500元降到800元，最后降到了200元，所以我们无论怎么做都是亏的。最后，公司不得不痛苦地做了一个决定，放弃该打印机产品的生产项目。

从这个案例可以得出一个结论，身为领导者，该考虑的事是把主营业务做强以后，学会如何保护你的成长型业务。

13.2.3　兼顾种子业务

身为领导者，看问题的时候要看得更清晰，还要能看到10年以后的公司发展，也就是合理安排种子业务，而且战略的布局性要很强。唯有极强的战略安排，才能保证在一个业务的成长过程中，使之有其他业务的相关支撑。

10 多年前我曾为獐子岛渔业做过战略辅导。对于当年的獐子岛渔业来说，其经营路线是技术加成长。在此经营阶段，我建议它要从全球的市场来整合资源，力求在 15 年后用海洋生物工程去做全球的市场。身为鲜活产品的加工企业，未来 5 年要用全国的产品来供应中国的市场需求，同时也要能用中国的市场产品供应国际市场的需求，使未来的种子业务对现在的业务进行延伸（见图 13-4）。

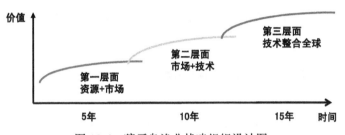

图 13-4　獐子岛渔业战略组织设计图

还记得我小时候每天上学都要爬楼梯，楼梯是直的，上楼的时候很辛苦。后来，我发现上楼最快最省力的方法是螺旋式登高。同理，做企业经营，行业不相关不能嫁接。等企业做大以后，我们会发现，做企业最宝贵的是经验而不是金钱，其关键就是我们有没有找到适合做这个行业的经验。在这个相关性的思维之下，公司在新业务开拓基础上布局的未来种子业务才有可能成功（见图 13-5）。

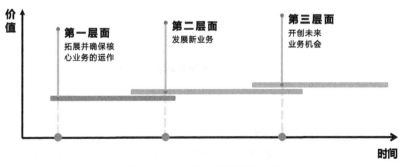

图 13-5　三个层面业务的支持

通用电气当年通过三个层面业务的支持获得成功。第一，聚焦主营业务，通用电气最早是以爱迪生的电灯公司为主体由七个公司合并而来的。当年它聚焦的是电力，正好赶上了当时美国大肆扩张电力业。但是它在做电力业的同时已经开始布局航空产业了，在做航空业的同时已经谋划了人类历来最关心的健康行业——医疗行业。我们可以发现，通用电气的每一个阶梯都是在为下一个阶梯做准备，并往后推 5 年提前起步，相比之下国内的大多企业还在靠机会起家。可见，企业的壮大一定是靠顺势而为才能渐进成长的，不可能靠投机一步长大。

13.3　三种销售运营模式的匹配

当我们用组织战术来布局未来，并把这三个层面的业务打通，其中的关键就是要整合三种销售运营模式，这也是将战略、战术和战斗相结合的关键。

所有公司的销售运营模式无外乎这三种（见图 13-6）：第一种强调整体的运行，效果最优先（运营效果最优）；第二种强调产品技术的领先，说明产品更能引领时尚，而不是创造更高的附加值（产品技术领先）；第三种强调客户关心的问题，以及客户对企业提供服务的印象（客户关系密切）。

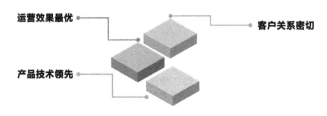

图 13-6　三种销售运营模式

永翔说——
投机是在不断地找新项目，而所有的事情最忌讳的就是从头开始。■

运营效果最优的销售运营模式

①战略：运营效果最优。

②目标：低成本的产品和服务，始终如一的可靠质量，方便购买、迅速供货。

③典型代表：丰田、麦当劳、美国西南航空。

产品技术领先的销售运营模式

①战略：产品技术领先。

②目标：提供性能卓越的产品，领先一步抢占市场，满足新领域的需求。

③典型代表：英特尔、微软、索尼。

客户关系密切的销售运营模式

①战略：客户关系密切。

②目标：提供高质量的解决方案，增加每位客户的购买量，留住客户、服务终生。

③典型代表：IBM、高盛、美孚石油。

总的来看我们可以理解为，整体运营效果最优首先必须实现三大目标：第一，低成本产品和服务的使用和提供；第二，拥有始终可靠的质量；第三，方便购买、有实力。

我们要明确产品质量的传递以及和客户连接的桥梁，要让客户感受到产品质量可靠，价格低。目前大多数制造企业都在走这个模式。

【案例50】

卖彩电，感觉和功能哪个更重要

同样是卖彩电，有两家企业采用了不同的运营模式。一家是海信，以新颖取胜；另一家CM公司，以性价比取胜。海信的新款产品一出来，CM公司便会快速加以模仿，并以低于海信产品的价格销售，其销售额可能比海信更高，但留给客户的印象却永远没有海信好。

| 经营探讨 |

　　CM 公司完全可以选择不同的方式来参与竞争，比如做好客户服务，深入了解客户最关心的是什么。客户最关心的是企业如何提供高质量的解决方案，而企业要想达到客户关系密切，就需要找到这种解决方案，并弄清楚客户要的是感觉还是功能。只有这样，才能增加每位客户的购买量，为客户服务终生。

　　上述三种运营模式给客户传递的信息是不同的。运营效果最优模式是指企业要在产品和服务上做到性价比高，且可供客户选择的种类相对齐全；客户关系密切模式讲究的是客户关系要简单，不复杂，因为所有复杂关系的背后都是高成本；产品技术领先模式是指始终把技术领先放在企业长远、深入发展的首要位置。

　　比如，一家餐厅打出的广告语是"高档的享受，工薪阶层的价格"，这种定位可能就是错误的，因为如果它要做产品技术领先模式，应该突出的形象是比别的店更快捷。

　　我们学了那么多的案例，但做企业最重要的是找到适合自己的那一种模式，然后坚定不移地走下去。企业最害怕的是这种也试，那种也做。拿制造类企业来说，踏踏实实把产品的功能做好最重要，而不要在客户关系上投入过多。

结 束 语

如何从经营到财务,如何用财务的思维去发现经营的问题,我们有一份地图。有了这份地图,我们就能判断企业的各种问题。为了更好地分析企业的情况,我们给大家提供三个工具:分析运营的效率、分析运营的效果、建立管理报表。有了管理报表以后,我们才能根据数据做出理性判断,从而做出正确的利润决策。

为什么我们的企业总是做不大?为什么以前的盈利方法不灵了?为什么企业规模上去了,利润却没有同步上升?这些问题都是国内的诸多企业在经营的过程中经常遇到的,也是令许多老板感到苦恼的。

企业家经营企业是为了追求利润,但为什么我们在利润的道路上越走越偏?利润从哪里来,利润又到哪里去?如何解决这些问题成了当下许多企业经营者为之学习不止的动力。只要我们能在企业的经营过程中拥有正确的思维体系,就相当于拥有了一套解决问题的工具,而这个企业整体效益化的管理工具就是财务思维!

当我们把企业盈利作为目标,那么如何才能提高自身的能力,利用企业资源,抓住市场机会呢?提高企业的盈利能力是企业经营的基本功,其关键在于建立企业的利润体系。

首先,企业一定要建立起适合自身发展的利润地图。所有成功的企业,其背后都是财务运营的支撑力。企业的利润地图也是基于财务的思维而设立的，它要求企业建立起自身的 GPS 并实现三大功效：选择目的、调整路径、及时纠偏。有了这张地图，企业就可以去发现利润管理的方式、方法和路径。

但企业要解决上述问题，要从战略、营销和预算三个方面出发去打通利润创造的各个环节。因此，我们要建立的利润体系还应包括：

利润决策——引领未来发展，让企业在正确的道路上前进。

利润销售——开拓利润来源，优化资源配置，快速占领市场。

利润管控——控制管理行为，建设企业组织能力体系。

只有基于如此的财务思维，我们才能使企业整体的经营管理环环相扣，打通管理的各个关节，保证企业的顺畅经营。

我很幸运自己一直从事企业管理，在外资跨国企业工作了 16 年，专职从事企业管理教学也有 12 年有余，一直在围绕提高企业"利润"做研究。经验源于实践，知识归纳于经验，智慧提炼于知识。经过反复研究，我终于将自己所学的知识整理成企业的利润增长体系。

YTT 利润管理始于 1998 年，历经 22 年的发展历史，迄今已有逾万人参与到该体系的学习中来。成功来自积累，我们终于完善了利润增长体系。这个体系包含了方法与课程。利润的实现在企业的发展中是一个持续的过程，在实际操作中它既需要各项优秀管理工具的推动力，也需要正确的分析决策的拉力，更加不可或缺的是利润管理体系的支撑力。

为了更好地实现企业利润的助推力，YTT 线上企业管理课程将优秀的管理工具复制成模板，并根据不同行业的实际情况加以创新。我们的管理课程通过多年的累积，为几千家企业建立起优秀的管理平台，帮企业彻底解决了管理执行难、员工能力不完善、流程标准制定难的烦恼，让企业管理变得很简单！

如果有一种学习让利润执行更简单，为什么要错过？YTT 利润预算落地实践将帮助企业管理者突破三大管理瓶颈，梳理预算编制的五大出发点，实际应用预算编制十步法。用事实解读预算管理，用工具指导管理实践。

如果能把自己的利润增长点算得更清楚，为什么不早点动手呢？YTT利润决策课程将教会企业家以数字作为依据，做正确的决策。在全景模拟企业现实状况的基础上，YTT利润决策课程教你用明确的财务数字做决策，解决企业经营者做决策凭感觉却无依据的困扰。

同样，在利润的拉动力方面，YTT深入了解到诸多企业家都面临着做企业冥思苦想却无从下手的困境，做决策分析难却无力聘请专家的烦恼。我们将通过强大的科学数据支持，模拟分析企业经营能力和规划，辅助企业家理性决策，帮助企业实现利润突破。

用智慧创造利润，让利润受用一生，关键不是规模和数字，而是思维！YTT已经做好了准备——为客户创造价值！我们不敢言大，但求专精，将所有的行为聚焦于企业利润管理之中，这就是我们能做好的。

欢迎咨询

企业是营利活动的载体，效益化管理的关键是用财务的思维来管理，用财务的思维做决策。未来的10年将是企业发展的黄金期，谁能在通向利润的道路上率先改变，谁就能掌握时代的先发优势。

"从资源到资本再到盈利，我们要思考的是：昨天，我们手上有什么；今天，我们要什么；明天，我们该做什么。"秉承这个理念，YTT着手帮助国内众多企业分析现状，找到企业利润来源，制定企业盈利规划，使企业实现达到最佳运营效果的利润模式。最终，在YTT学员所经营的企业中，利润逐年翻倍攀升的企业层出不穷。

本书中所叙述的案例和理念均源于我的精品课程中的分享。每期课程学习结束后，YTT都会受到来自全国各个行业企业家的一致认可，因为是YTT帮助他们改变了经营理念，创新了经营思路，改善了经营效果，提升了企业价值。在此，我很感谢诸位企业家对我的信任，对 YTT 的鼎力支持，尤其感谢各位学员的真诚分享，是你们让更多的企业有了更多的借鉴，也让我自己受益匪浅。

欢迎您关注我们的 YTT 官方微信公众号（微信号：ytt1998），我们可以针对您的企业/管理问题免费给予解答。欢迎广大读者来电提出宝贵建议，官方咨询热线 400-000-8884。

参考文献

[1] 史永翔. 搞通财务出利润：总经理财务课堂 [M]. 北京：北京大学出版社，2007.

[2] 史永翔. 你的利润在哪里：所有管理者应该明白的效益方略 [M]. 北京：机械工业出版社，2010.

[3] 史永翔. 向财务要利润 [M]. 北京：机械工业出版社，2011.

[4] 史永翔. 向经营要利润 [M]. 北京：机械工业出版社，2012.

[5] 史永翔. 不懂财务就当不好总经理 [M]. 北京：北京联合出版公司，2012.

[6] 魏炜，史永翔，等. 再造商学院课堂：智慧地学习商业智慧 [M]. 北京：机械工业出版社，2012.

[7] 史永翔. 搞通财务出利润：总经理财务课堂 [M]. 2版. 北京：北京大学出版社，2014.

[8] 史永翔. 利润：企业利润持续增长之道 [M]. 北京：机械工业出版社，2015.

[9] 史永翔. 全面预算之美：连通战略和经营的利器 [M]. 北京：机械工业出版社，2017.

[10] 迈克尔·波特. 竞争战略 [M]. 郭武军，刘亮，译. 北京：华夏出版社，2005.

[11] 詹姆斯·萨格纳. 真实世界的财务管理 [M]. 曾嵘，张瑾，译. 北京：华夏出版社，2004.

[12] 威廉 R 拉舍. 财务管理实务 [M]. 陈国欣，等译. 北京：机械工业出版社，2004.

[13] 罗伯特 S 卡普兰，安东尼 A 阿特金森. 高级管理会计 [M]. 吕长江，译. 大连：东北财经大学出版社，2007.

[14] 罗伯特·辛纳蒙，布赖恩·赫尔维格 – 拉森. 管理一定要懂财务：总经理的财务管理清单 [M]. 林珏，译. 北京：中国市场出版社，2008.

[15] 菲利普·科特勒.营销管理[M].卢泰宏,高辉,译.北京:中国人民大学出版社,2009.

[16] 米歇尔·罗伯特.新战略性思考:企业精准定位的实战方法[M].林宜萱,译.北京:东方出版社,2000.

[17] 亚德里安·斯莱沃斯基,等.发现利润区(珍藏版)[M].凌晓东,等译.北京:中信出版社,2018.

YTT 学员评价

YTT 利润管理体系课程自开办以来，截至 2019 年 12 月已经开设了 170 期，逾千家企业的经营者和管理者参加了学习，并将所学知识在企业的实际中加以应用，使企业取得了非常惊人的利润增长。大多数公司的利润增长都在 20% 以上，甚至有些企业取得了 400% 的利润增长佳绩。以下是部分参加过课程的企业家的学习心得（排名不分先后）。

之前我们的公司遇到了一个发展瓶颈，无法得知获利的产品和客户来自哪一类，一年下来不知道到底有没有赚钱。有幸走近了 YTT 课堂，从课堂上学会了提升企业利润，回来后做了大量工作，对多产品进行分类。现在，我们每年保持 120% 的增长！感谢 YTT，感谢史教授。

——白宝鲲　上市公司广东坚朗五金制品股份有限公司董事长

（国内建筑五金行业的龙头企业，系国内规模最大的门窗幕墙五金生产企业之一）

史老师深知传统企业产品市场营销的痛处，为中国企业开设了互联网市场开拓创新课程，让传统企业走出原来的单靠搜索引擎推广的困境，并有效地帮我们的企业提升了互联网新业绩。

——褚明理　A 股互联网上市公司科达股份联席总裁

（中国顶级的互联网产业营销集团，有"A 股主板互联网营销第一股"之称）

史永翔所教的知识，让我对财务有了更进一步的认识和理解，我发现从财务管理的角度来审视和监控企业对企业发展很重要。企业家既要富于感性的激情、冒险的创新，又要有理性的思维和缜密的筹划。这是一堂真正能让我们在企业发展与生存之间找到平衡点的课。

——刘自杰　山东巨野佳农果蔬有限公司董事长

（以大蒜、苹果、生姜等农产品收购加工、出口销售为一体的国家级农业产业化重点龙头企业）

历时 4 年时间，YTT 的所有体系课程我都已经完成学习。我们的年回款率已由原先的不到 50%，提升到 100%（并实现一批客户预付款）。未来 3 年，我们的销售目标是以每年至少 40% 的速度增长。我们对未来有着前所未有的信心！

——仲雪雁　汕头澄海区宏业发展有限公司总经理

（一家专门从事各种玩具包装彩盒、说明书、不干胶等印刷的高档彩色印刷股份公司）

在课上、在书里，史永翔都教我们厘清了企业利润导向后的可操作方法及控制方法。我们看懂了报表，更懂得深挖企业的问题点，保证企业健康生命力及达到盈利目的。

——林永育　晨星软件研发（深圳）有限公司总经理

（晨星半导体是全球市场占有率长年第一的视频芯片企业）

从第一次听史老师的课至今已超过 10 年了，我从来都不只是从财务角度来学习，更多是从企业的经营管理层面来到课堂学习。公司陆续有几十人都学习过史老师的课，专业学习收获后，无一例外，他们都成了史老师忠实的粉丝。感谢史老师的付出与成功分享！

——李雪梅　北京亿莎商业管理有限公司常务副总裁
（2014 年度中国化妆品全国标杆零售商）

过去投资也好，做公司也好，我经常是盲目的。现在通过 YTT 的学习，再静下心来思考和检讨过去的动作，自己最大的启发就是要理性，冷酷的理性。不能随意，不能再犯低级错误，不能被感情和情绪左右。

——连丽广　江西旭华医疗投资有限公司董事长
（江西省首家血液净化专业服务平台的经营投资型企业）

公司 2016 年的业绩同比 2015 年增长 45%！我的感悟是"选择大于努力"。对于培训也是一样，过去我参加过各类的培训，但内容一直很难落地和贯通，找不到抓手，直到朋友介绍我来到 YTT。YTT 很好地把企业的各个环节打通，并进行串联及各项数据的分析，帮助我做出正确的决策和调整。

——洪良　温州华为包装有限公司总经理
（一家专业从事眼镜包装产品的工贸一体企业）

我当时是因为公司的现金周转不足才来 YTT 学习的，学完课程回到公司就做了两件事情：第一件是把公司的存货仔细盘点了一下，第二件是把客户的应收账款重新梳理了一下。大概花了 2~3 个月的时间，应收账款期限长的客户变成了短账期客户，为公司增加了现金流。

——何金峰　东莞市同一金属材料有限公司总经理
（一家集生产加工、经销批发为一体的有限责任公司）

通过严格执行 YTT 的理念和方法，公司取得了不错的成绩：产品线压缩了 20%，库存管理从原来的每月核对一次变成现在的随时盘存，并释放库存资金近 1100 万元，年均利润增长率高达 20%。即使在房地产不景气的时候，公司整体利润也有 5% 的上升。

——梅传龙　浙江安心木业有限公司董事长

（一家有深厚文化底蕴的木地板企业）

2015 年我们开始学习 YTT 利润管理的课程，之后公司的业绩增长了 80% 左右。感谢史老师给我们带来这么具有实战性的课程，在大的战略思维上给了我们很多方向性的指导，让我们知道了如何平衡利润和现金。几堂利润管理的课程让我知道了怎么用数据管理公司，指导运营。

——陈善渊　温州广丰服装有限公司总经理

（国内性价比高、服务好的一家定制团体服供应商）

我在温州学习了 YTT 史老师的全面预算管理课程。第二年公司将预算管理课程中的学习内容进行落地，接着公司的业绩得到了突破性增长，销售额增长了 80%，特别是利润增长了 3 倍。

——王永宝　立本集团温州玩具有限公司总经理

（一家致力于游乐玩具产品的研发、制造、营销、服务的民营股份制企业）

经朋友推荐，我有幸接触了史老师和 YTT 体系课程。经过史老师的指点，我逐渐认识到财务管理的重要作用：财务是一种管理思维方式，更是打通整个公司经营的重要抓手。三次课程的学习大大提升了我的经营思维和能力。

——刘晓光　浙江蒙牛乳业销售有限公司总经理

（杭州液体乳及乳制品厂行业知名企业）

通过在 YTT 的学习，2016 年公司通过产品成本具体指标的分析，仅种衣剂配方调整一项就为公司节约了 400 多万元，营业额增长了 3.5 倍。从 2017 年开始，公司将通过预算管理打通公司的经营管理，公司的管理将从粗放化走向精准化。

——李春宏　北京华农伟业种子科技有限公司总经理

（农作物优良新品种选育、推广、销售和技术服务的

国家级农业高新技术种业企业）

财务知识轻松学

书号	定价	书名	作者	特点
71576	79	IPO财务透视：注册制下的方法、重点和案例	叶金福	大华会计师事务所合伙人作品，基于辅导IPO公司的实务经验，针对IPO中最常问询的财务主题，给出明确可操作的财务解决思路
58925	49	从报表看舞弊：财务报表分析与风险识别	叶金福	从财务舞弊和盈余管理的角度，融合工作实务中的体会、总结和思考，提供全新的报表分析思维和方法，黄世忠、夏草、梁春、苗润生、徐珊推荐阅读
62368	79	一本书看透股权架构	李利威	126张股权结构图，9种可套用架构模型；挖出38个节税的点，避开95个法律的坑；蚂蚁金服、小米、华谊兄弟等30个真实案例
70557	89	一本书看透股权节税	李利威	零基础50个案例搞定股权税收
62606	79	财务诡计（原书第4版）	（美）施利特 等	畅销25年，告诉你如何通过财务报告发现会计造假和欺诈
58202	35	上市公司财务报表解读：从入门到精通（第3版）	景小勇	以万科公司财报为例，详细介绍分析财报必须了解的各项基本财务知识
67215	89	财务报表分析与股票估值（第2版）	郭永清	源自上海国家会计学院内部讲义，估值方法经过资本市场验证
58302	49	财务报表解读：教你快速学会分析一家公司	续芹	26家国内外上市公司财报分析案例，17家相关竞争对手、同行业分析，遍及教育、房地产等20个行业；通俗易懂，有趣有用
67559	79	500强企业财务分析实务（第2版）	李燕翔	作者将其在外企工作期间积攒下的财务分析方法倾囊而授，被业界称为最实用的管理会计书
67063	89	财务报表阅读与信贷分析实务（第2版）	崔宏	重点介绍商业银行授信风险管理工作中如何使用和分析财务信息
71348	79	财务报表分析：看透财务数字的逻辑与真相	谢士杰	立足报表间的关系和影响，系统描述财务分析思路以及虚假财报识别的技巧
58308	69	一本书看透信贷：信贷业务全流程深度剖析	何华平	作者长期从事信贷管理与风险模型开发，大量一手从业经验，结合法规、理论和实操融会贯通讲解
55845	68	内部审计工作法	谭丽丽 等	8家知名企业内部审计部长联手分享，从思维到方法，一手经验，全面展现
62193	49	财务分析：挖掘数字背后的商业价值	吴坚	著名外企财务总监的工作日志和思考笔记；财务分析视角侧重于为管理决策提供支持；提供财务管理和分析决策工具
66825	69	利润的12个定律	史永翔	15个行业冠军企业，亲身分享利润创造过程；带你重新理解客户、产品和销售方式
60011	79	一本书看透IPO	沈春晖	全面解析A股上市的操作和流程；大量方法、步骤和案例
65858	79	投行十讲	沈春晖	20年的投行老兵，带你透彻了解"投行是什么"和"怎么干投行"；权威讲解注册制、新证券法对投行的影响
68421	59	商学院学不到的66个财务真相	田茂永	萃取100多位财务总监经验
68080	79	中小企业融资：案例与实务指引	吴瑕	畅销10年，帮助了众多企业；有效融资的思路、方略和技巧；从实务层面，帮助中小企业解决融资难、融资贵问题
68640	79	规则：用规则的确定性应对结果的不确定性	龙波	华为21位前高管一手经验首次集中分享；从文化到组织，从流程到战略，让不确定变得可确定
69051	79	华为财经密码	杨爱国 等	揭示华为财经管理的核心思想和商业逻辑
68916	99	企业内部控制从懂到用	冯萌 等	完备的理论框架及丰富的现实案例，展示企业实操经验教训，提出切实解决方案
70094	129	李若山谈独立董事：对外懂事，对内独立	李若山	作者获评2010年度上市公司优秀独立董事；9个案例深度复盘独董工作要领；既有怎样发挥独董价值的系统思考，还有独董如何自我保护的实践经验
70738	79	财务智慧：如何理解数字的真正含义（原书第2版）	（美）伯曼 等	畅销15年，经典名著；4个维度，带你学会用财务术语交流，对财务数据提问，将财务信息用于工作